U0795514

国家级特色专业体育教育专业系列教材

空手道教学与训练

主　编：郭建平

副主编：封又民　李艳翎

金育强

成　员：（以姓氏笔画为序）

王子侠　向　明

刘　亮　刘飞飞

李　辉　李艳翎

杨乐桂　陈新富

金育强　封又民

郭建平　郭恒涛

蒋　杰　喻俊莉

湖南师范大学出版社

作者简介

郭建平

男，1970年生，湖南宁远人。湖南师范大学体育学院副教授、博士，硕士生导师。中国大学生空手道协会教练委员会主任，空手道国家级裁判，湖南师范大学体育学院空手道队教练。发表论文20余篇，参与编写著作3部，主持省部级课题2项，参与国家级、省部级课题5项。自2007年担任湖南师范大学体育学院空手道队教练以来，带领队员在全国空手道锦标赛、冠军赛、大学生锦标赛等一系列赛事中获得20余枚金牌，先后4名队员入选国家空手道队，其中汤玲玲在2010年广州亚运会上获得空手道项目女子-68公斤级铜牌。

作者简介

[illegible]

总　序

专业是高等院校的基本构成单元，本科院校的特色来源于专业的特色，专业群的特色构成院系的特色，进而形成高等院校的办学特色。专业建设是高等学校人才培养的前提、基础和保障条件，也是反映高等学校综合水平和竞争力的一项主要指标，而特色专业建设不但有利于促进学校的教学基本建设，进一步改善办学条件，培育办学特色，同时有利于提高办学质量，适应社会经济发展的需要。

为全面贯彻和落实科学发展观，切实把高等教育重点放在提高其质量上，2007 年 1 月 22 日教育部和财政部颁布了《关于实施高等学校本科教学质量与教学改革工程的意见》。特色专业建设是质量工程六大内容中“专业结构调整与专业认证”的重要组成部分，文件指出要按照优势突出、特色鲜明、新兴交叉、社会急需的原则，择优选择和重点建设 3000 个左右特色专业点，引导各级各类高等学校发挥自身优势，努力办出特色。

湖南师范大学体育教育专业有幸在 2007 年被遴选上“第二类特色专业建设点”，经过近 5 年的建设，该专业在人才培养质量上有了显著提高。

体育教育专业是师范专业，是我国高等院校体育专业办学历史最长的本科专业，为我国体育事业培养了成千上万的体育工作者。该专业长期以来以培养学校体育教师为基本目标。随着社会的进步、经济的发展，以及社会对体育人才需求的变化，体育教育专业的人才培养目标从单一目标向多元目标发展，即从单一的学校体育教师培养向技能型、应用型、职业型的“多能一专”、“一专多能”和“复合型”体育教育人才培养发展。

5年来，湖南师范大学体育教育专业在人才培养上突出强调了学生专业素质和综合素质的培养，围绕技能型、应用型和职业型的“一专多能”的人才培养目标、课程设置和社会对体育教育专业人才的实际需求，提出了“五重型”（即重“实”、“教”、“健”、“能”、“异”）体育教育师范专业人才培养体系，组织了数十位思维活跃、视野开阔的专家学者，在东西方文化的对比中，在历史与现实社会文化的对接中，在理论与实践的结合中浏览、思考、创造，编写了10本系列教材。这10本教材分别是《体育教育专业综合素质论》、《体育教育实习指导》、《体育教学新论》、《体育学创新性实验与研究》、《体育场地设计》、《体育竞赛的组织与管理》、《健康管理概论》、《体能训练》、《空手道教学与训练》、《健美操修炼》。本系列教材的编撰亦力求契合重“特色”、重示范性与推广价值及重人才培养与教学改革的目标与原则，重视教材的科学性、系统性、理论性和应用价值。

江河绵延，万古长流，在于不断融汇百川的新流；文化传承，昌盛不衰，在于不断承旧开新的勇者。唯愿更多的学者不懈坚持“独立之精神，自由之思想”，为体育教育的发展再添亮色！

金育强

2012年8月

前 言

空手道是由古代琉球群岛的“古武道”与中国传统武术融合而成的一项集健身、防身、修身于一体的搏斗运动，距今已有五百年的历史。它以徒手技击为主要内容，以组手和型为基本的运动形式，同时在严格精神约束下追求真、善、美的动态禅道。通过空手道的锻炼，不仅可以起到强身健体、防身自卫的作用，而且在长期的空手道修习中练习者可以体悟到完满的人生境界。空手道在技术上追求“一击必杀”的人体搏击潜力，而在实际对抗和比赛中又强调点到为止的“寸止精神”，正是在这种辩证的武学思想指引下，空手道得以不断发展，弥久不衰。如今，空手道已经在世界范围广泛开展起来，世界空手道联盟（WKF）会员国达到180多个，拥有数千万会员，同时，作为一项竞技运动项目，空手道已经成为了除奥运会以外几乎所有世界大型运动会的正式比赛项目。

近年来，在国家体育总局和中国空手道协会的大力推动下，空手道运动在我国发展十分迅速，中国空手道队自成立以来在短短3到4年的时间里就在空手道世界锦标赛、亚洲锦标赛、亚运会等一系列大赛中都获得了金牌，创造了空手道运动的奇迹，反映出中国空手道竞技水平已经达到了一定的高度。同时，大众空手道运动也如雨后春笋般开展起来，据不完全统计，全国各地已经发展了近千个空手道馆和各种空手道培训机构，习练者数以万计。值得一提的是学校正成为中国空手道运动的生力军，自2010年中国大学生空手道协会成立以来，已有近60所高校加入到空手道大军之中。然而，与我国空手道运动的蓬勃发展之势形成鲜明对比的是我国空手道理论研究的滞后，目前关于空手道运动的著作、学术论文还十分少见，尤其缺乏系统论述空手道教学与训练方面的著作，长此下去必然会影响我国空手道运动的健康发展。好在不久前中国大学生空手道协会秘书长、北京体育大学许声宏教授已经编写了一部《空手道》著作，这是中国空手道研究领域的一缕春风，为我们开展空手道理论研究提供了良好的借鉴，也鼓舞了我们在空手道的研究之路上努力前行。基于此，我们不惜冒班门弄斧之嫌编写了这本《空手道教学与训练》教材，以期能为我国空手道运动的发展尽微薄之力。

本书主要内容分为文化篇、技术篇、教学篇、训练篇、竞赛篇5个部分，共10章。包括空手道产生发展的基本历程、空手道内容与分类和空手道精神内涵等基础理论，空手道型和组手的技术体系，空手道教学与训练的基本理论和方法以及空手道运动竞赛的基本知识等内容。

本书的编写汇集了国际、国内知名教授、专家，他们中有全国体育教学理论的权威、国际国内知名的空手道专家，为本书力求规范性、系统性、科学性奠定了基础。同时书中的所有示范动作均由国家队队员和从事了多年空手道训练与比赛的优秀运动员来完成，这也是本书的一大特色。此外，我们在编写过程中注重通识性与专业性的结合，要求语音简练、易懂，整体布局图文并茂，使之既可作为专业教学用书，又可作为学生的素质提高教程。

本书的完成除了依靠编者们付出的辛勤劳动，还得益于社会各界朋友的大力支持，尤其要感谢国家体育总局拳跆运动管理中心空手道部部长王旭辉先生、空手道部副部长国家队教练管健民先生，中国大学生空手道协会秘书长许声宏先生以及我国空手道专家贾平先生和陈新富先生等，他们作为中国空手道运动的开拓者和先行者为中国空手道事业的发展倾注了心血，也为本书的创作提供了无私的帮助。

感谢喻俊莉、彭璞、杨乐桂、朱刚勇、傅雪祥、蒋杰、汤玲玲、母世科8位优秀的空手道队员，他们为本书进行了技术动作的示范。

还要感谢我的研究生王子侠、向明、李辉、刘亮等同学，他们在整个教材的素材收集、编撰、校对等工作中付出了大量的劳动。

最后需要说明的是，空手道在中国还是一项十分年轻的运动项目，我们对它的认识还不是很深刻，书中难免有疏漏或不当之处，我们殷切期望业界同仁、读者能给予及时的指正，我们更期待伴随中国空手道运动的发展迎来中国空手道理论研究大繁荣的明天！

郭建平

2012 年 8 月

目 录

文化篇

技术篇

教学篇

训练篇

竞赛篇

文化篇

第一章　空手道运动概述

本章导读　本章系统地阐述了空手道运动的起源与发展，空手道运动的特点、分类和空手道礼仪、礼语、精神内涵等内容。通过本章的学习，全面了解空手道运动的概貌，重点掌握空手道的流派、分类、特点等内容，把握空手道运动的文化精神内涵。

空手道是起源于中国而发展于日本的一项以徒手技击为主要内容，以组手和型为运动形式，基于严格精神约束下追求至真、至善、超越的武学禅道，以达到锻炼体魄、启发心智为目的的搏斗运动。主要技术包括踢、打、摔、拿、投、锁、绞、跌、扑、腾空、滚翻等多种方法。空手道英文译为 KARATEDO，KARA 的意思为“空”，TE 的意思为“手”，DO 的意思为“道”。“空手”代表拳术和技法，“道”是指武技练习中的精神、文化、规律以及修为。

第一节　空手道运动的起源与发展

一、空手道运动的起源

空手道发源地是历史上的琉球王国（即今日本的琉球群岛一带），现存日本的主要流派有松涛馆流、和道流、刚柔流、糸东流四大流派。此外，还有神道自然流、少林寺流等流派。空手道的前身是古代“琉球手”，它是生活在琉球群岛上的土著民族在生产生活实践中产生的格斗技术，后与中国武术融合，形成了一种新的武术形式即“唐手”。

目前，关于空手道起源的说法主要有两种：一是空手道起源于中国盛唐时期，由当时的日本武者从中国带回日本，并将其完善。据《中国武术史》记载，唐朝时期中国武术曾漂洋过海，流传至日本，对日本武道产生过巨大影响。因“唐手”的日语发音与“空手”谐音，所以“唐手”又称“空手”。二是认为空手道是在中国明朝时正式传入日本。从14世纪末到19世纪末的近五百年间，琉球历代国王都以进贡的形式与中国保持交流，民间也与中国大陆开展贸易往来，其中有部分琉球人还到北京和福州等地学习中国拳术。据《明实录》记载，1392年，朱元璋派遣福建籍善于造船航海的三十六姓（户）到琉球，帮助琉球官府打造大型船只。后来这些人就在琉球王城首里附近的久米村定居，其中一些人擅长南拳，就逐渐在当地居民中秘密传承。

1776年日本学者户部良熙在《大岛笔记》中记载1756年中国册封使团侍从武官公相君曾向琉球士族传授组合形式的武术技法，其技术灵巧，手脚并用。在现行的空手道型中仍保留有公相君、公相君大、公相君小、公相君四方之称谓。据史料记载，日本空手道四大流派之一“刚柔流”的创立与中国福建南拳有着十分深厚的渊源，该流派宗师东恩纳宽量及其弟子宫城长顺都曾在中国学拳数年，后宫城长顺将所学中国南拳与那霸手融合创立了“刚柔流”。刚柔流代表团曾几番跨海入闽，寻找昔日祖师的遗迹。1989年，他们在福建省体育中心设立了“显彰碑”，纪念他们在中国的老师。冲绳刚柔流访华团1992年3月访问福建体育学院时，表演了“三战”、“十八”、“一百零八”等空手道“型”，其技法结构与发力方式与福建南拳十分类似，其型的名称仍保持福建方言的发音法。

空手道名称的变迁如表1－1－1。

表1－1－1　名称的变迁

15世纪—18世纪	19世纪	1901—1929	1929—1936	1937年至今
手（琉球手）	手（琉球手，冲绳手）	唐手（からて）	空手（カラ，KARATE）	空手道（カラテ，KARATEDO）

二、空手道运动的发展

（一）在日本的发展

1. 在琉球群岛的发展时期

空手道最初产生于琉球群岛一带，在19世纪末日本吞并琉球国以前相当长的时期内主要局限在琉球群岛范围传播。在这一时期的发展历程中，空手道经历了从最初琉球手与中国武术的磨合阶段到唐手被社会普遍接受的过程，进而成为当时琉球群岛最主要的武道练习方式。唐手曾一度成为琉球群岛贵族阶层健体、防身的技能，甚至成为贵族阶层的特权。据琉球国史《中山世鉴》和《球阳》记载，对空手道发展影响最大的是这期间的两次禁武运动：第一次禁武是在琉球的中山王尚巴志结束了琉球岛上的长期战乱后，开始推行“以文治国”的方略，到了尚氏王朝的第二代国王尚真王（1476—1526年）统治时期，推行“文治立国”政策，并立法禁止民间习武。由此民间练武活动开始以秘密的方式进行。第二次禁武是在1609年日本九州的萨摩藩岛津氏率三千军队征服琉球，把琉球强制纳入九州萨摩藩版图，归萨摩藩管辖。岛津氏为了防止人民造反，进一步制定法律严禁民众习武，并收缴了民间兵器，因而在这一时期以徒手为主要练习形式的琉球拳法便成了民间唯一的防身技能而广泛地传播。这两次禁武运动一方面使整个琉球本土的习武之风受到压制，另一方面这种以徒手为主的琉球拳术受到琉球当地人们的推崇，琉球手在一定程度上反而得到了大力的发展。此外，1879 年，日本吞并了琉球，日本政府宣布废除“琉球国”，设立冲绳县。从此，琉球的士族阶级开始没落，许多家道中落的士族阶层转而修炼和普及唐手，促进了唐手更进一步的发展和普及，如著名唐手家糸州安恒致力于在学校中的普及。在 1901 年，首里寻常小学以“空手”为名称，向学生教授唐手。1905 年，冲绳县立第一中学校（今首里高等学校）与冲绳县立师范学校的体育科亦开始传授唐手。此后相继涌现出了大量的唐手名家，如：首里的佐久川宽贺及其弟子松村宗棍、松村宗棍弟子糸洲安恒、盛岛亲方、油屋山城，泊村的宇久嘉隆、禅南（照屋亲云上规箴），那霸的湖城以正、长浜筑登之亲云上等。在这期间，唐手主要有三大派系：首里手、那霸手和泊手。

2. 在日本本土的发展

20 世纪初，空手道以唐手的形式逐渐在冲绳县（即原琉球国）学校普及和发展，自 1905 年（明治三十八年）后，冲绳一些中学公开采用“唐手”为体育课的授课内容。并从这一时期开始，许多冲绳的唐手家逐渐致力于在日本本岛推广唐手，其中冲绳首里尚武会长船越义珍为唐手在日本的普及和传播做出了巨大贡献。为了在日本本土推广唐手，他于 1916 年前往东京武德殿公开表演唐手，获得了极大的反响。又于 1922 年（大正十一年）5 月应日本教育部门之聘前往东京讲学，在各大学示范指导学生练习唐手，并应邀出席日本文部省主办的第一回体育展览会，在展览会上，船越义珍表演了唐手。这次表演在日本武道界产生了巨大的影响，引起了日本武道家的极大关注，这其中就包括了柔道的创始人嘉纳治五郎。到次年（大正十二年）6 月，船越义珍在东京创立唐手讲道馆，当时有嘉纳治五郎等 200 余名柔道名家前往讲道馆聆听了船越义珍关于唐手的解说。同时，船越义珍开始在东京大力推广唐手，并亲自指导唐手的习练。同一时期，著名的唐手家本部朝基（图 1－1－1）于同年 11 月参加了在京都举行的武术比赛，并在赛场上一拳击倒了俄罗斯拳击手，引起了世界性的轰动，他向世人展现了唐手的威力。这次武术比赛成为了唐手有力的宣传和见证，为唐手在日本的普及和发展奠定了重要的基础。赛后，在日本掀起了一股习练唐手的热潮。

图 1－1－1　本部朝基（1870—1944）

在唐手家船越义珍和本部朝基二人的影响下，日本各大学纷纷设立了唐手部。为了推进唐手的进一步发展，冲绳唐手家本部朝勇于1924年（大正十三年）在冲绳创立冲绳唐手研究俱乐部，1926年更名为冲绳唐手俱乐部。冲绳唐手俱乐部的创立，一方面为日本的唐手家提供了技艺交流的场所，从而促进唐手技术的改进和提高；另一方面，它标志着唐手步入了有组织性地发展，为进一步推动唐手的普及提供了平台。这一时期，冲绳唐手俱乐部汇集了当时日本的众多唐手名家，如：花城长茂、本部朝勇、本部朝基、喜屋武朝德、知花朝信、摩文仁贤和、宫城长顺、许田重发、吴贤贵等。从此，唐手以现代的形式在日本本土迅速发展起来。

图1-1-2　20世纪30年代，活跃于日本本土的空手家聚会于东京。左起：远山宽贤（易氏，修道馆）、大冢博纪（和道流）、下田武（船越高弟）、容宜仁（松涛馆流）、本部朝基（本部流）、摩文仁贤和（糸东流）、仲宗根源和（空手研究社）、平信贤（保存振兴会）

在1929年，船越义珍在庆应义塾大学唐手研究会执教时，根据佛教般若心经中空的概念，将日语“からて”（唐手）的汉译定名为“空手”。而“空手”这一名称与当时日本当局试图消除中国对琉球的影响的目的相符合，因此“空手”开始在日本得以传播。1935年，船越义珍出版了《空手道教学方式》一书，正式以空手道的命名取代唐手。到1936年10月25日，那霸举行空手大家座谈会，正式通过了船越义珍将“唐手”改名为“空手”的决议。“空手”这一名称开始被广泛使用。直至1937年（昭和十二年），冲绳武道界和体育教育界召开会议研究空手的改名和发展，统一认识并决定改名为空（KARA）手（TE）道（DO），即KARATEDO。自此，空手道的名称得以确立。

3. 停滞期与转型期

20世纪30年代后，随着空手道的普及，空手家们试图致力于将空手道向竞技化的方向发展。然而在这一时期，由于太平洋战争的爆发，空手道运动的发展一度进入了低潮。1945 年太平洋战争结束，日本战败，冲绳县（琉球群岛）被美国占领，日本列岛为联合国军队所占领。统治日本的联合国军最高司令官总司令部（GHQ）下令禁止练习武道，因此，日本文部省下达了柔道、剑道等武道禁止令，空手道的活动也一度处于停滞状态。不久，日本文部省又声称“空手道的正式名称是空手”，因此不是武道，空手道得以再度活跃。但空手道也因此放弃大量武器术及击杀性的练习，转而以突出其防身健体的方向发展，这标志着空手道与琉球古武道开始分野。此后，空手道在以宫城长顺为代表的众多空手家的努力下，逐渐为当局政府所重视，开始了一个新的发展历程。1946 年宫城长顺先生应聘为冲绳市政府体育协会及冲绳员警训练学院传授空手道技巧。1948 年，容宜仁及弟子在东京创立了松涛馆流的最大会派日本空手协会，并于 1957 年 4 月 10 日被日本文部省认定为社团法人。1949 年，在松涛馆船越义珍的推动下，各流派联合成立了日本空手道协会。从此，空手道在日本进入了系统化、组织化的发展时期，也为空手道走向竞技化的道路奠定了基础。

1954 年，韩武馆（今全日本空手道联盟炼武会）举办了第一回全日本空手道选手大会，并规定参赛选手在竞技中使用防护器具。同年，由日本空手协会主办的日本传统派全国空手道选手权大会开幕，这意味着传统派所遵行的“止寸原则”（即“禁止直接击打”之意）开始纳入了空手道的竞技规范中，随后在日本境内开始了竞技化的发展时期。1958 年，日本空手道协会举办了第一届日本空手道锦标赛，参赛队伍均来自日本各大学中的空手道俱乐部。这次比赛极大地促进了日本高校空手道的竞技化发展。在 1962 年，日本空手家山田辰雄在后乐园会堂举办第一回空手竞技会，试行了直接击打的比赛形式。与此同时，极真空手创立者大山倍达摒弃空手道传统派的止寸原则，提出除去一切防护器具，徒手赤脚直接击打对方（除足技以外，严禁击打面部），并在东京体育馆举办第一回全接触式全日本空手道选手权大会，新的竞技方式惊动了整个空手界。

（二）空手道在世界的发展

“二战”之前空手道就已经开始在国外传播，根据冲绳官方资料记载，冲绳首里手流派唐手家屋部宪通曾两次到过美国传播空手道。第一次是 1921 年至 1922 年前往美国探亲期间在洛杉矶进行过唐手的演武；第二次是在 1927 年回冲绳的归途中，他经过夏威夷，为夏威夷纽厄努基督教青年会进行了两次空手道演武，并在夏威夷教授空手。继屋部宪通之后，空手家宫城长顺于 1934 年前往夏威夷教授空手道。

“二战”后，在美国占领日本期间，空手道因未被认同属于武道而成为唯一不被禁止的技击项目，因此空手道的发展得以延续，甚至在当时日本的美军基地上也开展空手道的表演活动。由此，驻日美军士兵逐渐认识和了解空手道，并将空手道带入了美国，美国空手道的创始人罗伯特·特里阿斯（Robert Trias）就是杰出的代表人物。“二战”时，特里阿斯在所罗门群岛向本部朝基的一名中国籍弟子学习空手道，直到 1946 年，特里阿斯回到美国，在美国亚利桑那州的菲尼克斯开设了空手道道场。1948 年，美国建立了空手道协会，标志着空手道逐渐在美国进入了系统地、有组织地发展。这一时期，随着空手道传入美国，对美国本土的军队也产生了重大影响，美国本土的战略空军指挥部开始从少壮士官中选拔空手道、柔道、合气道的体育指导官，并让这些被选拔的士官前往日本实地学习三个月，这种团体学习的情形持续了数十年，对世界各国产生了很大的影响。继特里阿斯之后，在被尊为美国空手道之父的肯波流空手道（KENPO - KARATE）创始人埃德·帕克（Ed Parker）（图 1 - 1 - 3）等人的努力推广下奠定了空手道运动在美国的基础。

图 1 - 1 - 3 埃德·帕克

早在 1937 年，韩国跆拳道创始人崔泓熙前往日本学习松涛馆流空手道，到 20 世纪 50 年代将空手道与韩国古典武道相融合，创建了跆拳道。

20 世纪 60 年代后，为培养空手道指导人才，欧洲许多国家向日本派遣人员学习空手道，并邀请活跃于当时日本的空手家进行指导和教授，如松涛馆流的金泽弘和向西德人和英国人教授空手道，许多葡萄牙人则向刚柔流的东恩纳盛男学习空手道。这期间，世界各国培养了大批的空手道人才，从而推动了空手道向海外普及。为了扩大空手道在世界范围内的影响力，1964 年日本在举行奥运会的同时，前早稻田大学校长大兵信泉将空手道各流派联合起来，把日本空手道协会、全日本大学生空手道联盟、全国各地区地方空手道团体、全国自卫队空手道联合会以及全日本实业团空手道联盟和空手道爱好者等各个团体组成了全日本空手道联盟，并亲自担任会长。全日本空手道联盟成立，加速了空手道在世界范围内的普及和发展。

1970 年 10 月 13 日在日本举行了第一届世界空手道锦标赛。次日，在日本成立了世界空手道联合组织，并制定了一套统一的竞赛规则和评分体系。世界空手道联合会于 1976 年被国际单项体育联合会接受，因此，空手道得以在 1981 年的第一届世界运动会上出现。1985 年，国际奥委会正式承认世界空手道联盟为管理空手道项目的组织。到 1990 年，空手道成为第 11 届北京亚运会比赛项目，从而加强了空手道在亚洲的发展。1999 年，世界空手道联盟（WORLDKARATE FEDERATION，简称为 WKF），被国际奥林匹克委员会正式承认为世界级空手道团体的唯一权威组织。其组织成员包括亚洲空手道联盟（AUKF）、欧洲空手道联盟（EKU）、非洲空手道联盟（UFAK）、澳洲空手道联盟（OUKO）和泛美空手道联盟（PKF）共 5 个洲际联盟，目前会员国达到了 180 多个，拥有会员 7000 万以上。

（三）空手道运动在我国发展现状

虽然空手道与中国武术在历史上就有着深厚的渊源，但长期以来空手道在中国并没有得到广泛的普及和发展。直到20世级70年代以后空手道作为一种新的体育运动方式，才逐渐被中国民众所认识，尤其是20世纪80年代以来在中国的推广传播开始活跃起来。1988年，著名冲绳空手家铭茄拳一先生首次到中国上海的武术院进行了第一次空手道交流表演，当时在上海产生了极大的反响。1990年，经巴西总统介绍以及日本驻沪领事馆的推荐，铭茄拳一先生在当时上海市市长朱镕基的帮助下，由上海市体育委员会外事处联络，在上海体育馆自费创办了中国第一个空手道训练班，标志着空手道开始正式在中国进行推广。

图1-1-4 中国空手道协会成立

1999年4月25日，经世界空手道联盟认可，在中国创立第一个空手道委员会上海市武术协会空手道委员会，铭茄拳一先生被聘为首任顾问总教练。从此，空手道在中国开始了有组织性的发展。2006年，国家体育总局决定在中国开展空手道项目，并将空手道归属于拳击跆拳道运动管理中心的行政管理范畴。同年，经国家体育总局批准，中国空手道协会筹备委员会于5月29日正式成立（图1-1-4），空手道在中国进入快速发展期。这一时期，空手道的普及和推广获得了巨大进展。2006年7月5日，拳跆中心、中国空手道协会筹委会在广州举办了“中国首届空手道教练员培训班”；7月底，中国第一支空手道专业运动集训队在广东佛山成立；2006年底，国家体育总局通过了关于空手道项目立项的申请，从2007年起，空手道将作为试行开展的体育项目进入总局计划内赛事序列。2007年3月30日首支国家空手道队正式成立；7月，佛山举行首届全国空手道锦标赛；10月18日，中国空手道国家队训练基地在广东佛山成立。2008年8月，全国首届大众空手道锦标赛在广东省佛山市南海开展，这次比赛在全国大众中得到广泛的认同，奠定了空手道在全国范围内广泛普及和推广的基础；12月9日中国空手道协会在山东青岛市正式成立，标志着空手道运动在中国的发展进入了一个新纪元。2010年4月23日，中国大学生体育协会空手道分会成立（图 1－1－5），这意味着空手道项目将进一步在高校学生中推广和普及。同年 10 月，安徽工程大学举办了首届全国大学生空手道锦标赛。

图 1－1－5　中国大学生体育协会空手道分会成立

随着国家空手道队的建立，中国空手道发展迅速，在世界大赛中取得了举世瞩目的成绩。从 2008 年 8 月国家队第一次参加国际大赛吉隆坡亚洲空手道锦标赛开始至今，中国空手道队参加了曼谷第一届亚洲武道运动会、佛山第九届亚锦赛、北京首届世界武搏运动会、贝尔格莱德第 20 届世界空手道锦标赛、2010 年广州亚运会、澳门首届东亚空手道锦标赛等国际赛事，在短短 3 年时间中，共获得金牌 12 枚、银牌 6 枚和铜牌 13 枚的辉煌战绩。同时，国内开展空手道运动的地区和练习空手道人口的增加，也为空手道运动在国内的发展奠定了广泛的群众基础。

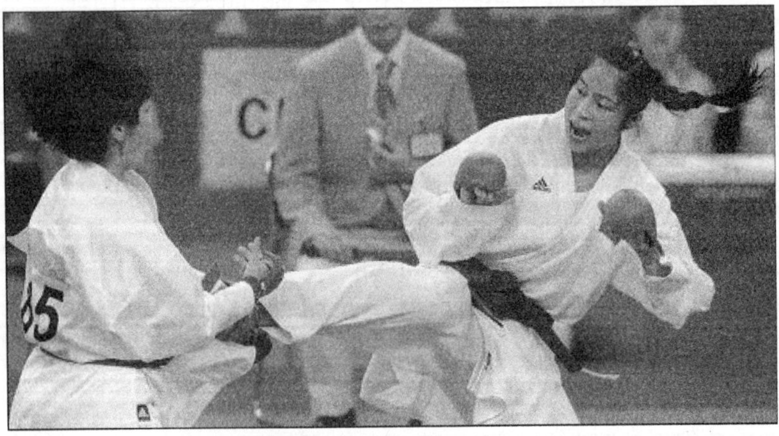

图 1－1－6　第十六届广州亚运会空手道比赛

第二节 空手道运动的内容与分类

传统空手道主要分为松涛馆流、和道流、刚柔流、糸东流四大流派。按现代空手道开展的方式可分为大众空手道和竞技空手道，按运动形式分为组手和型。

一、传统空手道的流派、分类及特点

（一）松涛馆流

松涛馆流的创始人即为现代空手道始祖船越义珍（图1－2－1），该流派是目前世界上最大的空手道流派。它是由船越义珍和其子船越义豪在融合冲绳武术和柔术的基础上发展而来，船越义珍曾在冲绳的昭霊流和松林流两个著名流派进行练习，后融合两个流派进行改造以便适宜初学者练习，并逐步形成了节奏明快、开阖大方、刚健有力的技术风格。因船越义珍于1936年在日本目白建立第一个官方道场，且当时船越义珍在其哲学著作和写给学生信件上的笔名为松涛，为纪念恩师，船越义珍的学生们创造了松涛馆的符号，置于船越义珍授课的道场入口处上方，自此，松涛馆流的名称才得以确立。

图1－2－1 船越义珍（1868—1957）

松涛馆流空手道系空手道中的所谓“南舟北马”中的北派功夫，类似中国武术中的北派少林拳。因其动作幅度大且简洁深受欧美空手道爱好者的喜爱，随着空手道运动的全球化，刚猛直接的松涛馆流空手道的优势则更为明显。该流派的代表团体有日本空手道协会（JKA），国际松涛馆空手道联盟（SKI），国际松涛会（ISKF）等数个国际性联盟及松涛会、松涛同盟会、松涛馆、松涛联合会、三田会、稻门会、拓空会等。其中JKA是日本最大也是世界上最具规模的空手道流派团体。目前全世界共有80余个国家地区的空手道团队加盟JKA，每两年举行世界比赛。

松涛馆流技术特点为大开大合，动作幅度大，刚健有力，动作走直线，步伐稳健，多用弓步大马，注重腿法运用，是刚猛型空手道的典范，松涛流馆共有26个规定型（套路）。对初学者型的教学中，采取强而有力的方法，而到茶带和黑带级别的人则结合柔术和一些合气道技术。

最具代表性的型：大极初段、拔塞大、二十四步、岩鹤、拔塞小、平安初段、平安二段、平安三段、平安四段、平安五段燕飞、珍手、慈恩、壮镇、半月、王冠、观空小、明镜、铁骑初段、观空大、五十四步大、五十四步小、十手、铁骑三段、

铁骑二段、慈荫、云手。

（二）刚柔流

刚柔流空手道的创始人是宫城长顺（图1－2－2）。宫城长顺于明治二十一年（公元1888年）出生于琉球，14岁加入那霸手名师东恩纳宽量的门下，18岁赴中国福建省寻访师祖和同门，在福州期间，与白鹤拳名家吴贤贵等学习中国拳法六机手，后回到冲绳岛后，再将其整理改良后，称为转掌（TEN-SO）。

图1－2－2 宫城长顺（1888—1953）

该流派系“南舟北马”中的南派功夫，源自南少林拳白鹤门。宫城长顺根据中国武术医药经典白鹤门流传秘书《武备志》里的《拳法之大要八句》中的一句“法刚柔吞吐身随时应变”，领悟其中“刚柔”二字包含“阴阳协调转换、发力技巧刚柔并济”之蕴意，故把其所授武术称为“刚柔流”。刚柔流的代表团体有全日本空手道联盟刚柔会、世界刚柔流空手道联盟、刚柔馆、刚柔联盟、正刚会等，该流派在东南亚地区有相当大的影响，也是最早传入中国的空手道流派之一。

刚柔流技术特点是以小架三战步、猫足立为主，讲究刚柔并济。它有明显的南拳特色，在修行时注重“气”、“息”、“体”的锻炼，刚柔流是以刚猛劲力与柔和技巧配合成之武学，故刚中带柔，柔中带劲，相辅相成。刚，意味着闭手技术和直线攻击；柔，意味着开手技术和圆形移动。刚柔流结合了硬式攻击如踢技，闭手击打和开手圆形技术如进攻，防守，控制对手包括锁，抓，摔，抛等。并强调以上技巧在应用时的运气和适当呼吸的重要性。刚柔流共有13个规定型。最具代表性的型：三战、转掌、碎破、制引战、三十六手、四向战 、久留顿破、一百零八手。

（三）和道流

和道流的创始人为大冢博纪（图1－2－3）。大冢博纪出生于明治二十五年（公元1892年）。6岁起学习柔道，于大正九年（公元1920年）到船越义珍的明正塾学习空手道及日本神道扬心流柔术。大正十三年（公元1924年），在皇居济宁馆道场举行的舞蹈演武会中参加琉球唐手术表演，大冢博纪表演自创的“唐手术乱取形”（现代空手道中的约束对打），以及“捕短刀”、“捕真剑白刃”博得好评。以此为契机，大冢博纪在昭和八年创

图1－2－3 大冢博纪（1892—1982）

设“和道流”即将空手道与日本柔术合而为一的意思。该流派受到“神道扬心流”柔术的影响颇深，其技法中体现了“别”、“流”、“押”、“引”、“入身”、“转身”等柔术的技法特征。和道流最具特色的是格斗技术，是极少数在格斗中能体现流派特征的空手道，该流派出现了许多空手道格斗比赛冠军。同时该派空手道也因曾属松涛馆一系因此在套路上深受松涛馆流的影响，但也有自身的特色。和道流空手道的代表团体有全日本空手道联盟和道会，世界和道流空手道联盟等，和道流最大势力是在日本的大学和学校，以东京大学、东京农业、明治、日本、立教、日本齿科、东京工业、东京外语、北海道、熊本工业、福冈等高校体育联盟中空手道强校为中坚力量。现任全日本空手道联盟事务局长荒川通就是和道流的代表人物之一。

最具代表性的型：公相君、内步进、征三、镇东、拔塞、二十四、鹭牌、汪辑、慈恩、十手。

（四）糸东流

图 1－2－4　摩文仁贤和（1889—1952）

糸东流的创始人摩文仁贤和（图 1－2－4）生于明治二十二年（公元 1889 年）琉球首里市，13 岁时成为首里手名家系州安恒的嫡传弟子，20 岁时在好友宫城长顺的推荐下投入那霸手名师东恩纳宽量的门下。后又学习了松村派、新垣派等空手道和空手道以外的日本古武道器械。摩文仁贤和于昭和三年上京，在到达日本本土的琉球唐手家中，他是唯一能完整学完首里手和那霸手的人。昭和九年（公元 1934 年）摩文仁贤和在大阪开设道场，为纪念两位恩师，取两位恩师名字的第一个字组合创立了自己的流派，即糸东流。时至今日，糸东流不但已成为世界四大流派之一，而且还是各流派中技术体系最丰富，保存最完备的。糸东流空手道极其重视空手道精神的修养，开祖摩文仁贤和极强调糸东流空手道为“君子之拳”，是为修行圆满的人格和崇高的人生目的而进行空手道修行。糸东流的代表团体有全日本空手道联盟糸东会，世界糸东流空手道联盟，林派糸东流、正气会、修交会、修道会、圣心会、明武会等。

糸东流是多种流派的结合，既有着如小林流，松涛馆流等首里手系统的强而有力和稳健的步伐，又有着刚柔流等那霸手和泊手系统的多向移动，强调正确的呼吸，刚柔并济。尽管糸东流的动作极其迅速，但仍不失优雅和力量。糸东流的特点概括起来是以“守、破、离”三字，即对型的忠实遵守而后应用最后独立，以此独特的方法来修行空手道，糸东流空手道一共有 47 个规定型，是四大流派中规定型最多的，也是排选手代表日本参加世界空手道比赛中型比赛最多的流派。

最具代表性的型：拔塞大、征远镇、岩鹤、燕飞、公相君、二十四、二八步、鹭牌、明镜、镇东、十八、十三、半月、四方公相君、四向战、一百零八步、云手、汪辑。

二、现代空手道运动的分类

随着近代竞技格斗技的出现，空手道为了适应现代社会的发展和需要，经过不断改革与创新，要求空手道技术的应用必须是建立在“可控制”的基础之上，在全面地发展选手的运动能力的同时使运动项目更具备“安全性、观赏性和科学化”等体育运动项目的特点。逐渐形成现代空手道运动，空手道界又称之为体育空手道。

（一）按运动形式分类

空手道技术体系由基本技术、型、组手技术三部分组成，是一门融合拳法、手刀、腿法、肘法、摔法和关节均可采用的格斗术，它对抗性强，杀伤威力极大。现代空手道按运动形式分为组手、型两大类，如图 1-2-1。

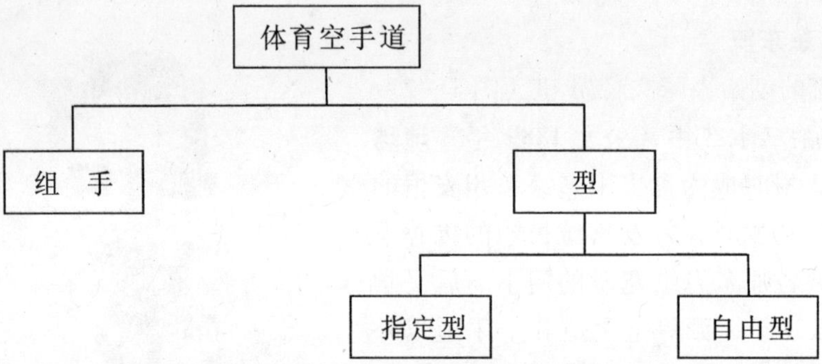

图 1-2-1　体育空手道运动形式分类

1. 组手

组手是空手道的徒手对抗形式，双方利用踢、打、摔等空手道技术进行的攻防练习。组手的特点是拳法和腿法变化甚多且刚猛无比，其动作简单实用，它没有任何“花架子”，每一招、每一式都直接应用于实战中，具有极强的实用性，同时在技术运用中遵循“寸止”的原则。

空手道组手分为约束组手和自由组手。约束组手即对练双方按指定架势进行攻防格挡，其训练目的是为了掌握最基本的实战技术和对攻击、防守时机的把握。一般在训练时，两名学员分别为进攻方和防守方，按照预定好的进攻路线和招式来进行，故此称为“约束组手”。自由组手是互相把所学的技术动作自由地使用出来的实战练习，这项训练是把通过基本训练，约束组手所掌握的技术动作按照一定的规则进行实战的训练。实战演练中的距离感、时机、节奏以及对手互相牵制等，还有很多用语言难以表达的技术都是通过自由组手的训练来完善的。

2. 型

空手道型类似于中国武术套路，是由若干空手道固定招法根据一定的规律编串而成的成套练习形式。其中有攻击、防守的各种技法，通过手、腿和身体的运动，结合呼吸和发力，组成了不同的风格特点，并反映不同流派的武学思想。型的种类较多，各个流派均有自己规定的型，从简单到复杂，从低级到高级，有各种各样的套路。型要求身体运用松弛有度，富有力量和节奏，讲究动作技术的合理构架和流派的风格特点。运动中要求步法稳健而灵活，重心平衡不可有过多的上下起伏和摇晃。同时注意呼吸吐纳与意识的配合，体现实战感和警戒心。

空手道型分为：基本型、指定型、自由型。

指定型是由世界空手道联盟规定将刚柔流、松涛流、糸东流、和道流四大流派中取不同流派的两个型为竞赛的指定型，共有 8 个指定型。

（1）刚柔流：十八、碎破；

（2）松涛流：慈恩、观空大；

（3）糸东流：征远镇、拔塞大；

（4）和道流：征三、镇东。

（二）按开展方式分类

根据空手道运动学习、训练、推广的组织形式、比赛性质以及练习的群体不同可分为大众空手道、竞技空手道、全接触空手道三类。

1. 大众空手道

大众空手道是指主要由俱乐部、道馆、协会以及各流派分支等社会性培训机构为空手道学习训练的组织单位，参加习练的人员主要由学习、工作之余的空手道爱好者组成。其学习、训练和比赛的目的是为了强身健体和空手道的推广及普及。

2. 竞技空手道

竞技空手道是指主要由国际组织、国家、地区、协会等为组织单位所开展的专业化、专门化的空手道的训练和比赛。它遵循现代竞技运动的基本规律和体育精神，以获得最佳的运动比赛成绩为开展空手道运动的出发点和归属点。其运动训练的参与者主要是由具有空手道运动天赋的人员组成。

3. 全接触空手道

全接触空手道又称“格斗空手道”，它强调精简的进攻，不戴护具，以格斗为终极目的。其格斗体系包括拳法、手刀、脚法、摔法和关节训练等技术训练，力量、耐力、反应、柔韧等素质训练，以及呼吸训练、内力训练和心理训练。全接触式空手道的技术特点，保留了许多传统空手道中简捷、实效的攻防技术，突出硬打实架的功力。

（三）极真空手道

极真会馆的创办人是大山倍达（图 1 - 2 - 5），他提倡“武道空手”及“技术在力量中”的观点。大山倍达于 1923 年生于东京。9 岁时在其姊居于满洲的农场内，首次接触到武术，并学习到中国南方拳法“十八手”。1938 年，15 岁的大山倍达移居日本，并加入日本空军之列，成为空军飞行员。同时，他开始接受柔道和拳击的训练。后来，他跟随松涛馆空手道创立人船越义珍学习冲绳空手道。17 岁时已取得松涛馆空手道黑带 2 段，20 岁时更考获 4 段之佳绩。

第二次世界大战后，大山倍达又跟随刚柔流空手道大师曹宁柱学习空手道，曹宁柱以其惊人的力量和精神意志而闻名，对年轻的大山倍达有着极其深远的影响。同时，大山倍达接触到吉川英治之著作《宫本武藏》，他从书里学习到宫本武藏之武士道精神，并以此作为他心灵上的导师。在此精神的指引下，他曾先后两次隐居深山潜心修炼空手道，坚持每天练习 12 个小时，在寒冷的瀑布下练拳，以徒手击打石块、树干，在有刺树丛中奔走跳跃。经过多年如此的刻苦训练，大山倍达终于在空手道方面取得了惊人的造诣。1947 年，大山倍达参加了第二次世纪大战后的第一次在日本举行的世界空手道大赛，并获得冠军。1952 年，他在美国授武期间，曾将所有 270 个挑战者击败。尤其在空手道功力上，大山倍达展现了十分惊人的威力，他曾在功力测试中徒手将 3 头公牛击毙，将 49 头公牛的牛角劈断；能以手刀连续劈断 14 瓶威士忌瓶颈。为此，人称“神手大山倍达”。

图 1－2－5　大山倍达（1923—1994）

1953 年，大山倍达在东京成立他的第一个道场。他糅合了不同武术派系加以舍短取长，融会于自身所提倡的实战空手道中，加上他对学生的训练非常严格，奠定了极真空手道的基础。

1965 年成立世界性的极真空手道组织“国际空手道联盟极真会馆”。从 1969 年起，每年主办全日本空手道大赛及每隔四年主办全世界空手道大赛，至今从未间断，并以全接触式赛例闻名于世。亦因为极真空手道的训练严格、努力不懈、不屈不挠的斗志精神，令极真派得到全球武术界的认同。在短短的 30 多年间，极真会馆在全球 120 多个国家都设立了分部，学员超过 1200 万人，成为世界上最大的武术组织之一。

极真空手道主张将家庭、公司（学生在学校）、道场合而为一的三合生活。观点强调将习武的精神诠释到实际的学习、工作和人生之中，有一定的社会意义。极真空手道带位：初学（白带），10 级橙带，9 级橙带 1 杠，8 级蓝带，7 蓝带 1 杠，6 级黄带，5 黄带 1 杠，4 级绿带，3 级绿带 1 杠，2 级棕带，1 级棕带 1 杠，黑带初段～黑带 10 段。

第三节　现代空手道运动的特点

一、崇尚礼仪，德艺双修

空手道主张“正戈之道、止戈之道”，坚守“始于礼而终于礼”的基本训条，它是每一位空手道人必须恪守的行为规范。在平时训练和比赛中要讲究师生、同门及对手之间的礼节，而且要将礼仪的文化灌输到日常生活之中，养成谦虚、忍让、友好的品质。同时，礼仪还代表了空手道精神内涵，强调自我超越，坚韧不拔的信念，追随尊严、感激、忍耐的人生信条，在不断的习练中修成完满的人格。

二、注重基础，打练结合

型和组手是空手道运动的基本表现形式，同时二者又是相辅相成、互为提高的。型是组手训练的基础，组手是型的实际运用形式。组手比赛的“六个得分标准”要求运动员必须经过十分严格的系统训练与具备十分扎实的基础。通常空手道选手的培养过程都必须遵循：基本功—基本技术—型—约束组手—自由组手的过程。

三、强调“一击必杀”的威力与“寸止精神”的统一

空手道是人们在生产、斗争实践中发展起来的一项搏斗运动，具有很强的实战技击性，追求“一击必杀”的威力，并将此作为组手比赛中评判选手技术是否得分的精神要旨。同时，又十分强调点到为止的“寸止精神”，要求选手在对抗中有良好的控制能力，避免造成伤害事故的发生，这同时是空手道练习者武德修为的展现。

四、技法全面，讲究实效

空手道在长期历史积淀中融汇了中国武术、柔道、合气道、剑道等多种武道运动项目的技击方法，形成了完备的技术体系。技法内容丰富，有踢、打、摔、拿、投、锁、绞、劈、砍以及各种腾空和跌扑翻滚等技击动作和方法，同时，各种方法的运用讲究简捷与实效性。在实战中力求以最短的时间、最佳时机准确的攻击对手，尤其以直线进攻发挥出无可比拟的优势。

五、以刚为主，刚柔并济

空手道的技术形成受中国南拳和少林拳术的影响比较大，技术风格总体上表现为刚猛激烈、硬朗明快的特点，同时也柔和了摔、绞、转、变的柔化技术在内，从而达到刚柔并济之效。

六、发声扬威，内外求整

在空手道练习中，十分注重呼吸的运用，使气息与身体的律动和精神三者形成完整的统一。在型的关键发力环节和组手的进攻过程中常伴有强烈的发声，通过发

声催生气力，增大攻击力量，并达到增强气势、威慑对手的目的。

七、强调传承，广泛开展

空手道十分注重其文化宗统的传承，各流派有十分严格的技术规范和行为要求，确保各流派在长期的发展过程中能正本清源不被异化。同时，也注重与现代体育精神的结合，突显标准化操作，使之能更广泛地得到推广和普及。

第四节　空手道礼仪

空手道吸收中国古代儒家和佛教禅宗思想的信义、清廉、仁爱、勇武的传统文化思想，并融合日本武士道精神，形成了具有独特而鲜明特征的武道礼仪文化。空手道坚持以“始于礼而终于礼”为训条。礼仪作为空手道的一部分，有着其严格的礼仪教育与规范，在教学、训练、竞技比赛等各种场合的礼仪规范都有明确的规定，学员必须不折不扣践行“礼”的要求，以表达对他人的尊重及保持练习者本人自身的尊严。

一、空手道行礼方式与规范

空手道的礼仪是空手道的武道精神、文化内涵的外在体现，因此，空手道对于礼仪有着及其严格的要求和规范，且规定在行礼的同时大声说空手道礼语“OSU!”（押す）。空手道的礼仪分为两种：立式礼（即鞠躬礼）和坐式礼（即跪拜礼）。

（一）立式礼

两脚并立，两脚跟并拢，两脚尖成60°八字开立，身体正直，两手臂自然垂于身体两侧（图1－4－1①）。施礼时，颈部不能弯曲，上体向前约30°弯曲行鞠躬礼（图1－4－1②）。略作一瞬间停顿后，迅速把身体返回原来的垂直状态（图1－4－1③）。行礼过程中始终保持目视前方。

①　②　③

图1－4－1　立式礼

（二）坐式礼

两膝弯曲跪地，两脚腕伸直与地面贴近。上身正直，沉肩坠肘，两手自然置于两大腿的上方，目视前方（图1－4－2①）。两手心朝下伸向膝前地面，以左手、右手依次置于地面，使两掌成八字形状。臀部不能离开脚后跟，上身慢慢向正前方弯曲行拜礼。两膝的间距不能超出两个平拳的距离（图1－4－2②/③）。上身伸直时，以右手、左手依次收回原位（右手先离地，左手后收回）。

①　②　③

图1－4－2　坐式礼

（三）礼语内涵

OSU是押し（Oshi）和忍ぶ（Shinobu）的缩写，意为推和忍耐，即强化自己的忍耐走向强大。OSU精神是空手道训练中的首要精神，它代表尊重、感激和耐心。

尊重、感激的精神表现为对自我的尊重和学员、教练的尊重。在训练时竭尽全力地去练习，让自己去接受刻苦的锻炼。这种自我尊重的精神迁移至对他人的尊重，对教练之职衔，如“前辈”、“老师”、“师范”等的尊称，以及进入道场、练习完毕、回应教练等每一个环节都要行礼并大声说“OSU!”，这是你对道场学员、教练及自我尊重、感激的精神。

忍耐的精神，它代表着耐心、决心以及坚持。在严格的身心修炼当中，应培养坚韧不拔、不为逆境所困、勇于挑战自我极限和决不放弃的性格力量，从而激发自己的真正潜能。这种性格力量源于刻苦的训练，从而将自身推向忍耐的极限，在任何的痛苦压力下坚持的精神。这就是“OSUの精神”（OSU的精神）。

二、道场规范与礼仪

空手道（也包括其他诸如柔道、剑道、合气道等日本武道）训练的场地，均称之为道场，道场作为空手道修炼身心的神圣地方，有着其严格的道场规范和礼仪要求。

（一）道场规范

1. 行为规范：全体学员共同承担道场的清洁、整齐及安全的责任；进出道场、场内练习须穿着规定的道服赤足进行。道服穿着和腰带系法要正确，且道服必须保持清洁，腰带不能湿洗，只可风干，以象征刻苦锻炼之精神。男生道服内不可穿内衣，女生可在道服内穿着白色短袖 T 恤。保持个人仪容整洁，手指甲与脚趾甲不宜过长，且练习时不得佩戴任何饰物。

2. 训练规范：空手道在教学、训练中是极为严肃的，任何情况下学员都绝对服从教练的安排。接收到教练之指示时，应立即行动及反应。练习期间要绝对专心，不能做与训练无关的事。未得教练允许，不得擅自离开排列。离开时不得在教练与排列中间穿过。出于安全的考虑，没有教练的许可，不得私作搏击练习。

3. 道服、段位规范：空手道道服，是日本空手道规定在进行训练和比赛时统一穿着的制服。空手道服装分上衣、下衣（裤）和腰带三部分，上、下衣均为白色，象征着圣洁、高尚。段位是区分运动员或练习者的空手道技艺水平，则主要通过腰带颜色来判别。初学者分 10 级，着各种色带，入段者分 10 段，着黑带。空手道级、段位规范如表 1－4－1。

表 1－4－1　空手道级、段位规定列表

颜色	白带	橙带	青带	黄带	绿带	茶带	黑带
级位	无级	10、9 级	8、7 级	6、5 级	4、3 级	2、1 级	初段以上

（二）道场礼仪

练习者入、出道场时均应行鞠躬礼。入道场后先正坐，行坐礼。在开始练习前，师生应共同向道场内的国旗、空手道标志、开祖像行礼，然后师生互相行礼。在同伴共同练习前后，双方也应行礼。当进入或离开道场时，须面向道场行礼同时说“OSU！”，象征对道场及道场教练、学员的尊敬。当迟到进入道场时，应先在道后旁面向后方跪坐，直至教练允许进场，方可站立，然后面向前方行礼及说“OSU！”才可从最后排排列。对教练要使用敬语进行称呼，如先辈、教练、师范等尊称。训练休息时间，后辈如有疑问可向教练或先辈提出。教练与先辈必须正确回答，回答结束，后辈应该向先辈致谢，并说“OSU！”。

（三）比赛礼仪

空手道实战比赛中采用站立礼，双方运动员站在赛场中央，相距约 4 米向正面主席台行礼后，再彼此面对站立，互相行礼。施礼时目视对手方向，既表达对对手的尊重，也有着保持戒备、防止对手偷袭的现实意义。

第五节　空手道精神内涵

一、空手道精神内涵的诠释

（一）道的释义

了解日本思想史的脉络，能让我们更准确地理解道的含义。日本自江户时代以来思想史的发展，可概括为佛教→儒教→儒学→国学→洋学→近现代的日本思想。而作为土生土长的神道教贯穿日本思想史的始终。在佛教传入之前，日本本民族源于对祖先崇拜和自然崇拜结合起来，形成了神道意识。人们通过祭祀神灵，祈求神降福免灾。日本的神道教就是以这种原始的神道意识为核心逐渐形成的。正是在原始的神道意识的基础上，日本将外来的和新的思想文化本土化使之与传统相融合，形成具有自身民族特色的思想文化体系。

根据《日本书纪》记载佛教于6 世纪由朝鲜传入日本。自佛教传入日本后，一直到17 世纪初的江户幕府时代，佛教一直在日本处于统治地位，这个时期，神道教教义大多归属佛教系统，佛教理论常用于阐释神道，神道在理论上、实践上都依附于佛教。因此，佛教备受天皇朝廷重视，被纳入治国安邦的政治体系中。同时佛被民间视为祈佑幸福的神的化身，并作为实践的准则来遵从。史料《日本书纪》、《古事记》记载儒教于5 世纪初由王仁等汉人贤者传入日本，《论语》和《千字文》等亦是最先传入的儒家经典著作，到6 世纪，逐渐形成以诗、书、礼、易、春秋五经及论语为中心的儒学体系，主要用于道德教化，特别是用作政治实践的指导思想。日本儒教注重实践作用——汇集政治、民生、道德教育等各种实用知识。

幕府时代，传入日本儒学思想的内容发生了转变，宋代理学开始取代汉唐儒学，新儒学占据了日本思想界的统治地位。13 世纪佛教玄慧法师将朱子理学传入日本，在江户幕府时期统治阶级为加强思想统治、维护幕府政治、经济制度的需要，佛儒并用的意识形态开始转向独尊儒家思想，使儒学最先摆脱了依附于佛教的地位，开始形成独立的理论体系。日本近世儒学的开创者藤原惺窝最早由佛门步入儒学，他对佛教采取批判的态度，主张神儒合一的思想。其弟子林罗山致力于儒学的独立，注重朱子理学的实践，使朱子学成为德川幕府时期占据统治地位的思想，他认为神道即儒道，儒道即神道，神道的“道”，就是朱子讲的“理”。此外，日本阳明学也坚持神儒合一的观念，反对照搬儒学，注重实践躬行、灵活变通。

与新儒学派对立的古学派反对朱子儒学，认为汉唐以后的儒学都是假学说，古学派儒学先驱山鹿素行否定了朱子理学的“理在气先”的观点。他认为，理和气是并存的，而不论先后。山鹿素行尚武，他将儒学与兵学结合起来，意图把省身、尽忠、笃信、重义等儒学理论运用于武士阶层内部，形成一套日本武士的道德规范。他认为武士应当修文武之德以维护“礼”，正人伦于天下。水户藩校学则的《弘道馆记》中提出“文武无歧”论，将儒学纳入武士必修中，习武也成为了日本儒学的内容。且认为文武之于国家，犹如天地之有阴阳。文之弊在弱，可以武矫弱；武之弊在愚，可以文医愚。继山鹿素行之后古学派思想家伊藤仁斋坚称朱子学的伦理观与孔子的以仁爱为德之长的思想不一致。他反对朱子学“存天理，灭人欲”的伦理观。在仁、义、礼、智、信的道德纲常中，尤其注重仁爱。萱园学派的创立者荻生徂徕将“道”分为自然之道和人为造就之道。他说，平常所谓“道”，即孔子之道，孔子之道即先王之道，先王之道就是人造之道，是为了平治天下，而不是自然之道。

他反对空洞的性理说教，认为“先王之教，以物不以理”。道德观念的确立，必须靠实际生活经验，在日常生活中日积月累，就能认知并认同应该遵守的道德原则。继而，日本的国学派明确要反对人造之道，崇尚自然之道，在此基础上确立了日本国家神道的思想基础。

这一时期日本神道也获得了巨大的发展，开始运用佛、儒、道思想解释神道信仰，形成各种理论神道。神道教开始形成自己的教义。明治维新以后，神社神道与皇室神道相结合，由国家有意识地建立起国家神道。到第二次世界大战结束，国家神道一直是控制日本国民的工具，尊天皇为神，处于实际上的国教地位。神道教不注重理论，也未规定明确的教义，只追求一种外在的实践活动——集体的祭祀活动。它的作用更多地体现在加强各种社会群体的群体意识，使民众将精神寄托于佛教。1945 年日本投降以后，在国际社会的干预下，废除明治维新以来的所谓“祭政一致”制度，实行宗教与国家分离、信教自由等措施，神道教开始成为以个人信仰为前提的宗教。

纵观日本思想史，可以发现日本之道在于吸收和融合外来的思想文化，从而形成有着自身民族特色的思想体系。与中国传统思想文化之道不同，日本对于道的理解更多是形而下的，强调知行合一，注重实践。包括日本茶道、花道、香道、柔道和剑道等，都继承和体现了日本民族注重生活中的应用与实行的特点。空手道作为日本之道的一部分，也不例外，始终践行这一理念。一方面，它强调一击必杀而无任何华而不实的技击动作；另一方面，在空手道修炼的精神和理念下培养个人优秀的道德品质和坚强的意志，从而融入生活加以践行。

被誉为现代空手道之父的松涛馆流代表人物中山正敏在其著作中特别提出：空手道之武道，不是以胜败论英雄，而是以永不输给自己的信念来运用身体之各部位加以组织化锻炼，发挥其功能，亦是以意志力统制竞技比赛之运动。可是更重要的是，应超越突破一切艰难，从磨炼汗水中塑造理想之人格，达到精神与武技内外兼备，此所谓完美的空手道。可见空手道注重实践，而不是纸上谈兵，追求的是以武入道，在修炼空手道之各项武技时，自强不息，不断突破和超越自我，锻炼时其体力、耐力达到极致，从而形成强韧的意志力和精神力，学会谦虚而不自满及自我的控制。同时空手道要求习练者学会冥想，排除心中一切杂念，从而获得绝对的洞察力，真正拥有超越世俗的崭新领悟，达到身心合一的武道最高境界。

（二）一击必杀的理念与寸止原则

空手道中“一击必杀”体现了其武技的境界，而“止寸原则”正是这种具有强大威力和破坏力的武技的一种约束和规范。只有将“一击必杀”的理念与“寸止原则”相结合，才能真正理解空手道的武道精神。

空手道“一击必杀”是追求拳脚的摧毁性的打击威力，从而达到一招制敌的目的。因此，空手道在技法上十分强调气、拳、体的高度一致，强调以周身之力在击打目标刹那间同时爆发。同时也非常注重拳击厚木板、脚踢大冰块、肘砸砖瓦等功力训练，以增强破坏力。“一击”的背后凝注了习练者无数的汗水和千百次的练习，形成身体的各个部分都是具有杀伤力的武器，而能随心所欲施展技法的自我控制的能力。它强调运用技法时的内心的信念以及运用的要求。“一击必杀”是练就自己的信心，重在对练习过程的体会和对空手道练习无尽止的追求，而不在于取胜的结果。战胜别人之前最重要的莫过于学会克己。因此，空手道讲究寸止原则。“寸止”即在击中对手前一寸处停住，不能直接击打。日本空手道家认为：一方面，对对手要有尊敬之心，在比赛中不仅要关心自己，也要尽量关心对手的安全；另一方面，一个人要做到周全处世，也须时时有提防敌人攻击之心，不得有丝毫懈怠疏忽。空手道的止寸原则正是“志于道，据于德，依于仁”的品格力量的体现。糸东流开祖摩文仁贤和将空手道喻为“君子之拳”，是为修行圆满的人格和崇高的人生目的而进行。松涛馆训在武士道精神和禅宗文化基础上提出“求至高人格，守忠诚之道，养努力精神，重尊卑礼仪，戒血气之勇”的理念法则。此外，还有船越义珍二十训条、吉川英治谱写的极真道场训、糸洲安恒先生的糸洲十训等。可以看出儒家的仁和以礼教化的思想深入空手道理念，空手道的理念涵盖了心理和精神人格的发展，倡导个人修养和武道修为，这与中华武道理念是相通的。

（三）武士精神

江户时代，武士阶层处于社会的统治地位，在政治、军事及文化教育上拥有无法比拟的特权，这就决定了其拥有优秀的道德品质和人格，对社会其他阶层产生着深厚的影响。武士道已不再局限于武士一个阶层所有，而是广泛地渗透到了社会的其他各个阶层。在幕府统治时代，神道教的教义赋予了武士热爱国家和忠于君主的教导，给武士注入了绝对服从的因素。士道成为了一种主义，士道作为武士的精神信仰和道德体系，浸透在武士血液中，成为武士践行的准则。

图 1－5－1　武士图

作为日本国技的空手道是在武士道精神文化土壤中滋生成长起来的，空手道的精神文化内涵与武士道的精神有着密切的依附关系。武士道就是要求武士去遵守的道德法则和规章，或者说是命令的规章。武士道精神概括起来就是：义、勇、仁、礼、诚实与真诚、荣誉、忠、自制。义：公正、正义；勇：果敢坚韧的精神；仁：恻隐之心；礼：和谐的法则；诚实与真诚：守信、言语的真实性的人格体现；荣誉：是对个人的尊严和价值的自觉而明确的意识；忠：对上级的敬意和忠诚；自制：忍耐、控制情绪。新渡户稻造在《武士道》中称“如果武士道没有一种锐利而且正确的勇气、果敢坚韧的精神，那么它很容易变成懦弱的巢穴。”“勇”是武士的象征，武士在面对敌人时，将生死置之度外的“杀身成仁，舍生取义”的勇武评价是作为武士身份者的名誉评价，“勇”在武士道精神中位于“义”之下，意味着这种勇不是匹夫之勇，而是在公正、正义下的大勇、真勇。对于“勇”，孔子的观点中也做出了相关的阐述：“见义不为，无勇也”，“仁者必有勇”，“知耻近乎勇”，“自返而缩，虽千万人，吾往矣”。《孟子》称“可以死，可以无死，死伤勇”。可见，武士的勇并不是孤立存在的，它是基于仁、义下的理性判断。

“二战”战败后，在日本本土，为了扭转全民低迷的情绪，日本格斗界再次提出了以斗士精神，坚强、执着、为信守信念而战的一系列比赛激发勇武的精神，空手道所孕育的勇武精神与武士道精神表现出高度的一致。然而，空手道的精神要义要与被军国主义影响下被扭曲的武士道精神区分开来，空手道不追求胜败，而是通过克服自我，追求超越的武道境界。

本章小结

空手道经历了自琉球群岛到日本本土最后逐渐推向世界的地域性、历史性的演变，从起源、发展到普及，由最初的琉球手到唐手、空手、空手道的变迁，在这一历史的进程中，空手道处在压制和发展的跌宕起伏中。空手道的内容和形式也在不断地发生变化，逐渐形成松涛馆流、和道流、刚柔流、糸东流四大流派，其发展方式开始走向大众空手道和竞技空手道两个领域，运动形式上表现组手和型的分离。现代空手道呈现流派精细、一击必杀、止寸、礼仪、OSU 精神、形式多样等特点，这是在中国传统文化、西方文化和日本本土文化的多元融合下，赋予了空手道独特的精神文化内涵，空手道也逐渐形成了具有鲜明文化特征的礼仪方式和规范。

思考题

1. 简述空手道运动的起源与发展。
2. 请阐述空手道运动在我国的发展现状。
3. 简述传统空手道四大流派的技术特征。
4. 现代空手道运动的分类和开展方式。
5. 空手道运动的特点是什么？
6. 空手道的礼仪包括哪些？
7. 如何理解礼语“OSU”的含义？
8. 请诠释“道”。
9. 如何理解“一击必杀”和“寸止”？

技术篇

第二章　型

本章导读　本章综合概述了空手道四大流派的指定型，重点解说了型的内涵、型拳的技法原理、型的基本技术三个方面。在四大流派指定型的解说上，以运用图文并茂的方式来详细地解析，生动直观地展现了空手道型的基本技术动作。通过本章的学习，帮助学习者更好地理解和掌握型的技术，提供全面、正确和实用的指导，从而提高空手道型技术教学的实践能力。

第一节　型的概述

一、型的内涵

型是根据空手道攻防格斗的技法和各流派的特点创编而成的，通过手、腿和身体的运动，结合呼吸和发力以演练形式来表现整体内容与风格的套路。

型是空手道练习者对技术、战术和进攻方法进行综合学习的内容，这种学习在增强练习者对空手道技术的认知和理解的同时，还能提高其柔韧性、灵敏性、协调性等身体综合素质和心理上的情绪调节能力、自信等，使身心得到全面锻炼，同时还能使精神、注意力和感知力等在型的练习中得到提升，使练习者能更好地理解和学习空手道。

型不仅仅只是动作和形式的简单模仿，而是在于如何把自身的意念和对技法意图的理解相结合，进而融入动作中达到形神合一的境界，从而赋予型以生命力，使其在展现“劲道、速度、力度”等技法特点。学练者必须充分了解其含义，才能够在动态中演绎美感和造诣，让观赏者能产生精神和情感上的共鸣。

二、型的技法原理

型是一个综合性比较强的体系，型拳的技术方式多样，如各种格挡、冲拳、内授、外授及砸拳等，它们是空手道型里常见的一些进攻和防御的技术动作，看似一个简单的拳，但在空手道型里却展示着各种技能和技法。

要想打好拳，就不得不提内力及腰劲。一个简单的冲拳动作，则需要腰部的发力及身体内部动力系统的配合，才能展示空手道型拳原有的本色：凶猛、有力、神速，所以说腰劲是练好空手道型拳的核心力量。空手道的发力依靠的不仅仅是大块肌肉群，而是通过力量训练来强化核心力量肌肉群，利用身体原有的内部动力系统和腰部发劲、以气催力及发声助力等手段来完成空手道型拳的技术。

一个好的技术需要呼吸的配合，型拳也如此。演练型是激烈耗费能量的运动之一，为了调整内脏各器官之间的平衡，则需要一套特殊的呼吸法。呼吸分为阴阳两种类，所谓的阳呼吸是把呼和吸配以发音的方式表达出来，起到发力和震慑的作用；阴呼吸则没有配以发声，要求呼吸平和，面不改色，展现从容镇定的内敛之气。在空手道型演练及技术展示时常用的呼吸方法有：长吐长吸、短吐短吸、长吐短吸、短吐长吸、长吸短分吐、短吸短分吐等六种呼吸方法。

三、型的基本技术

（一）基本手型

1. 正拳：四指弯曲卷握，大拇指扣于食指和中指的第二关节处，拳面平正，力点在食指和中指的第一和第二关节处（图 2－1－1①）。

2. 裹拳：五指握拳，力点在拳背处（图 2－1－1②）。

3. 拳锤：五指握拳，以肘关节为轴心，从上往下砸，力点在拳轮处(图2－1－1③)。

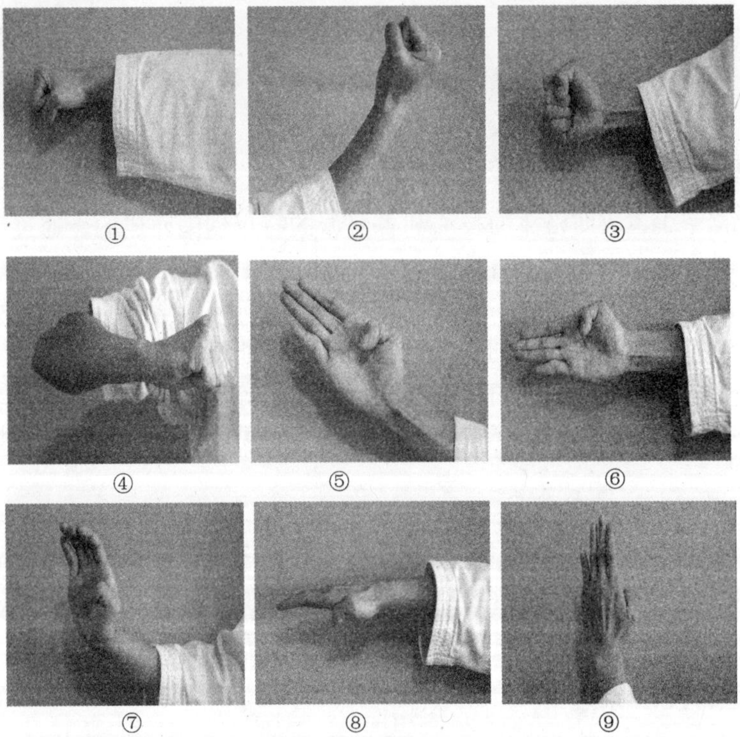

图 2－1－1　基本手型

4. 肘：手臂弯曲，攻击点在肘尖处（图 2－1－1④）。
5. 手刀：四指伸直；大拇指内扣，力点在掌轮处（图 2－1－1⑤）。
6. 贯手：四指伸直；大拇指内扣，力点在掌指处（图 2－1－1⑥）。
7. 掌底：手指的第二和第三关节弯曲成虎爪，力点在掌根部（图 2－1－1⑦）。
8. 背手：四指伸直；大拇指内扣，力点在掌背处（图 2－1－1⑧）。
9. 背刀：四指伸直；大拇指内扣平整，攻击面在大拇指一侧（图 2－1－1⑨）。

（二）基本足型

1. 前足底：脚趾第一关节弯曲，攻击面在前脚掌处（图 2－1－2①）。
2. 后足底：踝关节弯曲，攻击面在脚跟部（图 2－1－2②）。
3. 足刀：脚内扣成 90°，力点在脚外沿侧（图 2－1－2③）。
4. 背足：踝关节和脚趾关节伸直，力点在脚背处（图 2－1－2④）。

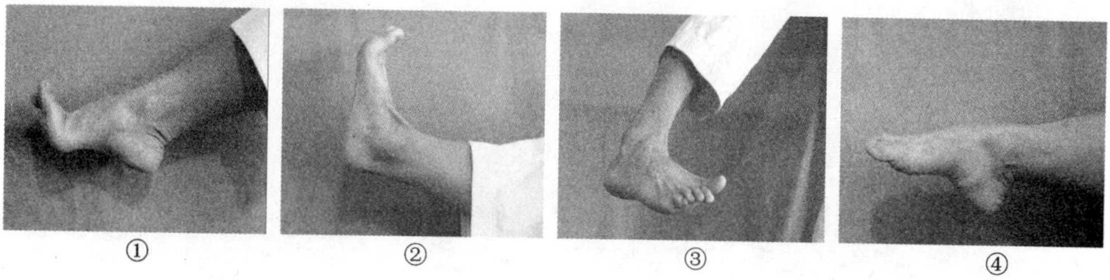

图 2－1－2 基本足型

（三）基本站立

1. 闭足立：两脚并拢闭合站立（图 2－1－3①）。
2. 结 立：两脚跟靠拢，脚尖外展站立（图 2－1－3②）。

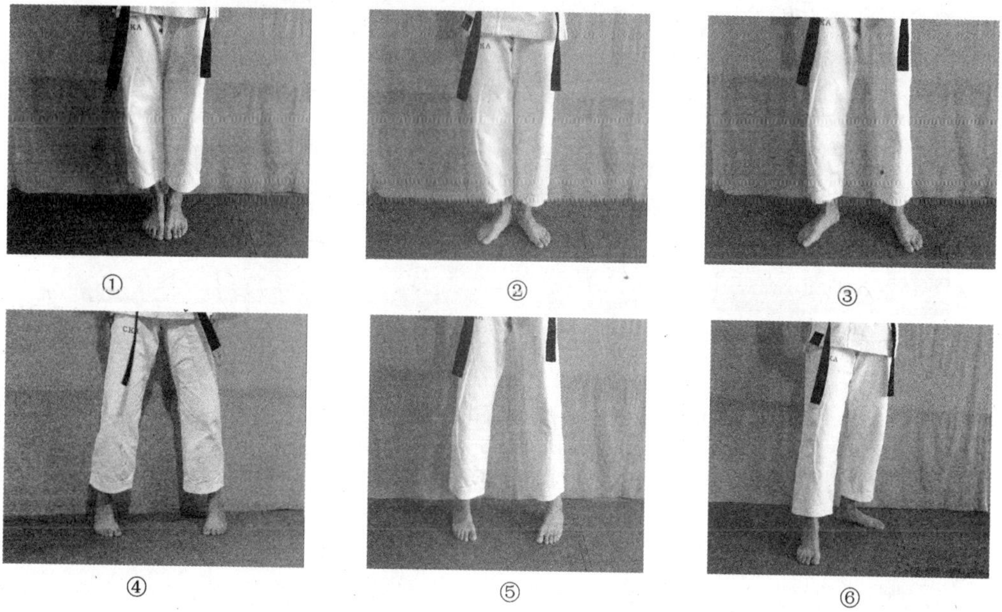

图 2－1－3 基本站立

3. 外八字立：两脚分开，距离与肩同宽，脚尖外展站立（图2－1－3③）。

4. 内八字立：两脚分开，距离比肩略宽，脚尖内展站立（图2－1－3④）。

5. 平行立：两脚分开，距离与肩同宽，脚尖正对前方，两脚平行站立（图2－1－3⑤）。

6. L字立：前脚正对前方，与后脚间隔一脚距离，站在后脚跟向前的延长线上，后脚外展（图2－1－3⑥）。

（四）空手道的基本手技

1. 追突：姿态中正，拳正身平（图2－1－4①至③）。

① ② ③

图2－1－4 追突

2. 刻突：腰胯发力，发力充分（图2－1－5①至④）。

① ② ③ ④

图2－1－5 刻突

3. 手刀：腰胯发力，强力爆发（图2－1－6①至③）。

4. 贯手：腰胯发力，力达指尖（图2－1－7①至③）。

5. 裹拳：路线明确，近身利器（图2－1－8①至⑤）。

6. 猿臂：重心平稳，力达肩肘（图2－1－9①至⑤）。

7. 背刀：肘部下沉，发力充分（图2－1－10①至③）。

8. 下段格挡：腰胯发力，旋臂格挡（图2－1－11①至③）。

9. 内格挡：旋臂控制，角度适宜（图 2－1－12①至③）。
10. 外格挡：弹击发力，臂位适度（图 2－1－13①至③）。
11. 上架格挡：腰臂反向，旋臂格挡（图 2－1－14①至④）。

①　②　③

图 2－1－6　手刀

①　②　③

图 2－1－7　贯手

①　②　③

④ ⑤

图 2－1－8 裹拳

① ② ③

④ ⑤

图 2－1－9 猿臂

①　　②　　③

图 2－1－10　背刀

①　　②　　③

图 2－1－11　下段格挡

①　　②　　③

图 2－1－12　内格挡

①　②　③

图 2-1-13　外格挡

①　②　③　④

图 2-1-14　上架格挡

(五) 空手道的基本步法

1. 交叉立

前脚正对前方且成屈膝形状，而后脚的膝盖紧跟前脚的膝窝，并后脚在前脚的后右侧（图 2-1-15①）。（注：附图指侧面或背面）

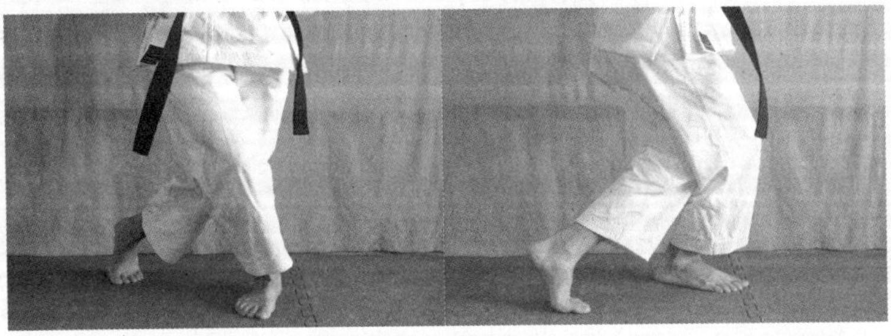

①　附

图 2-1-15　交叉立

2. 前屈立

前脚尖内扣，脚趾抓紧地面，膝盖向外打开，身体腰部挺直，重心前倾，两脚内侧肩宽，后腿蹬直，后脚内侧向外30°，两脚前后两肩宽（图2-1-16①）。

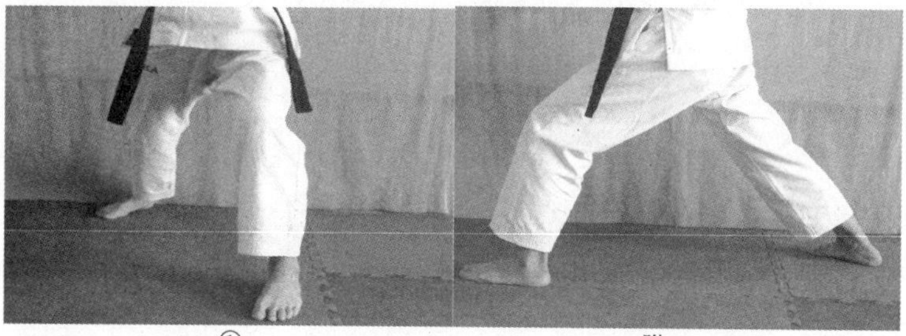

①　　附

图2-1-16　前屈立

3. 后屈立

前后脚足跟位于一条直线的两侧，两脚内侧互相垂直，前后两肩宽，身体重心后移，前进或后退移动练习（图2-1-17）。

4. 骑马立

脚外侧平行，两脚内侧左右两肩宽，脚尖内扣，膝盖外旋，脚趾抓紧地面，大腿尽量与地面平行，站桩式练习前进或后退移动练习（图2-1-18）。

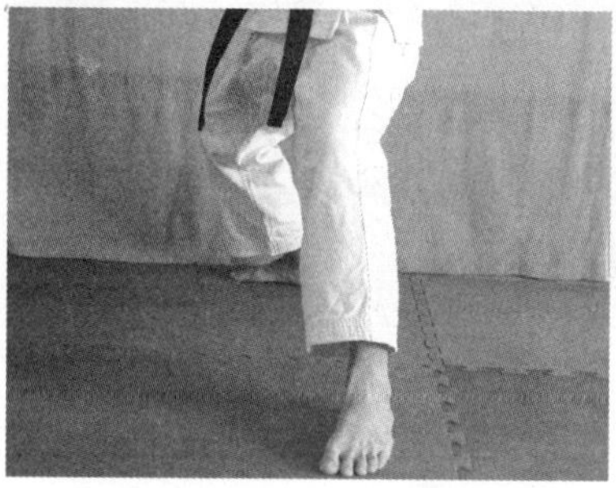

图2-1-17　后屈立

图2-1-18　骑马立

5. 基立

前脚尖内扣20°，后脚尖外展20°，两脚成平行线，两脚跟的距离略一肩宽（图2-1-19①）。

①　　附

图2-1-19　基立

6. 四股立

两脚相隔为肩宽的一倍，两脚尖外展，弯曲双膝并外顶，和骑马步一样，重要的是要努力收缩腹部和臀部肌肉（图2－1－20）。

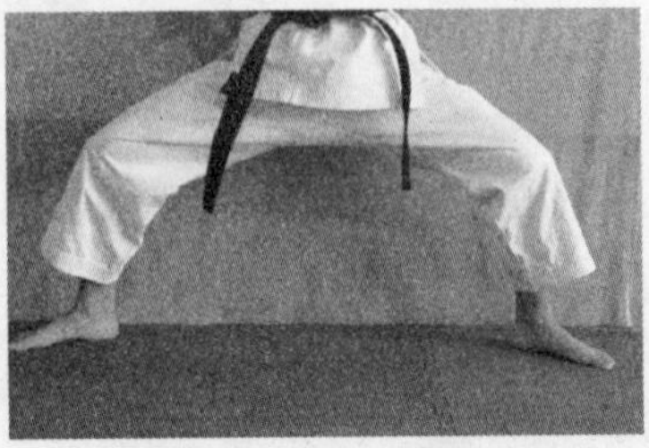

图2－1－20　四股立

7. 猫足立

后脚脚尖外展，屈膝，并承担大部分体重。前脚在后脚跟向前的延长线上，大约相距一脚处，趾尖轻轻点地或脚趾及其根部点地（图2－1－21①）。

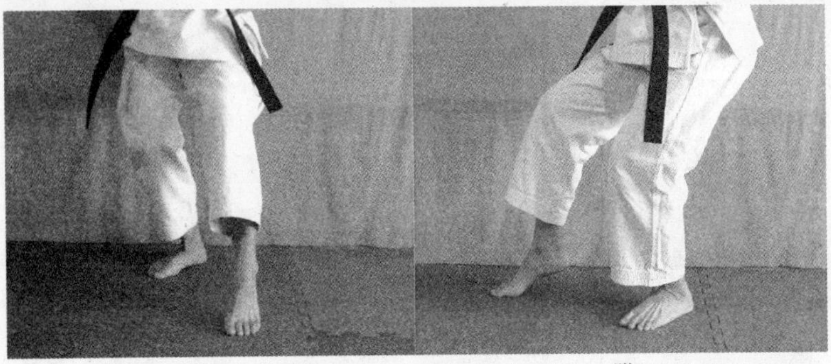

①　　附

图2－1－21　猫足立

8. 半月立

两脚纵距稍窄于肩宽的一倍，横距相当于肩。前脚内扣45°，后脚外展45°。两膝弯曲（图2－1－22）。

图2－1－22　半月立

（六）基本拳法

1. 顺冲拳：姿态中正，发力充分（图2－1－23）。

2. 背拳：力点明确，伸缩有度（图2－1－24）。

3. 中段冲拳：拳正身平，气沉丹田（图 2－1－25）。

4. 下段冲拳：拳正身平，发力充分（图 2－1－26）。

图 2－1－23　顺冲拳　　**图 2－1－24　背拳**　　**图 2－1－25　中段冲拳**　　**图 2－1－26　下段冲拳**

5. 上段冲拳：腰胯发力，发力充分（图 2－1－27）。

6. 反冲拳：腰胯发力，拳正身平（图 2－1－28）。

7. 二本连冲拳：节奏分明，协调有力（图 2－1－29①至②）。

①　②

图 2－1－27　上段冲拳　　**图 2－1－28　反冲拳**　　**图 2－1－29　二本连冲拳**

（七）基本腿法

1. 前刺踢：脚形正确，速伸快收（图 2－1－30①至④）。

①　②　③　④

图 2－1－30　前刺踢

2. 弧形踢：弧线运行，力点明确（图 2－1－31①至④）。

图 2－1－31　弧形踢

3. 足刀踢：拧胯发力，身成一线（图 2－1－32①至④）。

图 2－1－32　足刀踢

4. 侧弹踢：膝发力直，脚背屈扣（图 2－1－33①至④）。

图 2－1－33　侧弹踢

5. 前踢：膝高控制，力点明确（图 2 -1 -34①至④）。

①　②　③　④

图 2 -1 -34　前踢

第二节　松涛流指定型

一、观空大（图 2 -2 -1 至图 2 -2 -69）

1. 预备姿势，结立：双手自然放在大腿上外侧。两眼目视 12 点方向（图 2 -2 -1）。

2. 起势：左右脚依次向两边迈一小步呈平行立，双手自然握拳于体前，约三个拳头。两眼目视 12 点方向（图 2 -2 -2）。

3. 步法不动，两手由拳变掌在腹前相交会，掌心面对自己。两眼目视 12 点方向（图 2 -2 -3）。

要点：大拇指与指尖相交成心状，动作缓慢，内力运用。

4. 步法不动，两手由腹前往上举于额头上方，手上动作不变。两眼目视手上方向（图 2 -2 -4）。

要点：动作快慢结合，配合呼吸，眼随手动。

图 2 -2 -1

图 2 -2 -2

图 2 -2 -3

图 2 -2 -4

5. 步法不动，两手由上往下于体前画半圆在胸腹前合掌，掌心向上，左手掌刃去击打右手掌心，两眼目视 12 点方向（图 2－2－5）。

6. 右脚不动，左脚向 3 点方向上一步呈后屈前进，左手上段手刀防御，掌心面对 12 点方向，右手中段预备手刀，掌心向上。两眼目视 9 点方向（图 2－2－6）。

要点：2/3 重心放在右脚，左脚踩实。

7. 左脚不动，右脚向 3 点方向上一步呈后屈前进，右手上段手刀防御，掌心面对 12 点方向，左手中段预备手刀，掌心向上。两眼目视 3 点方向（图 2－2－7）。

要点：2/3 重心放在左脚，步法移动快速平稳，右脚踩实。

8. 收左脚呈外八字站立，同时右手由拳边掌收回肋下，左手中段手刀防御。两眼目视 12 点方向（图 2－2－8）。

图 2－2－5

图 2－2－6

图 2－2－7

图 2－2－8

9. 脚不动，左手由拳变掌收回肋下，右手中段冲拳（图 2－2－9）。脚不动，身体左转 90°，同时右手中段外授，左手握拳收回肋下。两眼目视 12 点方向（图 2－2－10）。

要点：气往下沉，转髋沉肩，转髋与手上动作同时停止运动。

10. 左脚伸直，两脚呈外八字站立式，同时左手中段冲拳，右手抱拳收于肋下（图 2－2－11）。左脚后撤身体半侧面对 3 点方向，同时左手中段外授，右手握拳放于肋间。两眼目视 12 点方向（图 2－2－12）。

要点：步法移动速度，移动过程中重心起伏控制。

图 2－2－9

图 2－2－10

图 2－2－11

图 2－2－12

11. 动右脚，身体右转 90°，右脚向 6 点方向前蹴，同时右手冲拳，左手握拳放于肋间，两眼目视 6 点方向（图 2－2－13）。右脚落地，身体左转 180°呈右后屈立，同时左手上段手刀防御，右手中段手刀防御，手刀防御掌心微向上。两眼目视 12 点方向（图 2－2－14）。

要点：重心平稳无起伏，身体保持正直，步法移动迅速，手刀防御发力速度。

12. 右脚向前跨一步呈后屈立，重心放左脚，同时右手上段手刀防御，左手中段手刀防御。两眼目视 12 点方向（图 2－2－15）。

要点：重心略放于后脚，移动过程重心无起伏。

图 2－2－13

图 2－2－13 附

图 2－2－14

图 2－2－15

13. 左脚向 12 点方向上一步呈后屈立，重心放右脚，同时左手上段手刀防御，右手中段手刀防御。两眼目视 12 点方向（图 2－2－16）。

要点：重心略放于后脚，移动过程重心无起伏。

14. 右脚上步呈前屈立，左手横向盖掌于胸前，同时右手于左手掌背上方插掌，并发声。两眼目视 12 点方向（图 2－2－17）。

要点：盖掌放于右手肘关节处，插掌发力，配合呼吸。

15. 动右脚，身体左转 180°呈左屈立，同时左手上段手刀防御，右手中段手刀防御，手刀高度至于练习者颈部，手掌放额头前方，手刀与额头相距一拳距离。两眼目视 6 点方向。（图 2－2－18）

要点：手刀防御同时发力，配合呼吸，动作大气。

图 2－2－16

图 2－2－17

图 2－2－18

图 2－2－18 附

16. 动右脚，右脚前蹴，手上动作保持不变，目视6点方向（图2-2-19）。右脚落地，身体左转180°呈右后屈立，同时左手握拳上段格挡，右手握拳下格挡，拳心心微向上。两眼目视12点方向（图2-2-20）。

要点：重心起伏控制，步法移动速度，格挡发力。

17. 左脚侧移一个脚掌距离呈前屈立，同时右手低段手刀防御，掌心向上，左手手刀防御至锁骨处下砍。两眼目视12点方向（图2-2-21）。

要点：步法移动迅速，配合呼吸，动作缓慢。

图2-2-19　图2-2-19附　图2-2-20　图2-2-21

18. 收左脚身体朝3点方向，两脚掌呈丁字步站立，同时收右拳放于肋间，左手握拳下格挡。两眼目视12点方向（图2-2-22）。

要点：步伐移动迅速，格挡配合呼吸发力。

19. 左脚向12点方向侧步变前屈立，两脚相距一拳距离，同时右手上段手刀防御，手刀至练习者颈部高度，左手中段手刀防御，掌心向上。两眼目视12点方向（图2-2-23）。

20. 动右脚，右脚前蹴，手上动作保持不变，两眼目视12点方向（图2-2-24）。右脚向12方向落地，身体右转180°呈三七步站立，重心放后脚，同时左拳低位格挡，右拳中位格挡，两眼目视6点方向（图2-2-25）。

图2-2-22　图2-2-23　图2—2-24　图2-2-25

21. 左脚侧移一个脚掌距离，三七立变前屈立，同时右手低段手刀防御，掌心向上，左手手刀防御至锁骨处下砍。两眼目视 6 点方向（图 2－2－26）。

要点：步法移动迅速，配合呼吸，动作缓慢。

22. 收左脚身体朝 3 点方向，两脚掌呈丁字步站立，同时收右拳放于肋间，左手握拳下格挡。两眼目视 6 点方向（图 2－2－27）。

要点：步伐移动迅速，格挡配合呼吸发力。

图 2－2－25 附

图 2－2－26

图 2－2－26 附

图 2－2－27

23. 提左脚，右脚支撑，同时左、右手收到右肋处两手握拳拳心相对。两眼目视 3 点方向（图 2－2－28）。

要点：挺胸塌腰，上身正直，支撑腿的稳定。

24. 左脚朝 3 点方向侧踢，同时左手冲拳，右手收于肋下（图 2－2－29）。左脚向 3 点方向落地呈前屈立，同时右手横向顶肘，左手掌面拍打右手肘关节部位（图 2－2－30）。两眼目视 3 点方向（图 2－2－30）。

要点；顶肘发力止于肘尖，注意呼吸发力协调。

图 2－2－27 附

图 2－2－28

图 2－2－29

图 2－2－30

25. 提右脚，左脚支撑，同时左、右手收到左肋处两手握拳拳心相对。两眼目视 9 点方向（图 2－2－31）。

要点：挺胸塌腰，上身正直，支撑腿的稳定。

26. 右脚朝9点方向侧踢，同时右手冲拳，左手收于肋下（图2-2-32）。右脚向9点方向落地呈前屈立，同时左手横向顶肘，右手掌面拍打左手肘关节部位。两眼目视9点方向（图2-2-33）。

要点：顶肘发力止于肘尖，注意呼吸发力协调。

27. 动左脚，右脚不动，身体左转180°呈三七步站立，同时右手中段手刀格挡于胸前，左手中段格挡立于身前，掌略高于肩。两眼目视3点方向（图2-2-34）。

要点：上步迅速，重心平稳，左手格挡微弯。

图2-2-31

图2-2-32

图2-2-33

图2-2-34

28. 左脚不动，右脚向4点半方向上一步呈三七步站立，同时右手中段手刀防御格挡于外侧，左手中段手刀防御格挡于胸前。两眼目视4点半方向（图2-2-35）。

29. 收右脚，左脚不动，右脚向9点方向落地呈三七步，同时右手中段手刀防御格挡于外侧，左手中段手刀格挡于胸前。两眼目视9点方向（图2-2-36）。

30. 右脚不动，左脚向8点半方向上一步呈三七步站立，同时左手中段手刀防御格挡于外侧，右手中段手刀格挡于胸前。两眼目视8点半方向（图2-2-37）。

图2-2-35

图2-2-36

图2-2-36附

图2-2-37

31. 右脚不动，左脚向6点方向上步呈前屈立，左手上段手刀防御，右手中段手刀防御格挡，手刀防御掌心向上。两眼目视6点方向（图2-2-38）。

32. 右脚前蹴，手上动作不变（图 2－2－39）。右脚向前上一小步，同时左脚顺势跟进紧贴右脚小腿内侧呈交叉立，右手中段砸拳，左手收于肋下。两眼目视 6 点方向（图 2－2－40）。

要点：支撑脚的稳定，重心平稳，呼吸配合发力。

图 2－2－38　**图 2－2－38 附**　**图 2－2－39**　**图 2－2－39 附**

33. 动左脚，左脚向 12 点方向后撤一步呈前屈立，同时右手中段外授，左手握拳收于肋间。两眼目视 6 点方向（图 2－2－41）。

要点：步法移动迅速，两膝微屈，各档发力配合呼吸。

图 2－2－40　**图 2－2－40 附**　**图 2－2－41**　**图 2－2－41 附**

34. 步法不变，左手中段冲拳，右手抱拳握于肋下（图 2－2－42）。步法不变，右手中段冲拳，左手握拳收于肋下。两眼目视 6 点方向（图 2－2－43）。

35. 动右脚，身体左转 180°右脚提膝，左脚支撑站立，同时右手中段外授，左手开掌紧贴右拳随右手一起运动（图 2－2－44）。顺势倒下，胸口贴于右脚膝盖，两手掌向内伏地。两眼目视 12 点方向（图 2－2－45）。

要点：动作迅速有力，重心平稳，攻防意识明显。

36. 动左脚，起身左转 180°，右脚支撑呈三七步站立，同时左手下段手刀防御，右手中段防御防御胸前。两眼目视 6 点方向（图 2－2－46）。

要点：起身迅速，步伐稳健，格挡合力。

图 2 –2 –42

图 2 –2 –42 附

图 2 –2 –43

图 2 –2 –43 附

图 2 –2 –44

图 2 –2 –45

图 2 –2 –46

图 2 –2 –46 附

37. 右脚向 6 点方向上步呈三七步站立，同时右手手刀中段防御格挡，左手中段手刀防御。两眼目视 6 点方向（图 2 –2 –47）。

38. 动左脚，身体左转 270°，左脚向 9 点方向上步呈前屈立，同时左拳中段内授，右手握拳收于肋间（图 2 –2 –48）。脚部动作不变，右手冲拳，左手收于肋下。两眼目视 9 点方向（图 2 –2 –49）。

要点：格挡合力，冲拳刚猛。

图 2 –2 –47

图 2 –2 –47 附

图 2 –2 –48

图 2 –2 –49

39. 动右脚，右脚向后侧移一步转身呈前屈立，同时右拳中段内授，左手握拳放于腰间（图2－2－50）。步法不变，同时右手握拳收于肋间，左手中段冲拳（图2－2－51）。步法不变，右手中段冲拳，左手握拳收于肋下。两眼目视3点方向（图2－2－52）。

40. 动右脚，左脚支撑，身体右转90°，右脚提膝前蹴，同时右手冲拳，左手握拳放于肋下，两眼目视6点方向（图2－2－53）。前蹴结束后右脚顺势落下，身体左转180°，左脚上步呈三七步站立，同时左手段手刀防御立于外侧，右拳中段手刀防御放于胸前，两眼目视12点方向（图2－2－54）。

要点：支撑腿的稳定，重心的起伏。

图2－2－50　图2－2－51　图2－2－52　图2－2－53

41. 右脚向12点方向上步呈前屈立，同时左手横向盖掌于胸前，右手于左手掌背插掌，盖掌放于右手肘关节处。两眼目视12点方向（图2－2－55）。

42. 动左脚，身体右转270°，左脚向12点方向上步呈四股立，同时左拳中位横档，右手握拳放于肋间。两眼目视12点方向（图2－2－56）。

要点：攻防意识的体现，重心平稳，调整呼吸。

图2－2－53附　图2－2－54　图2－2－55　图2－2－56

43. 步法不变，左手握拳顶肘，右手收于右肋下（图2－2－57）。步法不变，左拳中格挡，右手收于肋下。两眼目视 12 点方向（图 2－2－58）。

44. 步法不变，身体向左旋转 90°，脚步无位移，同时右手横向顶肘，左手掌面拍打右手肘关节部位。两眼目视 12 点方向（图 2－2－59）。

要点：顶肘发力，气沉丹田。

45. 步法不变，左、右手收于左肋处，两拳拳心相对。两眼目视 3 点方向（图 2－2－60）。

图 2－2－57

图 2－2－58

图 2－2－59

图 2－2－60

46. 步法不变，右拳下格挡，左手收于肋间。两眼目视 3 点方向（图 2－2－61）。

图 2－2－61

图 2－2－61 附

图 2－2－62

图 2－2－63

47. 动左脚，提右脚身体右转 180°呈四股立，同时左手中段内授，右手上段格挡防御（图 2－2－62）。步法不变，双手握拳收于胸腹前，做交叉格挡防御。两眼目视 9 点方向（图 2－2－63）。

要点：气沉丹田，手上动作结束时发力刚猛，重心无起伏，脚下没有碎步。

48. 两脚收腿变为平行立，两膝盖微弯，同时拳变掌，两掌在额前做交叉手刀防御。两眼目视 9 点方向（图 2－2－64）。

要点：动作注意轻重缓急，配合呼吸，力点的表现。

49. 动左脚，身体右转 270°，左脚向 12 点方向上步呈前屈立，同时双拳紧握在胸前做交叉剪刀防御。两眼目视 6 点方向（图 2－2－65）。

要点：头脑要有防御意识，格挡发力，步法稳健。

图 2－2－64　**图 2－2－65**　**图 2－2－65 附**　**图 2－2－66**

50. 动左脚，左脚起跳，右脚弹提，同时左手收于肋下，右手中段内授，并发声（图 2－2－66）。左脚先落地，右脚后落地呈右前屈立，同时右拳中段内授，左手握拳收于肋间，格挡与收拳同时完成。两眼目视 6 点方向（图 2－2－67）。

要点：格挡合力，发力迅速刚猛，配合呼吸。

51. 收右脚呈外八字立，同时两手自然握拳垂于身体两侧。两眼目视 12 点方向（图 2－2－68）。

52. 收势，呈结立（图 2－2－69）。

图 2－2－67　**图 2－2－67 附**　**图 2－2－68**　**图 2－2－69**

二、慈恩（从图 2－2－70 至图 2－2－114）

1. 预备姿势，结立，双手自然放在大腿外侧。两眼目视 12 点方向（图 2－2－70）。

要点：身体正直，挺胸塌腰。

2. 起势，以脚后跟为轴，前脚掌合并，呈并足立，双手由下往上抬至下颚，右手握拳，左手紧握右手。两眼目视 12 点方向（图 2－2－71）。

3. 右脚不动，左脚向 6 点方向退一步呈前屈立，同时右手中段外格挡，左手下格挡。两眼目视 12 点方向（图 2－2－72）。

要点：退步迅速且稳定，移动时上身保持正直。

4. 动左脚，左脚朝 11 点半方向上步呈前屈立，双手握拳胸前交叉向外打开，拳心向斜前方与肩同宽。两眼目视 11 点半方向（图 2－2－73）。

要点：前屈立落步稳，身体保持正直，两手肘关节微向里夹。

图 2－2－70　图 2－2－71　图 2－2－72　图 2－2－73

5. 左脚为支撑脚，右脚前蹴，手上动作不变（图 2－2－74）。右脚落地呈前屈立，同时右手中段冲拳，左手握拳收至肋下。两眼目视 11 点半方向（图2－2－75）。

要点：上身正直，连接迅速，重心平稳。

6. 脚不动，左手中段冲拳，右拳收回至肋下（图 2－2－76）。右手中段冲拳，左手握拳收回于肋下。两眼目视 11 点半方向（图 2－2－77）。

图 2－2－74　图 2－2－75　图 2－2－76　图 2－2－77

7. 左脚不动，右脚朝 1 点半方向上步呈前屈立，双手握拳胸前交叉向外打开，拳心向斜前方与肩同宽。两眼目视 1 点半方向（图 2－2－78）。

要点：前屈立落步稳，身体保持正直，两手肘关节微向里夹。

8. 右脚为支撑脚，左脚前蹴，手上动作不变（图 2－2－79）。左脚落地呈前屈立，同时左手中段冲拳，右手握拳收至肋下。两眼目视 1 点半方向（图 2－2－80）。

要点：上身正直，连接迅速，重心平稳。

9. 脚不动，右手中段冲拳，左拳收回至肋下（图 2－2－81）。左手中段冲拳，右手收于肋下。两眼目视 1 点半方向（图 2－2－82）。

图 2－2－78　图 2－2－79　图 2－2－80　图 2－2－81

10. 左脚向 12 点方向平移一步呈前屈立，左手上段授，右手收于肋下，目视 12 点方向（图 2－2－83）。脚不动，右手中段冲拳，左手收于肋下。两眼目视 12 点方向（图 2－2－84）。

要点：上步轻盈、重心平稳、手脚同时到位。

11. 右脚向前移动呈前屈立，同时右手上段授（图 2－2－85）。脚不动，左手中段冲拳，右手收于肋下。两眼目视 12 点方向（图 2－2－86）。

要点：上步轻盈、重心平稳、手脚同时到位。

图 2－2－82　图 2－2－83　图 2－2－84　图 2－2－85

12. 左脚往前上一步呈前屈立，同时左手上段授，右手握拳收于肋下。两眼目视 12 点方向（图 2－2－87）。

要点：右脚微弯，手脚同步，力达前臂外缘。

13. 右脚往前上一步呈前屈立，同时右手中段冲拳，左手收于肋下。两眼目视12点方向（图2-2-88）。

要点：上步平稳，身体正直，手脚同步。

14. 以右脚掌为轴向3点方向旋转90°呈左后屈立，左手下段防御，右手半山防御，两眼目视3点方向（图2-2-89）。

要点：转身平稳迅速且身体保持正直，手脚同步，左手小臂与大臂呈90°夹角。

图2-2-86

图2-2-87

图2-2-88

图2-2-89

15. 左脚向左平移一小步，右脚平移跟进呈骑马立；左手握拳收于肋下，右手大小臂夹角成90°冲拳止于胸前。两眼目视3点方向（图2-2-90）。

要点：转身平稳迅速且身体保持正直，手脚同步，冲拳有力。

16. 左脚不动，右脚向右平移一小步，呈左后屈立，左手半山防御，右手下段防御，目视9点方向（图2-2-91）。

要点：转身平稳迅速且身体保持正直，手脚同步，左手小臂与大臂呈90°夹角。

图2-2-90

图2-2-90附

图2-2-91

图2-2-91附

17. 右脚向左平移一小步，左脚平移跟进呈骑马立；右手握拳收于肋下，左手大小臂夹角成90°冲拳止于胸前。两眼目视9点方向（图2-2-92）。

要点：转身平稳迅速且身体保持正直，手脚同步，冲拳有力。

18. 左脚向 6 点方向上步呈前屈立，左手下段防御，右手收于肋下。两眼目视 6 点方向（图 2 –2 –93）。

要点：步型转换迅速连贯，手脚同步。

图 2 –2 –92　**图 2 –2 –92 附**　**图 2 –2 –93**　**图 2 –2 –93 附**

19. 右脚上前一步呈四股立，同时左手握拳收于肋下，右手手肘、手腕弯曲 90°左右，手指弯曲同时向前击出。两眼目视 6 点方向（图 2 –2 –94）。

要点：手脚同步，步法平稳，力达掌根。

20. 左脚上前一步呈四股立，同时右手握拳收于肋下，右手手肘、手腕弯曲 90°左右，手指弯曲同时向前击出。两眼目视 6 点方向（图 2 –2 –95）。

21. 右脚上前一步呈四股立，同时左手握拳收于肋下，右手手肘、手腕弯曲 90°左右，手指弯曲同时向前击出。两眼目视 6 点方向（图 2 –2 –96）。

图 2 –2 –94　**图 2 –2 –94 附**　**图 2 –2 –95**　**图 2 –2 –96**

22. 以右脚掌为轴，左脚往 9 点方向旋转 90°呈右后屈立，右手半山防御，左手下段防御。两眼目视 9 点方向（图 2 –2 –97）。

要点：转身平稳迅速且身体保持正直，手脚同步，右手小臂与大臂呈 90°夹角。

23. 右脚收回呈并足立，同时左手半山防御，右手内授辅于左手肘部。两眼目视 9 点方向（图 2 –2 –98）。

要点：手脚同步，动作连贯、迅速。

24. 左脚不动，右脚向右平移一步，呈左后屈立，左手半山防御，右手下段防御。两眼目视 3 点方向（图 2－2－99）。

要点：转身平稳迅速且身体保持正直，手脚同步，左手小臂与大臂呈 90°夹角。

25. 左脚收回呈并足立，同时右手半山防御，左手内授辅于右手肘部。两眼目视 3 点方向（图 2－2－100）。

要点：手脚同步，动作连贯、迅速。

图 2－2－97　图 2－2－98　图 2－2－99　图 2－2－100

26. 脚不动，挺胸塌腰，右手在上左手在下并握拳体前交叉（图 2－2－101）。由前往两侧伸直打开，止于体侧。两眼目视 12 点方向（图 2－2－102）。

要点：身体正直，手臂伸直，两手打开有节奏。

27. 上半身不动，右脚向前提膝踝关节弯曲呈 90°，右脚掌内缘贴于左脚膝关节处（图 2－2－103）。右脚向前落步，左脚跟进脚掌点地落于后脚跟，呈交叉步；双手握拳右手在上交叉于体前。两眼目视 12 点方向（图 2－2－104）。

要点：双手交叉点位于心窝以下腰带以上，左脚膝关节露出来朝斜前方。

图 2－2－101　图 2－2－102　图 2－2－103　图 2－2－104

28. 右脚不动，左脚向后退一步呈前屈立，两手握拳向下在体侧打开。两眼目视 12 点方向（图 2－2－105）。

要点：脚步后撤迅速，上体正直，两手向下打开有力，手脚同步。

29. 右脚不动，左脚向前进一步呈前屈立，左右手握拳同时外授。两眼目视 12 点方向（图 2－2－106）。

要点：两手肘关节由内微夹，手脚同步。

30. 左脚不动，右脚进步呈前屈立，同时两手交叉上段授（图 2－2－107）。左手不动，右手握拳砸人中（图 2－2－108）。右手握拳收回架于耳屏左手握拳伸直，左拳收回与地面平行同时右手架于左手上砸人中。两眼目视 12 点方向（图 2－2－109）。

要点：手脚同步，上体正直，砸击有力。

图 2－2－105

图 2－2－106

图 2－2－107

图 2－2－108

31. 以右脚掌为轴，向 3 点方向转身 90°呈前屈立，同时左手外授，右手握拳收肋下。两眼目视 3 点方向（图 2－2－110）。

要点：转身平稳迅速且身体保持正直，外授迅速有力，手脚同步。

32. 左脚不动，右脚上一步呈前屈立同时右手冲拳，左手收于肋下。两眼目视 3 点方向（图 2－2－111）。

要点：上步冲拳迅速有力，手脚同步。

33. 左脚不动，右脚向 9 点方向转身 180°呈前屈立同时右手外授，左手握拳收于肋下。两眼目视 9 点方向（图 2－2－112）。

要点：转身平稳迅速且身体保持正直，外授迅速有力，手脚同步。

图 2－2－109

图 2－2－110

图 2－2－111

图 2－2－112

34. 右脚不动，左脚上一步呈前屈立同时左手冲拳，右手收于肋下。两眼目视 9 点方向（图 2－2－113）。

要点：上步冲拳迅速有力，手脚同步。

35. 左脚向 6 点方向上步呈前屈立，左手下段防御，右手收于肋下。两眼目视 6 点方向（图 2－2－114）。

要点：步型转换迅速连贯，手脚同步。

36. 左脚不动，右脚向 6 点方向提膝，左手收于右胸前，右手贴耳往上举，手臂伸直（图 2－2－115）。右脚跺地呈四股立，右手屈肘 90°砸下，小臂与地面平行，左手握拳收于肋下。两眼目视 6 点方向（图 2－2－116）。

要点：动作迅速有力，手脚同步。

图 2－2－113

图 2－2－114

图 2－2－114 附

图 2－2－115

37. 右脚不动，左脚向 6 点方向提膝，右手收于左胸前，右手贴耳往上举，手臂伸直（图 2－2－117）。左脚跺地呈四股立，左手屈肘 90°砸下，小臂与地面平行，右手握拳收于肋下。两眼目视 6 点方向（图 2－2－118）。

要点：动作迅速有力，手脚同步。

图 2－2－116

图 2－2－117

图 2－2－118

图 2－2－118 附

38. 左脚不动，右脚向6点方向提膝，左手收于右胸前，右手贴耳往上举，手臂伸直（图2－2－119）。右脚跺地呈四股立，右手屈肘90°砸下，小臂与地面平行，左手握拳收于肋下。两眼目视6点方向（图2－2－120）。

要点：动作迅速有力，手脚同步。

39. 以右前脚掌为轴，左脚向9点方向旋转90°呈骑马立，同时左手握拳向左拉开，右手向右顶肘拉开。两眼目视9点方向（图2－2－121）。

要点：转身、手拉开时有稳定且有节奏，手脚同步。

40. 右脚朝右侧顺势平移一小步呈骑马立，左手屈肘变掌架至右肩高度，同时左手再由掌变拳向体侧拉开顶肘，右手向右中段侧击拳。两眼目视3点方向（图2－2－122）。

要点：架掌要有节奏感，手脚同步，动作迅速、连贯、有力。

图2－2－119　图2－2－120　图2－2－121　图2－2－122

41. 左脚不动，右脚向左脚靠拢呈并足立，双手由下往上抬至下颚，右手握拳，左手紧握右手。两眼目视12点方向（图2－2－123）。

42. 收势，呈结立（图2－2－124）。

图2－2－123　图2－2－124

第三节 糸东流指定型

一、拔塞大（从图2－3－1至图2－3－50）

1. 结立，双手自然放在大腿外侧。两眼目视12点方向（图2－3－1）。

要点：挺胸塌腰，目视前方。

2. 起势，以脚后跟为轴，前脚掌合并，呈并足立，双手往前右手握拳，左手紧握右手。两眼目视12点方向（图2－3－2）。

3. 右脚向前上一步，左脚跟进到右脚的外侧，呈交叉立，同时右手中段外授，左手张开呈为掌紧贴右拳随右手一起运动。两眼目视12点方向（图2－3－3）。

要点：上身保持正直，挺胸塌腰，外授发力，呼吸配合。

图2－3－1

图2－3－2

图2－3－3

图2－3－3附

4. 左脚向后撤出一步，转身朝6点方向呈左前屈立，同时左手中段外授，右手握拳抱腰间。两眼目视6点方向（图2－3－4）。

要点：步法移动迅速，移动时上身保持正直。

图2－3－4

图2－3－4附①

图2－3－4附②

图2－3－5

5. 左脚撤回一步，朝6点方向呈基立，同时右手中段外授。两眼目视6点方向（图2－3－5）。

6. 右脚向后撤一步，转身朝12点方向呈右前屈立，同时左手中段内授，右手抱腰间。两眼目视12点方向（图2－3－6）。

7. 右脚撤回一步，朝12点方向呈右基立，右手中段外授。两眼目视12点方向（图2－3－7）。

8. 右脚向6点方向撤回一步呈四股立，同时右手经体前顺时针拉回至右膝上20厘米，左手抱于腰间。两眼目视12点方向（图2－3－8）。

要点：上身保持正直，挺胸塌腰，大小臂呈90°。

图2－3－5附①

图2－3－5附②

图2－3－6

图2－3－6附

图2－3－7

图2－3－7附

图2－3－8

图2－3－8附

9. 右脚收回一步呈八字立，同时右手从上往下拳头至与耳水平。两眼目视3点方向（图2－3－9）。

10. 右脚向3点方向迈出一步呈右猫足立，同时右手中段内授，左手抱腰间（图2－3－10）。步法不变，左手中段外授，右手收回腰间。两眼目视3点方向（图2－3－11）。

要点：挺胸塌腰，右手发力，呼吸配合。

图 2－3－9

图 2－3－9 附

图 2－3－10

图 2－3－10 附

11. 右脚上前一小步，前脚足底为轴转向 12 点方向呈八字立。双手握拳收回右腰间，拳心相对，左手在上。两眼目视 12 点方向（图 2－3－12）。

12. 以双脚前脚掌为轴转动呈右前屈立，同时左手上段冲拳，右手配合运动收回腰间。两眼目视 12 点方向（图 2－3－13）。

要点：步法变换是要快，髋关节甩动。冲拳发力，呼吸配合。

图 2－3－11

图 2－3－11 附

图 2－3－12

图 2－3－13

13. 以双前脚掌为轴转动呈八字立，同时右手中段冲拳，左手配合运动收回腰间（图 2－3－14）。以双前脚掌为轴转动呈左前屈立，同时右手中段外授，左手配合运动收回腰间。两眼目视 12 点方向（图 2－3－15）。

图 2－3－13 附

图 2－3－14

图 2－3－14 附

图 2－3－15

14. 以双前脚掌为轴转动呈八字立，左手中段冲拳，右手配合运动收回腰间（图 2－3－16）。以双前脚掌为轴转动呈右前屈立，左手中段外授，右手配合运动收回腰间。两眼目视 12 点方向（图 2－3－17）。

图 2－3－15 附

图 2－3－16

图 2－3－16 附

图 2－3－17

15. 右脚向 12 点方向上一步呈右猫足立，同时右手刀下格挡，左手呈掌收回胸前，掌心朝上。两眼目视 12 点方向（图 2－3－18）。

要点：挺胸塌腰，手刀发力，呼吸配合。

16. 左脚上步呈左猫足立，同时左手刀下格挡，右手呈掌收回胸前，掌心朝上。两眼目视 12 点方向（图 2－3－19）。

要点：挺胸塌腰，手刀发力，呼吸配合。

图 2－3－17 附

图 2－3－18

图 2－3－18 附

图 2－3－19

17. 右脚上步呈右猫足立，右手刀下格挡，左手呈掌收回胸前，掌心朝上。两眼目视 12 点方向（图 2－3－20）。

要点：挺胸塌腰，手刀发力，呼吸配合。

18. 右脚向 6 点方向退一步呈左猫足立，左挂手。两眼目视 12 点方向（图 2－3－21）。

图 2-3-20　图 2-3-20 附　图 2-3-21　图 2-3-21 附

19. 步法不变，右手向左前推掌至左肩前方，左手立掌收回左胸，掌心向前。两眼目视 12 点方向（图 2-3-22）。

要点：上身保持正直，挺胸塌腰，推掌发力，呼吸配合。

20. 右脚提膝，膝盖至腰带高度，手保持原位（图 2-3-23）。右脚向 12 点方向落地，为八字立，同时双手向前伸出握拳收回左腰间，拳心朝下。两眼目视 12 点方向（图 2-3-24）。

要点：落步平稳，收回腰间时发力，同时发声，挺胸塌腰。

图 2-3-22　图 2-3-22 附　图 2-3-23　图 2-3-24

21. 向左转身呈左猫足立，同时左手刀中段格挡，右手掌心朝上收回胸前。两眼目视 6 点方向（图 2-3-25）。

要点：转身迅速，上身正直挺胸塌腰，手刀发力，呼吸配合。

22. 右脚向前一步呈右猫足立，右手中段格挡，手掌心朝上收回胸前。两眼目视 6 点方向（图 2-3-26）。

要点：转身迅速，上身正直挺胸塌腰，手刀发力，呼吸配合。

23. 右脚收回呈并足立，同时右手收回腰间然后双手向上外格挡。两眼目视 6 点方向（图 2-3-27）。

要点：手脚同时到位。

图 2－3－24 附　　图 2－3－25　　图 2－3－25 附　　图 2－3－26

24. 右脚向 6 点方向迈出一步呈基立，双手向下内格挡（图 2－3－28）。右脚向 6 点方向上一步呈四股立，同时右手中段冲拳，左手收回腰间。两眼目视 6 点方向（图 2－3－29）。

要点：双手小臂呈水平，挺胸塌腰，冲拳发力。

图 2－3－26 附　　图 2－3－27　　图 2－3－27 附　　图 2－3－28

25. 右脚不动左脚收回呈并足立，同时右手上段格挡，左手下段格挡。两眼目视 12 点方向（图 2－3－30）。

要点：步法移动平稳，挺胸塌腰。

图 2－3－28－附　　图 2－3－29　　图 2－3－29 附　　图 2－3－30

26. 身体左转，右脚向12点方向上步呈四股立，同时右手中段格挡，左手在胸前握拳，拳心朝下。两眼目视12点方向（图2-3-31）。

要点；步法移动迅速，双手同时向同一方向运动，右手发力。

27. 身体左转向6点方向呈前屈立，同时左手中段冲拳，右手抱腰间。两眼目视6点方向（图2-3-32）。

要点：上身正直，挺胸塌腰，冲拳发力。

图2-3-30附　　图2-3-31　　图2-3-31附　　图2-3-32

28. 左脚不动，右手变掌，右脚击左掌（图2-3-33）。右脚向6点方向落地呈右前屈立，同时左手在胸前击右肘。两眼目视6点方向（图2-3-34）。

要点：上身正直，击掌迅速有力有声，落地平稳，击肘有力。

图2-3-32附　　图2-3-33　　图2-3-33附　　图2-3-34

29. 步法不变，右手下段格挡，左手拳心向内留在胸前。两眼目视6点方向（图2-3-35）。

要点：上身正直，挺胸塌腰，格挡发力。

30. 步法不变，左手下段格挡，右手收回胸前握拳，拳心向内（图2-3-36）。步法不变，右手下段格挡，左手收回胸前握拳，拳心向内。两眼目视6点方向（图2-3-37）。

要点：上身正直，挺胸塌腰，格挡发力。

图 2－3－34 附①

图 2－3－34 附②

图 2－3－35

图 2－3－35 附

图 2－3－36

图 2－3－36 附

图 2－3－37

图 2－3－37 附

31. 步法不变，双手收回左腰间，拳心相对，右手在上。两眼目视 6 点方向（图 2－3－38）。

要点：上身正直，挺胸塌腰。

32. 步法不变，双手冲拳，左手上段，右手中段。两眼目视 6 点方向（图 2－3－39）。

要点：上身正直，挺胸塌腰，双手小臂平行。

图 2－3－38

图 2－3－38 附

图 2－3－39

图 2－3－39 附

33. 右脚收回为并足立，双手收回右腰间，拳心相对，左手在上。两眼目视 6 点方向（图 2－3－40）。

要点：上身正直，挺胸塌腰。

34. 左脚向 6 点方向上步呈前屈立，双手冲拳，右手上段，左手中段。两眼目视 6 点方向（图 2－3－41）。

要点：上身正直，挺胸塌腰，双手小臂平行。

图 2－3－40

图 2－3－40 附

图 2－3－41

图 2－3－41 附

35. 左脚收回为并足立，双手收回左腰间，拳心相对，右手在上。两眼目视 6 点方向（图 2－3－42）。

要点：上身正直，挺胸塌腰。

36. 右脚向 6 点方向上步呈前屈立，双手冲拳，左手上段，右手中段。两眼目视 6 点方向（图 2－3－43）。

要点：上身正直，挺胸塌腰，双手小臂平行。

图 2－3－42

图 2－3－42 附

图 2－3－43

图 2－3－43 附

37. 左脚向 9 点方向迈一步呈左前屈立，身体左转，同时右手甩臂敲打至小臂呈水平。两眼目视 12 点方向（图 2－3－44）。

要点：转身迅速，步法变换快、稳。上身挺胸塌腰，右手向下敲打发力。

38. 以双脚前脚掌为轴转动呈右前屈立，左手甩臂敲打至小臂呈水平。两眼目视 12 点方向（图 2－3－45）。

要点：要求：转身迅速，上身挺胸塌腰，左手向下敲打发力。

39. 左脚向 7 点方向撤一步呈右猫足立，右手挂手。两眼目视 1 点 30 方向（图 2－3－46）。

要点：挺胸塌腰，眼随手走。

图 2－3－44　**图 2－3－44 附**　**图 2－3－45**　**图 2－3－46**

40. 右脚向 5 点方向撤一步，同时双手向 5 点方向摆动（图 2－3－47）。重心落到右脚呈左猫足立，左手挂手。两眼目视 11 点 30 方向（图 2－3－48）。

要点：双手弧线摆动，右手至水平高度。

41. 收左脚呈并足立，同时双手往前右手握拳，左手紧握右手。两眼目视 12 点方向（2－3－49）。

42. 收势，呈结立（图 2－3－50）。

图 2－3－47　**图 2－3－48**　**图 2－3－49**　**图 2－3－50**

二、征远镇（从图 2－3－51 至图 2－3－111）

1. 预备姿势，结立，双手自然放在大腿外侧。两眼目视 12 点方向（图 2－3－51）。

要点：上身正直，挺胸塌腰。

2. 起势，步法不动，双手成掌在体前重叠由上向内翻掌下压。两眼目视12点方向（图2－3－52）。

3. 双脚以脚掌为轴转动呈平行立，同时双手变拳拉回体侧。两眼目视12点方向（图2－3－53）。

4. 右脚向1点30方向弧线迈出一步呈四股立，同时双手从身体两侧伸出至手臂伸直，与大腿方向相同，手臂在大腿上方2～3拳高。两眼目视12点方向（图2－3－54）。

要点：步法移动时身体重心保持稳定，水平移动，上体正直，挺胸塌腰。

图2－3－51

图2－3－52

图2－3－53

图2－3－54

5. 步法不动，双手在体前从下至上运动至距下巴1拳高度，双掌背对（图2－3－55）。步法不动，双掌变拳。两眼目视12点方向（图2－3－56）。

要点：步法、上身都保持不动，气沉丹田。

6. 步法不动，双拳在体前从上至下下拉至大腿上方2～3拳位置。两眼目视12点方向（图2－3－57）。

7. 步法不动，右手手刀中段外授，左手成掌在胸前，掌心朝上（图2－3－58）。步法不动，左手不动，右手手掌顺时针旋转，掌心朝前下。两眼目视12点方向（图2－3－59）。

图2－3－55

图2－3－56

图2－3－57

图2－3－58

8. 步法不动，右手保持手型收回右腰间，同时左手向右腿方向伸出，至右手下方。两眼目视12点方向（图2－3－60）。

要点：双手掌指尖方向相同。其他同上。

9. 左脚向 11 点 30 方向弧线迈出一步成四股立，同时双手从身体两侧伸出至手臂伸直，与大腿方向相同，手臂在大腿上方 2～3 拳高。两眼目视 12 点方向（图 2－3－61）。

要点：步法移动时身体重心保持稳定，水平移动，上体正直，挺胸塌腰。

10. 步法不动，双手在体前从下至上运动至距下巴 1 拳高度，双掌背对（图 2－3－62）。步法不动，双掌变拳。两眼目视 12 点方向（图 2－3－63）。

要点：步法、上身都保持不动，气沉丹田。

图 2－3－59　图 2－3－60　图 2－3－61　图 2－3－62

11. 步法不动，双拳在体前从上至下下拉至大腿上方 2～3 拳位置。两眼目视 12 点方向（图 2－3－64）。

12. 步法不动，左手手刀中段外授，右手成掌在胸前，掌心朝上（图 2－3－65）。步法不动，右手不动，左手手掌顺时针旋转，掌心朝前下。两眼目视 12 点方向（图 2－3－66）。

图 2－3－63　图 2－3－64　图 2－3－65　图 2－3－66

13. 步法不动，左手保持手型收回右腰间，同时右手向右腿方向伸出，至左手下方。两眼目视 12 点方向（图 2－3－67）。

要点：双手掌指尖方向相同。

14. 右脚向 1 点 30 方向弧线迈出一步呈四股立，同时双手从身体两侧伸出至手臂伸直，与大腿方向相同，手臂在大腿上方 2 ~ 3 拳高。目视 12 点方向（图 2 – 3 –68）。

要点：步法移动时身体重心保持稳定，水平移动，上体正直，挺胸塌腰。

15. 步法不动，双手在体前从下至上运动至距下巴 1 拳高度，双掌背对（图 2 – 3 –69）。步法不动，双掌变拳。两眼目视 12 点方向（图 2 – 3 – 70）。

要点：步法、上身都保持不动。

图 2 – 3 – 67

图 2 – 3 – 68

图 2 – 3 – 69

图 2 – 3 – 70

16. 步法不动，双拳在体前从上至下下拉至大腿上方 2 ~ 3 拳位置。两眼目视 12 点方向（图 2 – 3 – 71）。

17. 右手手刀中段外授，左手成掌在胸前，掌心朝上（图 2 – 3 – 72）。步法不动，左手不动，右手手掌顺时针旋转，掌心朝前下。两眼目视 12 点方向（图 2 – 3 – 73）。

18. 步法不动，右手保持手型收回右腰间，同时左手向右腿方向伸出，至右手下方。两眼目视 12 点方向（图 2 – 3 – 74）。

要点：双手掌指尖方向相同。

图 2 – 3 – 71

图 2 – 3 – 72

图 2 – 3 – 73

图 2 – 3 – 74

19. 向右脚抬起，右足足弓贴着左脚膝关节，脚尖朝下。同时右手成拳拳背贴左手掌心，拳心朝上。双手小臂水平向前。两眼目视 12 点方向（图 2 – 3 – 75）。

20. 右脚向 12 点方向迈一步呈右基立，同时右手中段冲拳，左手随右手同时冲出，掌心贴右手拳背。两眼目视 12 点方向（图 2 – 3 – 76）。

要点：挺胸塌腰，冲拳有力。

图 2 –3 –75　　图 2 –3 –75 附　　图 2 –3 –76　　图 2 –3 –76 附

21. 右脚向后撤一步，面向 12 点方向呈左前屈立，同时左手上段插掌，右手收回腰间（图 2 –3 –77）。步法不变，右手向上挑轴，大臂至水平高度。同时左手拍右肘。两眼目视 12 点方向（图 2 –3 –78）。

要点：步法变换迅速，插掌有力、快。

图 2 –3 –77　　图 2 –3 –77 附　　图 2 –3 –78　　图 2 –3 –78 附

22. 右脚向 1 点 30 方向弧线迈出一步呈右三站立。同时双手收回左腰间，左手成掌，掌心朝上，右手成立拳贴左掌上（图 2 –3 –79）。步法不变，右手中段外授，同时左手成掌贴右拳内侧随右手一起运动。两眼目视 1 点 30 方向（图 2 –3 –80）。

要点：上身正直，挺胸塌腰，呼吸配合。

23. 左脚向 1 点 30 方向迈出一步呈四股立，同时左手中段格挡。右手收回腰间抱拳。两眼目视 1 点 30 方向（图 2 –3 –81）。

要点：步法运动平稳，格挡有力，手脚同时结束运动过程。

24. 左脚向 8 点 30 方向撤回一步呈四股立，同时右手中段格挡，左手收回腰间抱拳。两眼目视 1 点 30 方向（图 2 –3 –82）。

要点：同上。

图 2 –3 –79　　图 2 –3 –80　　图 2 –3 –81　　图 2 –3 –82

25. 左脚向 11 点 30 方向弧线迈出一步成三站立。同时双手收回左腰间，左手成掌，掌心朝上，右手成立拳贴左掌上（图 2 –3 –83）。步法不变，左手中段外授，同时右手成掌贴右拳内侧随左手一起运动。两眼目视 11 点 30 方向（图 2 –3 –84）。

26. 右脚向 11 点 30 方向迈出一步呈四股立，同时右手中段格挡。左手收回腰间抱拳。两眼目视 11 点 30 方向（图 2 –3 –85）。

要点：步法运动平稳，格挡有力，手脚同时结束运动过程。

27. 右脚向 4 点 30 方向撤回一步呈四股立，同时左手中段格挡，右手收回腰间抱拳。两眼目视 11 点 30 方向（图 2 –3 –86）。

图 2 –3 –83　　图 2 –3 –84　　图 2 –3 –85　　图 2 –3 –86

28. 左脚向 6 点方向撤回一步呈四股立，同时双手变掌在胸前交叉运动，左手至额钱一拳位置指尖朝 12 点方向，右手伸直至大腿 2 拳上方指尖向 9 点方向。两眼目视 12 点方向（图 2 –3 –87）。

要点：步法移动时重心平稳，手脚同时停止运动。

29. 步法不变，右脚向 6 点方向后撤一步成四股立，同时双手变掌在胸前交叉运动，右手至额钱一拳位置指尖朝 12 点方向，左手伸直至大腿 2 拳上方指尖向 3 点方向。两眼目视 12 点方向（图 2 –3 –88）。

要点：步法移动时重心平稳，手脚同时停止运动。

30. 右脚向12点方向上一步成右基立，同时右手中段内授击左掌（图2－3－89）。右脚向12点方向移动一小步左脚跟上成右基立，同时双手一起运动中段外授，并发声。两眼目视12点方向（图2－3－90）。

要点：上步迅速，击掌有力。

图2－3－87

图2－3－88

图2－3－88附

图2－3－89

31. 右脚向9点方向移动，身体左转朝8点30方向成三站立，同时左手中段外授，右手下段外格挡。两眼目视8点30方向（图2－3－91）。

要点：上体正直，挺胸塌腰。

图2－3－89附

图2－3－90

图2－3－90附

图2－3－91

32. 步法不动，左手拳变掌，向外翻转至掌心向前（图2－3－92）。

33. 右脚向8点30方向迈出一步呈四股立，同时右手向上勾拳，左手立掌与胸前。两眼目视8点30方向（图2－3－93）。

要点：右手大小臂成直角，上身挺胸塌腰。

34. 步法不动，右手向8点30方向弹一拳（图2－3－94）。步法不动，右手中段格挡，左手收回腰间。两眼目视8点30方向（图2－3－95）。

要点：上身挺胸塌腰，上身挺胸塌腰，格挡发力。

35. 右脚向1点30方向退回一步呈四股立，同时左手中段格挡，右手收回腰间。两眼目视8点30方向（图2－3－96）。

图 2－3－91 附　　图 2－3－92　　图 2－3－92 附　　图 2－3－93

图 2－3－93 附　　图 2－3－94　　图 2－3－95　　图 2－3－96

36. 右脚向 12 点方向移动一小步成右猫足立，同时右手挑轴至水平，左手收回腰间。两眼目视 12 点方向（图 2－3－97）。

要点：上身挺胸塌腰，挑轴发力，呼吸配合。

37. 右脚向 6 点方向撤回一步成左猫足立，同时左手挑轴至水平，右手收回腰间。两眼目视 12 点方向（图 2－3－98）。

要点：同上。

图 2－3－97　　图 2－3－97 附　　图 2－3－98　　图 2－3－98 附

38. 左脚向3点方向移动，身体左转朝4点30方向成三站立，同时右手中段外授，左手下段外格挡。两眼目视4点30方向（图2－3－99）。

要点：上体正直，挺胸塌腰。

39. 步法不动，右手拳变掌，向外翻转至掌心向前。两眼目视4点30方向（图2－3－100）。

图2－3－99　图2－3－99附　图2－3－100　图2－3－100附

40. 左脚向4点30方向迈出一步成四股立，同时左手向上勾拳，右手立掌与胸前。两眼目视4点30方向（图2－3－101）。

要点：左手大小臂成直角，上身挺胸塌腰。

41. 步法不动，左手向4点30方向弹一拳（图2－3－102）。步法不动，左手中段格挡，右手收回腰间。两眼目视4点30方向（图2－3－103）。

要点：上身挺胸塌腰，格挡发力。

42. 左脚向11点30方向退回一步呈四股立，同时右手中段格挡，左手收回腰间。两眼目视4点30方向（图2－3－104）。

图2－3－101　图2－3－102　图2－3－103　图2－3－104

43. 左脚向12点方向移动一小步呈左猫足立，同时左手挑轴至水平，右手收回腰间。两眼目视 12 点方向（图 2－3－105）。

要点：上身挺胸塌腰，挑轴发力，呼吸配合。

44. 左脚向 6 点方向撤回一步呈右猫足立，同时右手挑轴至水平，左手收回腰间。两眼目视 12 点方向（图 2－3－106）。

要点：同上。

45. 步法不动，左手成掌由上至下间耳旁运动至右手肘前，掌心向前。两眼目视 12 点方向（图 2－3－107）。

要点：上体正直，挺胸塌腰。

图 2－3－105　图 2－3－106　图 2－3－107　图 2－3－107 附

46. 右脚向前一小步，同时左脚跟上保持右猫足立，同时右手向前弹拳发声。目视 12 点方向（图 2－3－108）。

47. 右脚向 6 点方向，撤回一步呈左猫足立。同时双手从两侧由上至下指尖相对至于胸前。两眼目视 12 点方向（图 2－3－109）。

48. 左脚收回呈结立，双手成掌在体前重叠由上向内翻掌下压。两眼目视 12 点方向（图 2－3－110）。

图 2－3－108　图 2－3－108 附　图 2－3－109　图 2－3－110

49. 收势，结立（图 2 -3 -111）。

图 2 -3 -111

第四节　和道流指定型

一、征三（从图 2 -4 -1 至 2 -4 -50）

1. 预备姿势，结立，双手自然放在大腿两侧。两眼目视 12 点方向（图 2 -4 -1）。

要点：上身正直，呼吸配合，两膝自然伸直。

2. 起势，左右脚依次向两边迈一小步呈平行立，双手自然握拳于体前，约三个拳头。两眼目视 12 点方向（图 2 -4 -2）。

3. 左脚向 10 点 30 分的方向迈出一步呈三站立，左手中段外受，右手收回肋下。两眼目视 12 点方向（图 2 -4 -3）。

要点：动作缓慢，两膝自然弯曲，呼吸配合。

4. 步法不变，左拳收回肋下，右手中段冲拳。两眼目视 12 点方向（图 2 -4 -4）。

图 2 -4 -1　　图 2 -4 -2　　图 2 -4 -3　　图 2 -4 -4

5. 右脚向1点30分的方向迈出一步呈三站立，左手不动，右手中段外受。目视12点方向（图2－4－5）。

要点：动作缓慢，两膝自然弯曲，呼吸配合。

6. 步法不变，右手收回肋下，左手中段冲拳。两眼目视12点方向。（图2－4－6）。

7. 左脚向10点30分的方向迈出一步呈三站立，左手中段外受，右手收回肋间。两眼目视12点方向（图2－4－7）。

要点：动作缓慢，两膝自然弯曲，呼吸配合。

8. 步法不变，左拳收回肋下，右手中段冲拳。两眼目视12点方向（图2－4－8）。

图2－4－5　图2－4－6　图2－4－7　图2－4－8

9. 步法不变，双手握拳称一拇指于胸前，同时双肘上抬，肘高于肩（图2－4－9）。步法不变，双肘下沉，双手握拳一拇指伸直于体前，拳眼相对。两眼目视12点方向（图2－4－10）。

10. 步法不变，双拳变掌平举于体侧，大小臂折叠成90°，双掌掌心相对。两眼目视12点方向（图2－4－11）。

11. 步法不变，双掌由上往下经体内侧斜放于体外侧，手臂与体侧呈45°。两眼目视12点方向（图2－4－12）。

图2－4－9　图2－4－10　图2－4－11　图2－4－12

12. 右脚向9点方向横跨一步，身体左转180°呈左三站立，双手成掌，左手下格挡，右手中位格挡。两眼目视6点方向（图2－4－13）。

要点：转身平稳，两膝自然弯曲，气息缓慢。

13. 步法不变，右掌翻腕下压，左手动作不变（图2－4－14）步法不变，右手贴着腰拉回肋下，左手动作不变。两眼目视6点方向（图2－4－15）。

要点：动作缓慢，两膝自然弯曲，呼吸配合。

要点：上步轻盈平稳，两膝自然弯曲，气息缓慢。

图2－4－13　**图2－4－13附**　**图2－4－14**　**图2－4－14附**

14. 右脚向8点30分的方向上一步呈三站立，双手成掌，右手下格挡，左手中位格挡，两眼目视6点方向（图2－4－16）。

15. 步法不变，左掌翻腕下压，右手动作不变（图2－4－17）。步法不变，左手贴着腰拉回肋下，左手动作不变。两眼目视6点方向（图2－4－18）。

要点：动作缓慢，两膝自然弯曲，呼吸配合。

图2－4－15　**图2－4－15附**　**图2－4－16**　**图2－4－17**

16. 左脚向4点30分的方向上一步呈三战立，双手成掌，左手下格挡，右手中位格挡。两眼目视6点方向（图2－4－19）。

要点：上步轻盈平稳，两膝自然弯曲，气息缓慢。

17. 步法不变，右掌翻腕下压，左手动作不变（图 2－4－20）。步法不变，右手贴着腰拉回肋下，左手动作不变。两眼目视 6 点方向（图 2－4－21）。

要点：动作缓慢，两膝自然弯曲，呼吸配合。

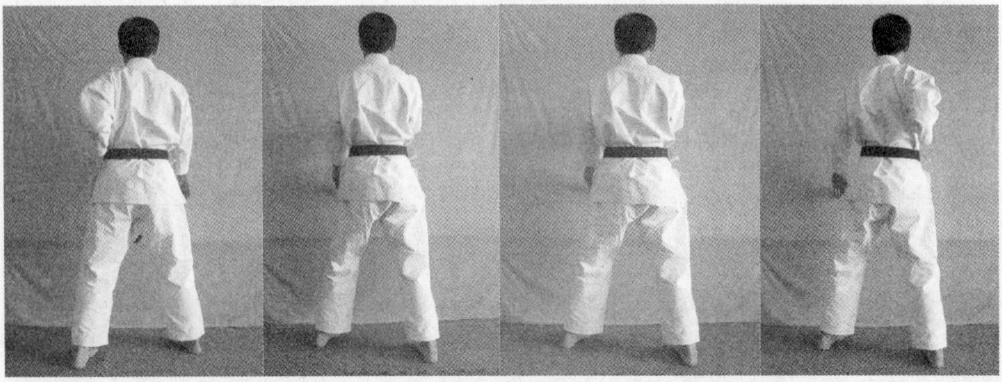

图 2－4－18　图 2－4－19　图 2－4－20　图 2－4－21

18. 右脚向 9 点方向上一步，身体右转 90°，左脚跟步呈基立，左手抱拳收于肋下，右手上段格挡，大小手臂成 90°（图 2－4－22）。步法不变，右手收回肋下，左手中段冲拳（图 2－4－23）。步法不变，左手收回肋下，右手中段冲拳。两眼目视 9 点方向（图 2－4－24）。

要点：步法移动时身体重心保持稳定，两膝自然弯曲，水平移动，上体正直，呼吸配合。

19. 左脚向 3 点方向迈出一步，右脚跟步身体左转 180°呈基立，右手抱拳收于肋间，右手上段格挡，大小手臂成 90°（图 2－4－25）。步法不变，左手收回肋下，右手中段冲拳（图 2－4－26）。步法不变，右手收回肋下，左手中段冲拳。两眼目视 3 点方向（图 2－4－27）。

要点：同上。

图 2－4－22　图 2－4－23　图 2－4－24　图 2－4－25

20. 右脚向6点方向迈出一步，左脚跟步上体右转90°呈基立，左手抱拳收于肋间，右手上段外格挡，大小手臂成90°（图2－4－28）。步法不变，右手收回肋下，左手中段冲拳（图2－4－29）。步法不变，左手收回肋下，右手中段冲拳。两眼目视6点方向（图2－4－30）。

要点：上步轻盈平稳，两膝自然弯曲，呼吸配合。

图2－4－26

图2－4－27

图2－4－28

图2－4－28附

图2－4－29

图2－4－29附

图2－4－30

图2－4－30附

21. 提左脚于腰前划弧向12点方向落地呈四股立，身体左转90°，右手握拳收回肋下，左拳向高位击打。大小手臂成130°。两眼目视12点方向（图2－4－31）。

要点：启动速度快，落地平稳，手脚同步。

22. 右脚向前一步呈交叉立，手上动作不变（图2－4－32）。右脚支撑，左脚前蹴踢，同时双手抱拳于肋下（图2－4－33）。左脚向12点方向落地成前屈立，同时左手下格挡，右手抱拳于肋间。两眼目视12点方向（图2－4－34）。

要点：上身保持正直，重心在右脚上，落地平稳。

23. 左脚后退一小步呈基立，左拳收于肋间，右拳中段冲拳（图2－4－35）。步法不变，右拳收于肋下，左拳上段格挡。两眼目视12点方向（图2－4－36）。

24. 提右脚于腰前划弧向6点方向落地呈四股立，身体右转90°，左手握拳收回肋下，右拳向高位击打。大小手臂成130°。两眼目视6点方向（图2－4－37）。

要点：启动速度快，落地平稳，手脚同步。

图2－4－31

图2－4－32

图2－4－33

图2－4－34

图2－4－35

图2－4－36

图2－4－37

图2－4－37附

25. 左脚向前一步呈交叉立，手上动作不变（图2－4－38）。左脚支撑，右脚前蹴踢，同时双手抱拳于肋下（图2－4－39）。右脚向6点方向落地成前屈立，同时右手下格挡，左手抱拳于肋间。两眼目视6点方向（图2－4－40）。

要点：上身保持正直，重心在右脚上，落地平稳。

图2－4－38

图2－4－39

图2－4－39附

图2－4－40

26. 右脚后退一小步呈基立，右拳收于肋间，左拳中段冲拳（图 2－4－41）。步法不变，左拳收于肋下，右拳上段格挡。两眼目视 12 点方向（图 2－4－42）。

图 2－4－40 附　　图 2－4－41　　图 2－4－41 附　　图 2－4－42

27. 提左脚于腰前划弧向 12 点方向落地呈四股立，身体左转 90°，右手握拳收回肋下，左拳向高位击打。大小手臂成 130°。两眼目视 12 点方向（图 2－4－43）。

要点：启动速度快，落地平稳，手脚同步。

28. 左脚支撑，右脚前蹴踢，同时右脚前脚掌击打左手掌，右拳不变（图 2－4－44）。右脚向 6 点方向落地呈基立，右手抱拳收于肋下，左手立掌于胸前（图 2－4－45）。步法不变，左手掌变拳收于肋下，右拳中段冲拳，并发声。两眼目视 12 点方向（图 2－4－46）。

图 2－4－43　　图 2－4－44　　图 2－4－45　　图 2－4－46

29. 左脚后撤一步靠于右脚傍，两手掌收于腰间，掌心向前，手指各向两侧。两眼目视 12 点方向（图 2－4－47）。

30. 步法不变，两手掌变拳同时向腹部前下方冲掌，双手交叉，掌跟相靠，掌心向前。两眼目视 12 点方向（图 2－4－48）。

31. 动左脚，左脚 9 点方向横跨一步呈平行立，两掌变拳左右拉开于体前。两眼目视 12 点方向（图 2－4－49）。

32. 收势，结立（图2－4－50）。

图2－4－47　　图2－4－48　　图2－4－49　　图2－4－50

二、镇东（从图2－4－51至图2－4－96）

1. 预备姿势，结立，双手自然放在大腿两侧。两眼目视12点方向（图2－4－51）。

要点：上身正直，呼吸配合，两膝自然伸直。

2. 起势，左右脚依次向两边迈一小步呈平行立，双手自然握拳于体前，约三个拳头。两眼目视12点方向（图2－4－52）。

3. 右脚向6点方向后撤一步呈基立，同时两手自体前抬至左颊旁，手腕交叉。两眼目视12点方向（图2－4－53）。

要点：右掌在内，左掌在外，配合呼吸。

4. 步法不变，双手覆掌下按至左腰前，双手交叉，右掌在上。两眼目视12点方向（图2－4－54）。

图2－4－51　　图2－4－52　　图2－4－53　　图2－4－54

5. 步法不变，双掌变拳，右拳收回肋下，左拳中段冲拳（图2－4－55）。步法不变，右中段冲拳。两眼目视12点方向（图2－4－56）。

要点：冲拳要配合腰劲，身体正直，不送肩。

6. 以左脚脚掌为轴，身体左转270°，同时右脚向6点方向横迈一步呈四股立，右手下格挡，左手握拳收于肋下。两眼目视 6 点方向（图 2－4－57）。

要点：旋转时身体正直，注意格挡时的手脚同步发力。

图 2－4－55　　图 2－4－56　　图 2－4－57　　图 2－4－57 附

7. 右脚在原地蹬转呈前屈立，双手变掌于胸前交叉，上架至额前上方，掌心向前。两眼目视 12 点方向（图 2－4－58）。

要点：交叉手右手在内，蹬地、转跨发力干脆。

8. 步法不动，两掌变拳推至腹前交叉，拳心朝外，右拳在上。两眼目视 12 点方向（图 2－4－59）。

要点：拳心离身体约一拳距离，两臂微屈。

9. 右脚向上提膝，左脚蹬地跳起做左弹踢，同时双拳收于腰间（图 2－4－60）。两脚落地呈左前屈立，同时双拳向前下方冲拳，与腹前交叉，右拳在上，掌心向下。两眼目视 12 点方向（图 2－4－61）。

要点：弹踢迅速，落地重心要稳。

图 2－4－58　　图 2－4－59　　图 2－4－60　　图 2－4－61

10. 动左脚，以右脚为轴，身体右转 180°呈左前屈立。同时双拳收回再向前下方冲拳，于腹前交叉，左拳在上，拳心向下。两眼目视 6 点方向（图 2－4－62）。

要点：旋转时重心要稳，落步、冲拳发力协调。

11. 右脚向 12 点方向上一步，转身呈左后屈立。右拳于大腿上方做下格挡，左拳贴于胸前。两眼目视 12 点方向（图 2 –4 –63）。

要点：三分之二的重心落于后脚，上身正直。

12. 左脚朝 12 点方向上一步转身呈右后屈立，同时拳变掌，左掌做下格挡，右掌贴于胸前。两眼目视 12 点方向（图 2 –4 –64）。

图 2 –4 –62　图 2 –4 –62 附　图 2 –4 –63　图 2 –4 –64

13. 左脚向 12 点方向上一步呈前屈立，同时双手变掌交叉再迅速向外翻掌，掌心朝前。两眼目视 12 点方向（图 2 –4 –65）。

要点：格挡时屈肘约 90°，肘约于肩平，格挡发力干脆。

14. 步法不动，身体左转 90°呈四股立，双掌迅速平放于眼前，掌心向内。两眼目视 9 点方向（图 2 –4 –66）。

要点：转跨发力干脆，重心平稳，上身正直。

15. 步法不变，重心上升成外八字立，双掌变拳收至体侧。两眼目视 6 点方向（图 2 –4 –67）。

要点：配合呼吸，重心变化平稳，挺胸塌腰。

16. 左脚向 6 点方向横跨一步呈右后屈立，同时左手下格挡，右臂屈肘上段横格挡。两眼目视 6 点方向（图 2 –4 –68）。

要点：上体正直，右肘约屈为 90°，肘与肩平。

图 2 –4 –65　图 2 –4 –66　图 2 –4 –67　图 2 –4 –68

17. 右脚向6点方向上一步呈左后屈立，同时右手下格挡，左臂屈肘上段横格挡。两眼目视6点方向（图2-4-69）。

要点：同上。

18. 动右脚，右脚向12点方向落地，左脚向6点方向上一步，身体左转180°呈右后屈立。同时左手下格挡，右臂屈肘上段横格挡。两眼目视6点方向（图2-4-70）。

要点：同上。

19. 右脚向3点方向插步呈交叉立，同时双手于腹前交叉朝前下方冲拳，右拳在上，拳心向下。两眼目视9点方向（图2-4-71）。

要点：步伐移动迅速，一步到位。

图2-4-68附

图2-4-69

图2-4-70

图2-4-71

20. 右脚朝12点方向上步呈四股立，同时两手握拳平行立于头前，拳心向内。两眼目视9点方向（图2-4-72）。

要点：大臂略低于肩，大小臂垂直，重心不变。

21. 重心上升，呈大的八字立。双拳收至体侧。两眼目视9点方向（图2-4-73）。

要点：配合呼吸，重心变化平稳。挺胸塌腰。

22. 步法不变，双拳上提至腰间，拳面贴身。两眼目视9点方向（图2-4-74）。

图2-4-72

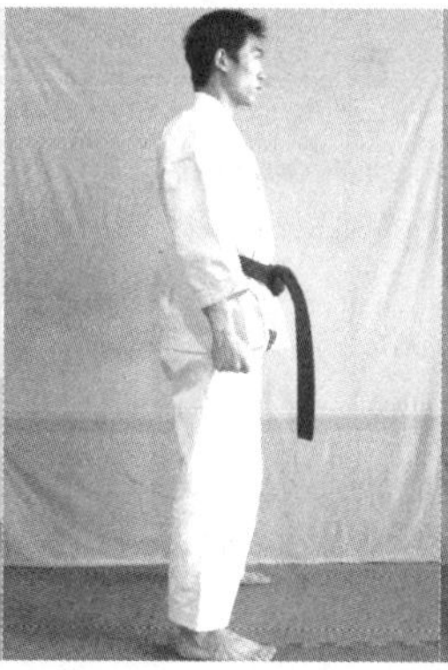

图2-4-73

图2-4-74

图2-4-75

23. 右脚蹬地，身体左转90°呈前屈立，右肘向9点方向（图2－4－75）。左脚蹬地，身体右转90°呈前屈立，左肘向9点方向（图2－4－76）。两眼目视9点方向。

要点：击打时力达肘尖，配合腰劲。

24. 动右脚，左脚支撑，左脚向9点方插步，身体左转90°呈交叉步，双拳于眼前平行做横格挡。两眼目视3点方向（图2－4－77）。

要点：两膝微曲，挺胸塌腰，拳心面对自己。

25. 右脚支撑，左脚扣于右小腿，同时左手下格挡，右手屈肘向右横格挡（图2－4－78）。步法不变。两手收至右肋下，拳心相对。两眼目视12点方向（图2－4－79）。

图2－4－76　　图2－4－77　　图2－4－78　　图2－4－79

26. 步法不变，左脚朝12点方向弹踢，同时左拳中段冲拳，右拳收于肋下（图2－4－80）。左脚落地，右脚跟上向12点方向上步成右前屈立，同时右手中段冲拳，左拳收于肋下，并发声。两眼目视12点方向（图2－4－81）。

要点：弹踢时重心留于后脚，微曲，上步轻捷。

27. 左脚支撑，右脚扣于左小腿，同时右手下格挡，左手屈肘向右横格挡。步法不变。两手收至左腰间（图2－4－82），拳心相对。两眼目视12点方向（图2－4－83）。

要点：格挡后双拳迅速收回。

图2－4－80　　图2－4－81　　图2－4－82　　图2－4－83

28. 步法不变，右脚朝12点方向弹踢，同时右拳中段冲拳，左拳收于肋下（图2－4－84）。右脚向12点方向落地右前屈立，同时左手中段冲拳，右拳收于肋下。

两眼目视 12 点方向（图 2－4－85）。

要点：弹踢时重心留于后脚，微曲，上步轻捷。

29. 步法不变，右脚支撑，身体左转 90°左脚扣于右小腿，同时左手下格挡，右手屈肘向右横格挡（图 2－4－86）。步法不变。两手收至右肋下，拳心相对。两眼目视 6 点方向（图 2－4－87）。

30. 步法不变，左脚朝 6 点方向弹踢，同时左拳中段冲拳，右拳收于肋下（图 2－4－88）。左脚向 6 点方向落地呈左前屈立，同时右手中段冲拳，左拳收于肋下。两眼目视 6 点方向（图 2－4－89）。

图 2－4－84　　图 2－4－85　　图 2－4－86　　图 2－4－87

要点：弹踢时重心留于后脚，微曲，上步轻捷。

图 2－4－88　　图 2－4－88 附　　图 2－4－89　　图 2－4－89 附

31. 右脚蹬地转跨，身体右转 90°呈四股立，右手变掌屈肘向右横格挡，掌心向外，虎口向自己。两眼目视 12 点方向（图 2－4－90）。

要点：转跨、格挡、甩头发力协调、同步。

32. 动右脚，右脚向 3 点方向小移一步，身体右转 90°呈右前屈立，左手向前顶肘，右掌贴于肘前。两眼目视 12 点方向（图 2－4－91）。

要点：左手两臂夹紧，力点着于肘尖。

33. 步法不变，左拳收于肋下，右掌跟随着贴于拳面。两眼目视 12 点方向（图 2－4－92）。

图 2 –4 –90

图 2 –4 –91

图 2 –4 –92

图 2 –4 –93

34. 动左脚，以右脚为轴身体左转 180°，左脚朝 6 点方向弹踢，同时左中段冲拳，右拳收于腰间（图 2 –4 –93）。左脚落步，右脚朝 6 点方向跟上呈右前屈立，右手中段冲拳，左手收于腰间，并发声。两眼目视 6 点方向（图 2 –4 –94）。

要点：旋转式左脚提膝紧贴右脚，上身正直。

35. 动左脚，以右脚脚掌为轴身体左转 180°呈平行立，双拳收于提前，拳心向内。两眼目视 12 点方向（图 2 –4 –95）。

图 2 –4 –93 附

图 2 –4 –94

图 2 –4 –94 附

图 2 –4 –95

36. 收势，结立（图 2 –4 –96）。

图 2 –4 –96

第五节　刚柔流指定型

一、十八（图 2－5－1 至图 2－5－51）

1. 预备姿势，结立，双手自然放在大腿外侧。两眼目视 12 点方向（图 2－5－1）。

要点：上身正直，两膝自然伸直。

2. 起势，双手成掌在体前重叠。两眼目视 12 点方向（图 2－5－2）。

3. 双脚以前脚掌为轴转动成平行立，同时双手变拳拉回体侧。两眼目视 12 点方向（图 2－5－3）。

4. 左脚向 6 点方向后撤一步呈四股立，同时右手由拳变掌经左上方划弧立于右侧肩，左手由拳变掌于胸前。两眼目视 12 点方向（图 2－5－4）。

要点：上身正直，步法移动时身体重心保持稳定。

图 2－5－1　图 2－5－2　图 2－5－3　图 2－5－4

5. 左脚向前一步呈三战立，同时两手相握，左手在下，右手在上。两眼目视 12 点方向（图 2－5－5）。

6. 步法不变，右手屈腕下压左手手腕划弧（图 2－5－6），同时左手屈腕下压右手手腕。两眼目视 12 点方向（图 2－5－7）。

7. 右脚向 12 点方向上一步呈四股立，同时双手互握经胸前推至右侧，右手臂与肩同高。两眼目视 12 点方向（图 2－5－8）。

要点：发力于肘尖，同时配合呼吸。

8. 左脚向前上方迈出一步呈后屈立，同时双手变掌在胸前交叉，右手拉于右肩，掌心朝下，左手下压于左脚大腿外侧，身体面向 3 点方向（图 2－5－9）。步法不变，左手在左侧画一半圆，掌心朝前，右手动作不变。两眼目视 12 点方向（图 2－5－10）。

图 2 –5 –5　图 2 –5 –6　图 2 –5 –7　图 2 –5 –8

要点：步法轻盈，重心平稳。

9. 脚不动，身体左转呈前屈立，左掌收于腰间，掌心朝上，右手手刀与耳同高，两眼目视 12 点方向（图 2 –5 –11）。

要点：手刀发力，配合呼吸，挺胸塌腰。

10. 左脚支撑，右中位踢腿，手上动作不变（图 2 –5 –12）。右脚向 6 点方向落地呈四股立，同时双手握拳经左肩下推至右肩下，右手收于肋下，左手置于胸前。两眼目视 12 点方向（图 2 –5 –13）。

要点：脚背绷直，勾脚尖，步法平稳。

图 2 –5 –9　图 2 –5 –10　图 2 –5 –11　图 2 –5 –12

11. 步法不变，左手向左弹出，与肩同高，掌心朝上，右手不变（图 2 –1 –14）。左手由掌变拳收回，大小手臂呈 90°，拳心面对自己。两眼目视 12 点方向（图 2 –5 –15）。

要点：上身正直，弹拳有力。

12. 右脚向 12 点方向后拉呈猫足立，同时右手握拳经左手内下格挡，左手握拳置于右肘关节下面处。两眼目视 6 点方向（图 2 –5 –16）。

要点：转身迅速，步法平稳。

图 2-5-13　　图 2-5-14　　图 2-5-15　　图 2-5-16

13. 步法不变，左手不动，右手中段格挡。两眼目视 6 点方向（图 2-5-17）。

14. 步法不变，左手不动，右手由拳变掌顺时针旋转，掌心朝斜下方。两眼目视 6 点方向（图 2-5-18）。

图 2-5-16 附　　图 2-5-17　　图 2-5-17 附　　图 2-5-18

15. 以右脚为轴，身体右转 180°呈左三战立，同时双手抱拳经胸前交叉，左手收于腰间，拳心朝上，右手平放于胸前，拳心朝下。两眼目视 12 点方向（图 2-5-19）。

要点：转身迅速平稳，挺胸塌腰。

16. 以左脚为轴，身体左转 135°呈右三战立，同时右手由拳变掌经面部往下收回腰间，掌心向上，右手由拳变掌画弧置于右腿前上方。两眼目视 4 点 30 方向（图 2-5-20）。

要点：转身迅速平稳，挺胸塌腰。

17. 左脚向 4 点 30 方向上一步，右脚跟上呈三战立，同时左手掌有右往下压置于腰间，掌心朝下，右手掌在胸前向左推出，掌心朝左。两眼目视 4 点 30 方向（图 2-5-21）。

要点：手掌迅速推出，同时配合呼吸发力。

图 2－5－18 附

图 2－5－19

图 2－5－20

图 2－5－20 附

18. 右脚向 4 点 30 方向上一步呈四股立，同时双手平放于胸前，掌心相对，右手在上，左手在下。两眼目视 4 点 30 方向（图 2－5－22）。

要点：上步轻盈，步法平稳。

19. 提右脚，重心移于左脚，同时头转正双手抱拳收回腰间（图 2－5－23）。右脚向 4 点 30 方向落地成四股立，同时双手向下冲拳并发声，拳心相对。两眼目视 1 点 30 方向（图 2－5－24）。

要点：重心平稳，双臂冲拳有力。

图 2－5－21

图 2－5－21 附

图 2－5－22

图 2－5－23

20. 以左脚为轴动右脚，右脚向 11 点 30 方向撤回一步呈四股立，同时左手下段格挡置于大腿上方，右手抱拳收回腰间。两眼目视 4 点 30 方向（图 2－5－25）。

要点：步法运动平稳，格挡有力，手脚同时结束运动过程。

21. 右脚向 8 点 30 方向上一步，右脚跟上呈三战立，同时右手掌有右往下压置于腰间，掌心朝下，左手掌在胸前向右推出，掌心朝右。两眼目视 8 点 30 方向（图 2－5－26）。

要点：手掌迅速推出，同时配合呼吸发力。

图 2－5－24　　图 2－5－25　　图 2－5－26　　图 2－5－26 附

22. 左脚向 8 点 30 方向上一步呈四股立，同时双手平放于胸前，掌心相对，左手在上，右手在下。两眼目视 8 点 30 方向（图 2－5－27）。

要点：上步轻盈，步法平稳。

23. 提左脚，重心移于右脚，同时头转正双手抱拳收回腰间（图 2－5－28）。左脚向 8 点 30 方向落地成四股立，同时双手向下冲拳并发声，拳心相对。两眼目视 1 点 30 方向（图 2－5－29）。

要点：重心平稳，双臂冲拳有力。

24. 动左脚以右脚为轴，右脚向 1 点 30 方向撤回一步呈四股立，同时右手下段格挡置于大腿上方，左手抱拳收回肋下。两眼目视 8 点 30 方向（图 2－5－30）。

要点：步法运动平稳，格挡有力，手脚同时结束运动过程。

图 2－5－27　　图 2－5－28　　图 2－5－29　　图 2－5－30

25. 动右脚，右脚向 3 点方向迈一步，身体左转 225°呈猫足立，同时左手中段外受，右手上段受。两眼目视 12 点方向（图 2－5－31）。

要点：上身正直，格挡有力。

26. 右脚上前一步，左脚跟进成交叉立，同时左手上段受，右手中段外受。身体面向 9 点方向，两眼目视 12 点方向（图 2－5－32）。

27. 脚不动，身体左转 180°，两脚呈三战立，左手由拳变掌顺时针旋转置于右肩前方，右手由拳变掌收于腰间，掌心朝下。两眼目视 3 点方向（图 2－5－33）。

28. 脚不动，身体右转 90°，两脚成基立，同时右手握拳收回肋下，左手下段格挡。两眼目视 3 点方向（图 2－5－34）。

图 2－5－31　图 2－5－32　图 2－5－33　图 2－5－34

29. 步法不变，左手向左弹出一拳，与肩同高，拳心朝上（图 2－5－35）。左手屈肘收回，拳心朝自己，大小手臂呈 90°。两眼目视 3 点方向（图 2－5－36）。

要点：拳迅速弹出，发力于手背。

30. 身体左转 90°成三战立，同时左手抱拳收回肋下，右手中段外受。两眼目视 3 点方向。（图 2－5－37）

31. 左脚支撑，右脚前蹴，手上动作不变（图 2－5－38）。右脚向后落地成四股立，同时右手立掌于胸前，左手平放于左腿上方，拳心朝上。两眼目视 3 点方向（图 2－5－39）。

要点：下盘平稳，右脚脚背绷直，勾脚尖。

图 2－5－35　图 2－5－36　图 2－5－37　图 2－5－38

32. 动左脚，左脚向 9 点方向上一步，身体右转 90°，两脚呈三战立，右手由拳变掌顺时针旋转置于右肩前方，左手由拳变掌收于腰间，掌心朝下。两眼目视 9 点方向（图 2－5－40）。

33. 脚不动，身体左转 90°两脚成基立，同时左手握拳收回肋下，右手下段格挡。两眼目视 9 点方向（图 2－5－41）。

图 2－5－39

图 2－5－39 附

图 2－5－40

图 2－5－41

34. 步法不变，右手向右弹出一拳，与肩同高，拳心朝上（图 2－5－42）。右手屈肘收回，拳心朝自己，大小手臂呈 90°。两眼目视 9 点方向（图 2－5－43）。

要点：拳迅速弹出，发力于手背。

35. 身体右转 90°成三战立，同时右手抱拳收回肋下，左手中段外受。两眼目视 9 点方向（图 2－5－44）。

36. 右脚支撑，左中位踢腿，手上动作不变（图 2－5－45）。左脚向后落地成四股立，同时左手立掌于胸前，右手平放于左腿上方，拳心朝上。两眼目视 9 点方向（图 2－5－46）。

要点：上身平稳，下盘平稳。

图 2－5－42

图 2－5－43

图 2－5－44

图 2－5－45

37. 动左脚，左脚向 6 点方向迈一步，身体左转 180°呈猫足立，同时双手由拳变掌平放于胸前，掌心相对。两眼目视 12 点方向（图 2－5－47）。

要点：上身正直，呼吸配合。

38. 右脚后撤一步呈猫足立，同时双手由掌变拳从身体内侧画圆置于胸前，拳心相对，左手在上。两眼目视 12 点方向（图 2－5－48）。

39. 步法不变，左手变掌，右手成拳，双手由外向内画力圆，在腰前方碰击，两眼目视 12 点方向（图 2－5－49）。

图 2－5－46　图 2－5－47　图 2－5－48　图 2－5－49

40. 收左脚成呈并足立，双手成掌在体前重叠由上向内翻掌下压。两眼目视 12 点方向（图 2－5－50）。

要点：上身正直，挺胸塌腰。

41. 收势，结立（图 2－5－51）。

图 2－5－50　图 2－5－51

二、碎破（从图 2－5－52 至图 2－5－91）

1. 预备姿势，结立，双手自然放在大腿外侧。两眼目视 12 点方向（图 2－5－52）。

要点：上身正直，两膝自然伸直。

2. 起势，步法不动，双手成掌在体前重叠。两眼目视 12 点方向（图 2－5－53）。

3. 双脚以前脚掌为轴转动成平行立，同时双手变拳拉回体侧。两眼目视 12 点方向（图 2－5－54）。

4. 右脚朝 1 点 30 方向上步，左脚立即跟上呈结立，同时右拳上提至右腰间，拳心朝内，左手变掌包住右拳面。两眼目视 9 点方向（图 2－5－55）。

要点：左掌中间三指贴于拳背，大拇指、小拇指分别扣于拳眼与拳抡。

图 2－5－52　　图 2－5－53　　图 2－5－54　　图 2－5－55

5. 步法不动，左掌变拳、右拳变掌经胸前快速平拉，抱拳至左腰间，拳心朝内，右掌包住左手拳面。两眼目视 9 点方向（图 2－5－56）。

要点：右掌中间三指贴于拳背，大拇指、小拇指分别扣于拳眼与拳抡。

6. 左脚向 6 点方向横跨一步呈四股立，同时左手由拳变掌由上往下划弧立于胸前，右拳平放在右肩侧，拳心向上与肩同高并甩头（图 2－5－57）。其他动作不变，右掌变拳迅速收回，大小手臂呈 90°。两眼目视 12 点方向（图 2－5－58）。

要点：气沉丹田，拳不过头。

7. 左脚朝 11 点 30 方向上步，右脚立即跟上呈结立，同时左拳上提至左腰间，拳心朝内，右手变掌包住左拳面。两眼目视 3 点方向（图 2－5－59）。

要点：同 5。

图 2－5－56　　图 2－5－57　　图 2－5－58　　图 2－5－59

8. 步法不变，右掌变拳、左拳变掌经胸前快速平拉，抱拳至右腰间，拳心朝内，左掌包住左手拳面。两眼目视 3 点方向（图 2－5－60）。

要点：同 4。

9. 右脚向 6 点方向横跨一步呈四股立，同时右手由拳变掌由上往下划弧立于胸前，左拳平放在左肩侧，拳心向上与肩同高并甩头（图 2－5－61）。其他动作不变，左掌变拳迅速收回，大小手臂呈90°。两眼目视12点方向（图2-5-62）。

要点：同6。

10. 右脚朝1点30方向上步，左脚立即跟上呈结立，同时右拳上提至右腰间，拳心朝内，左手变掌包住右拳面。两眼目视9点方向（图2-5-63）。

要点：同4。

图2-5-60

图2-5-61

图2-5-62

图2-5-63

11. 步法不动，左掌变拳、右拳变掌经胸前快速平拉，抱拳至左腰间，拳心朝内，右掌包住左手拳面。两眼目视9点方向（图2-5-64）。

要点：同5。

12. 左脚向6点方向横跨一步呈四股立，同时左手由拳变掌由上往下划弧立于胸前，右拳平放在右肩侧，拳心向上与肩同高并甩头（图2-5-65）。其他动作不变，右掌变拳迅速收回，大小手臂呈90°。两眼目视12点方向（图2-5-66）。

要点：同6。

13. 左脚朝9点方向横跨一步，面向12点方向左脚支撑，右脚提起。同时左手由下向上托掌与左肩前，右拳变掌，由上向下按掌至右髋旁。两眼目视3点方向（图2-5-67）。

要点：步法移动平稳，绷脚背，膝与腰平。

图2-5-64

图2-5-65

图2-5-66

图2-5-67

14. 步法不变，上身姿势不变，右脚向前弹踢并甩头（图 2 –5 –68）。右脚踢击后，迅速收回。两眼目视 12 点方向（图 2 –5 –69）。

要点：上身保持不动，支撑腿脚不离地，以前脚掌踢击对方。

15. 右脚向 3 点方向横跨一步，右脚支撑，左脚提膝至腰间，同时右手由下往上托掌至右肩前，左手由上往下按掌于髋侧。两眼目视 9 点方向（图 2 –5 –70）。

要点：同 13。

16. 步法不变，上身姿势不变，左脚向前弹踢并甩头（图 2 –5 –71）。左脚踢击后，迅速收回。两眼目视 12 点方向（图 2 –5 –72）。

要点：同 14。

图 2 –5 –68

图 2 –5 –69

图 2 –5 –70

图 2 –5 –71

17. 左脚向 6 点方向后撤一步呈前屈立，双掌变拳收于胸前（图 2 –5 –73）。步法不变，双拳迅速冲出。两眼目视 12 点方向（图 2 –5 –74）。

要点：两拳距离与肩宽，拳心朝下。

18. 步法不变，双拳向下划弧，至腹前右拳击打左掌。两眼目视 12 点方向（图 2 –5 –75）。

要点：肘微曲，指尖朝前下，拳心向上。

图 2 –5 –72

图 2 –5 –73

图 2 –5 –74

图 2 –5 –75

19. 右脚朝 11 点 30 方向盖步，转身成左前屈立，双手握拳，收于腰腹之间（图 2－5－76）。步法不变，双拳迅速冲出。两眼目视 6 点方向（图 2－5－77）。

要点：蹬转迅速，重心平稳，两拳距离与肩宽，拳心朝下。

图 2－5－76　　图 2－5－76 附　　图 2－5－77　　图 2－5－77 附

20. 步法不变，双拳向下划弧，至腹前左拳击打右掌。两眼目视 6 点方向（图 2－5－78）。

要点：肘微曲，指尖朝前下，拳心向上。

21. 左脚不动，提右脚身体右转 90°呈平行立，重心前移，左拳收于肋下，拳心向上，右掌变拳，经眼前由上往下抡成立拳，并发声。两眼目视 12 点方向（图 2－5－79）。

要点：肘与肩平，拳面朝前，肘关节约为 135°。

图 2－5－78　　图 2－5－78 附　　图 2－5－79　　图 2－5－79 附

22. 步法不变，右拳变掌收至右腰间，同时左拳贴腹部推至右腹前。两眼目视 12 点方向（图 2－5－80）。

要点：掌心朝下微向前，指尖朝前，拳心朝上。

23. 右脚不动，提左脚落地呈平行立，右掌变拳收于肋下，拳心向上，左拳经眼前由上往下向左侧抡成立拳，并发声。两眼目视 6 点方向（图 2－5－81）。

要点：同21。

图2－5－80

图2－5－80附

图2－5－81

图2－5－81附

24. 步法不变，左拳变掌收至右腰间，同时右拳贴腹部推至左腹前。两眼目视6点方向（图2－5－82）。

要点：掌心朝下微向前，指尖朝前，拳心朝上。

25. 右脚向8点30方向上一步呈三站立，同时右手握拳中位格挡，左手握拳收于肋下。两眼目视6点方向（图2－5－83）。

图2－5－82

图2－5－82附

图2－5－83

图2－5－83附

26. 步法不变，右手收于肋下，左手中段冲拳。两眼目视6点方向（图2－5－84）。

27. 动左脚，左脚向6点方向上一步，身体右转180°，右脚后撤一小步呈猫足立，双手由拳变掌向前引掌，左掌收于左肋下，右掌伸于胸前，右肘伸直（图2－5－85）。左手不变，右掌收于左胸前。两眼目视12点方向（图2－5－86）。

要点：左手低、仰掌；右手高、覆掌，掌心相对。

28. 步法不动，左掌内旋收至腰间，指尖朝上，右掌由上往下划弧收回右腰间，指尖朝下。两眼目视12点方向（图2－5－87）。

29. 步法不变，双掌向前推掌。两眼目视12点方向（图2－5－88）。

30. 步法不变，左掌向下划弧与右掌沿击打。两眼目视12点方向（图2－5－89）。

图 2－5－84　图 2－5－84 附　图 2－5－85　图 2－5－86

图 2－5－87　图 2－5－88　图 2－5－89　图 2－5－90

31. 左脚收回呈结立，双手成掌在体前重叠由上向内翻掌下压。两眼目视 12 点方向（图 2－5－90）。

要点：上身正直，挺胸塌腰。

32. 收势，呈结立（图 2－5－91）。

图 2－5－91

本章小结

型是空手道作为武道的一种最佳的表达方式，它能表现出空手道形神合一的完美境界，对于空手道练习者只有正确地理解和领悟型的含义，才能真正演绎和展现出空手道的精神内涵所在，本章从型的内涵、技法原理、基本技术等进行了全面的概述。并通过对空手道四大流派指定型的图文解说。运用图片与文字相结合来详细解说其要点、注意事项，让学练者在对型的全面了解的基础上更好地和更快地掌握各流派的指定型，以促进空手道型的学习和演练。

思考题

1. 请阐述空手道型的内涵。
2. 空手道型拳的技法原理?
3. 空手道型的基本技术有哪些?请详细叙述其中几个。
4. 空手道四大流派指定型有哪些?请演练其中一个指定型。

第三章　组　手

本章导读　本章概述了空手道的组手，包括组手的内涵、组手的技术要求、组手的基本技术以及组合技术。重点介绍组手的基本技术及组合技术，以图片的形式详细分解基本技术动作，帮助学习者更好地掌握组手技术，提供全面、正确和实用的指导，提高组手技术教学实践能力。

第一节　组手的概述

一、组手的内涵

空手道组手是以徒手形式，双方利用踢、打、摔、拿等技术，按照空手道规则在一定限制（进攻半接触）下进行击打、防守的对抗性运动项目。组手的特点是拳法和腿法变化甚多且刚猛无比，它没有任何“花架子”，每一招、每一式都直接应用于实战中，具有极强的实用性。在赛场上，空手道组手运动员运用技战术、心理素质、身体素质等进行对抗，它的实战比赛要求参赛者使用空手道允许的技术时必须控制击打的力度，以避免伤害对手，即所谓的“击而不伤，点到为止”。

二、组手技术要求

组手技术，对于拳法、腿法和摔法都要全面了解并加以练习，应充分展现自己的技术优势，形成个人的技术特色和个人魅力。组手技术特点可以用“控、变、灵、准 、快”这5个字来概括，要求控制组手技术的力度，在实战中善于变换技战术，灵活地运用技战术，准确而快速地击打目标。组手技术运用必须在头部 、面部、颈部、胸部、腹部、背部、胸腹侧面这7个部位才能得分。

组手技术运用要符合以下6个要求：

第一，良好的姿态。在空手道运动员使用组手技术时，不管是进攻还是防守，组手运动员都应随时保持空手道良好的姿势构架。

第二，良好的运动精神。空手道是一种技能，也是一种教育。在空手道严格的身体和精神训练和修炼过程中，必须具有良好的运动精神，才能克服一切困难和懦弱的杂念，最终取得胜利。

第三，充沛的技术运用。在空手道运动员正确使用技术的同时又要充分展现其风格和特点。组手技术的运用，是由启动、击打、回收构成的一个完整过程，每个部分都是缺一不可的。在比赛中，只有充沛完整的技术，才能得分。

第四，警戒心。又称“残心”，保留意识，它是指击打完后，意识和神态依然要继续集中。运动员在场上意识和神态始终保持高度集中，以防止对手反击。组手运动员集中感知力，并且在格斗结束时既要保持肢体放松又要保持警惕。

第五，适当的距离。距离的远近，决定技术运用的选择。不可太近不可太远，与对手保持适当的距离，时刻关注对手的转动，了解对手移动的方向是很重要的。同时，及时做出反应并做出动作，才能充分的施展组手技术，从而更有效地得分。

第六，正确的距离。正确的距离和适当的位置有着密切联系。正确的距离是指进攻者能够击中对方，并能保持与对方之间的距离。这个距离不仅包括自己使用的触击部位能够轻易地集中目标，而且还包括自己身体重心是否与进攻融为一体。

三、组手基本技术

空手道是拳法、腿法和摔法并用的技术项目。空手道组手，要求有坚实的功底。基本技术是提高各种技术动作的基础，只有准确熟练地掌握好基本技术，才可能进一步掌握提高难度技术，并在赛场上运用自如；也只有掌握好基本技术，才能在此基础上，结合自身的特点，形成自己的技术风格，练好自己得意的得分技能。

组手基本拳法：前手拳、后手拳。

组手基本腿法：横踢、前回踢、挂踢、前踢、侧踢。

组手基本摔法：别腿摔、接腿摔、夹背摔。

第二节　组手的基本站姿

组手基本站姿有两种，准备式和实战式。实战式是指在空手道比赛中运动员运用技法进攻或防守时的预备动作。

一、准备势

两脚开立，约与肩宽，两脚平行，两脚尖朝前；双臂自然下垂微屈，并置于体前，双手握拳，两拳眼相对；上体正直，目视正前方（图 3－2－1）。

要点：两腿平行站立，两脚间距离约与肩宽，挺胸收腹，精神饱满。

二、实战势

以左站架为例，两脚前后站立，约与肩宽，左脚前脚掌支撑，脚尖斜向前方 45°，后脚偏向右侧，脚跟抬起，并蹬地发力，重心落于两腿之间，同时，两手握拳经身体体侧抬起，左臂弯曲约135°并握拳于下颚高度，右臂弯曲约45°并握拳于腰带上部，身体侧对前方，下颚回收，目视前方（图3－2－2）。

图3－2－1

图3－2－2

图3－2－2附

要点：其姿势较低，气下沉，重心控制在两腿之间，两腿不要站在一条直线上，应站在直线的两侧，以保持身体平衡，使身体时刻处于待发状态。紧腰、收腹、含胸，上身正直，全身放松，防守严密，移动方便，进攻灵活。

第三节　组手的步法技术与练习

一、步法技术

步法是空手道实战中实现攻防转换的关键技术。可以概括为以下四点作用：（1）连接进攻与反击技术。在空手道实战中，无论是进攻、防守、还是防守反击，绝大多数是在身体运动的情况下完成的，因此需要快速、灵活、多变的步法连接技术。（2）抢占有利的实战位置实战中通过灵活多变的步法移动占据场上的有利位置，为进攻与反击做好准备。（3）保持身体重心，维持身体平衡空手道比赛的攻防转化是在运动的状态下完成的，较好地掌握步法技术才能较好地维持身体平衡，身体只有在相对动态的平衡下才能实现进攻与反击。（4）破坏对方距离感，遏制对方进攻技术的发挥灵活多变的步法可以有效地破坏对方进攻与防守距离，给对方心理造成压力。

（一）空手道比赛中常见的步法

1. 前滑步：实战姿势站立，后脚蹬地，前脚向前上半步，落地时前脚脚掌先着地，紧接着后脚再向前跟半步（图3－3－1①至②）。

要点：移动时两脚距离保持不变，两脚离地不要太高，滑步要快，重心平稳，跟步快。

2. 前跃步：实战姿势站立，两脚同时蹬地向前移动，动作完成后保持实战姿势站立。其动作路线与前滑步一致（同上图）。

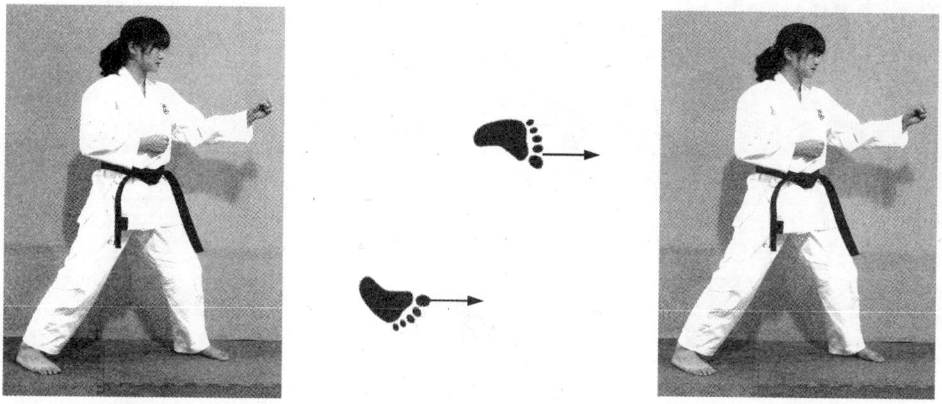

① ②

图 3 –3 –1 前滑步

要点：启动时，重心平稳；前移时，两脚同时向前用力。

3. 后滑步：实战姿势站立，前脚蹬地，后脚先后退半步落地时脚掌先着地，随之前脚向后跟半步，落地后保持实战姿势不变（图 3 –3 –2①至②）。

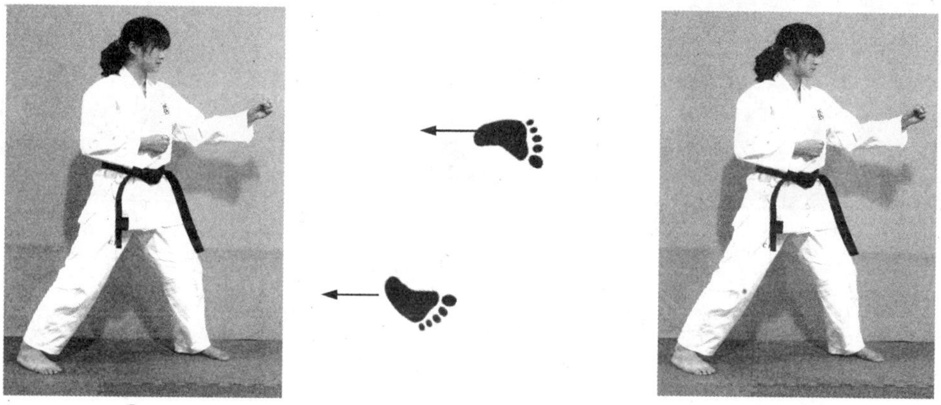

① ②

图 3 –3 –2 后滑步

要点：后脚退步距离不宜过大，要借助蹬地的反作用力加快移动速度，重心平稳。

4. 后跃步：实战姿势站立，两脚同时蹬地向后移动，动作完成后保持实战姿势站立。其动作路线与后滑步一致（同上图）。

要点：启动时，重心平稳；后移时，两脚同时向后用力。

5. 左侧移步：实战姿势站立，后脚蹬地，前脚向左侧方上步，后脚随之跟上使身体重心向左移动离开原来的位置，动作完成后保持实战姿势站立（图 3 –3 –3①至②）。

要点：向左侧移动要迅速，身体放松，重心平稳。

6. 右侧移步：实战姿势站立，后脚蹬地，前脚向右侧方上步，后脚随之跟上使身体重心向右移动离开原来的位置，动作完成后保持实战姿势站立（图 3 –3 –4①至②）。

要点：向右侧移动要迅速，身体放松，重心平稳。

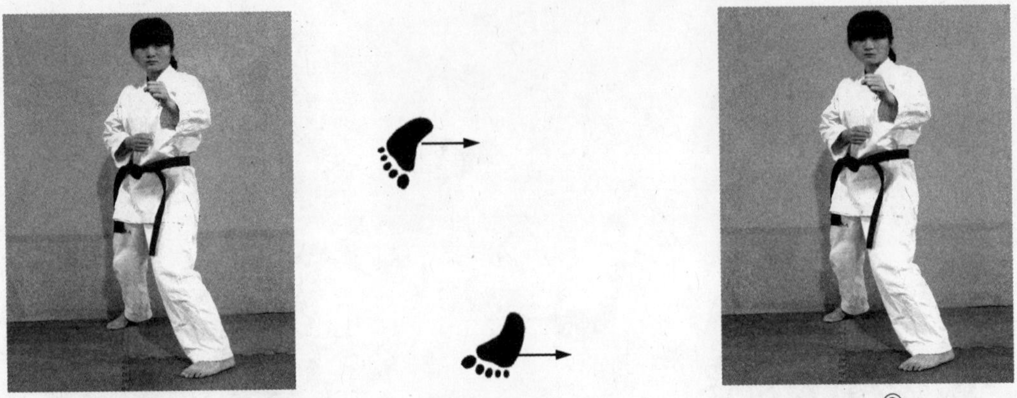

① ②

图 3－3－3　左侧移步

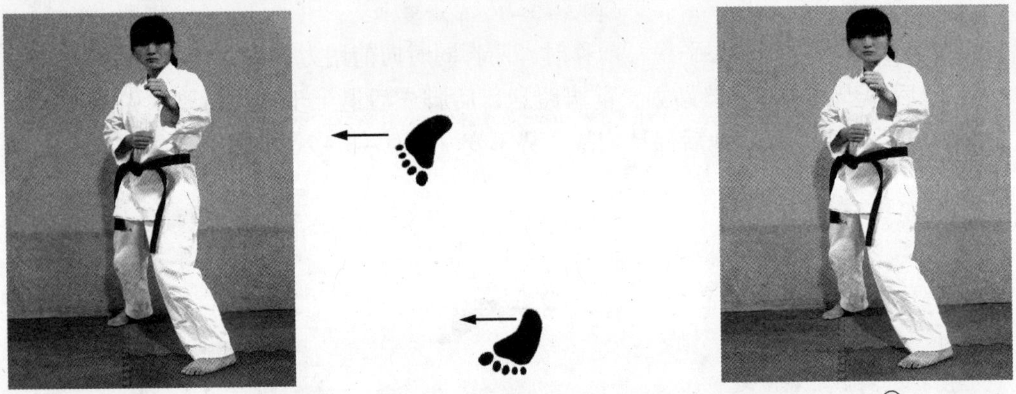

① ②

图 3－3－4　右侧移步

7. 跳换步：以左实战姿势为例，前后脚同时离地，以腰部力量带动双腿位置互换，落地后成右实战姿势站立（图 3－3－5①至②）。

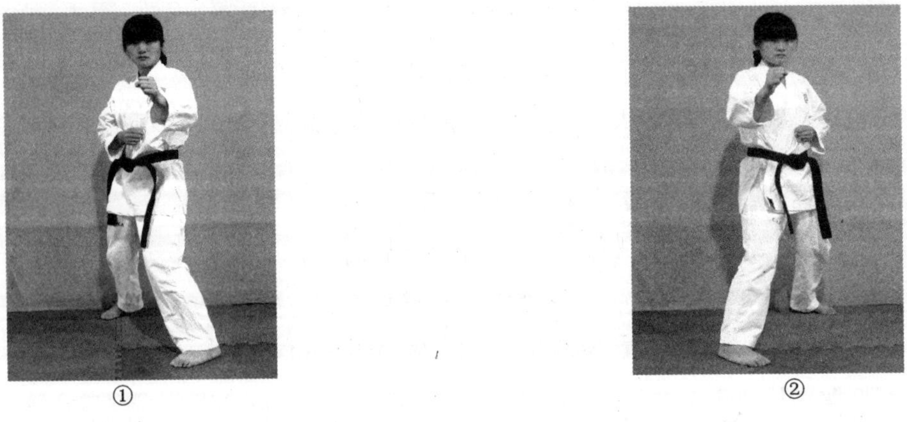

① ②

图 3－3－5　跳换步

要点：身体放松，换步要灵活，弹跳不宜太高，重心平稳，以腰的力量带动双腿完成换步。

二、步法的练习方法

（一）单练与组合相结合

在初学时应在实战姿势的基础上练习步法，每学完一种步法以后，个人必须通过自己的反复练习，反复揣摩，体会要领和攻防含义，巩固技术。开始可专门练习一种，不要急功近利，只要求注重步法与身体的协调配合及正确的动作规格就可以了，待熟练掌握单个步法动作后，将几种步法进行随机组合，数量由少到多进行练习，通过这种练习来提高步法的衔接能力，以适应实践中的各种变化。

（二）结合攻防动作练习

步法移动的目的是为了更加有效的进攻或防守反击。因此，结合攻防动作进行步法练习，是提高步法移动实效性的主要方法，也是提高上下配合、整体协调的重要手段。同一个后手拳，也可以结合进步、退步或者左右侧移步等进行练习，以便适应比赛的各种情况。

（三）结合信号练习

教练员或同伴可以运用掌心、掌背的朝向或手指的数量，或规定的某一个动作，或利用击靶的声音或者口令，要求练习者根据信号做出相应的步法移动，既巩固了步法，又提高了反应能力。如：教练员数“1”时练习者向前移动，数“2”时练习者向后移动。再如：教练员伸出掌心时，练习者向前移动；伸出掌背时，练习者向后移动。

（四）两人配合练习

两人一组，面对面保持一定的距离，分主动与被动进行练习。主动一方随意做各种步法；被动一方要根据对方的变化而变化，如：一方进步，另一方退步；一方左侧移步，另一方也左侧移步等。双方的距离应尽量保持不变。这种练习方法既提高练习者的反应能力，又提高步法移动的准确性，即距离感。

（五）实战中练习

实战是运用和提高各种技术的有效方法。步法移动的时间、速度、幅度可以通过实战检验效果，也可以从中发现不足，为改进技术提供依据。

第四节 拳的技术

一、上段击技术

（一）前手拳

（1）以左架站立为例；（2）在右脚蹬地发力的同时，左脚往前迈一大步，同时腰部扭转带动左臂快速前伸，拳心向下方转动，同时重心前移，左拳握紧呼气发力，直线击中，以拳面击打对方上段，力达拳峰，目视前方；（3）寸止回收左拳，同时左脚落地，做到“拳到脚到”，右手做出积极防守动作，随时保持警惕心（图3－4－1①至③）。

① ② ③ ④

图3－4－1 前手拳

要点：目视对手，后脚蹬地发力，身体与拳要像离弦之箭一样，重心积极跟上，前脚与拳打完回收腰间是同步的。整个动作连贯，轻快而有弹性。

（二）背手拳

（1）以右架站立为例，两腿前后开立，身体微左转，同时右手握拳，置于左肩前上方，拳心向内，右臂屈肘上提，左手握拳收于腰际；（2）同时右臂以肘关节为轴，横向用拳背面由内向外击打对方上段；（3）寸止回收（图3－4－2①至③）。

① ② ③

图3－4－2 背手拳

要点：上臂带前臂，动作连贯、迅速。以腰带动前臂，由内向外发力短促有力，鞭打甩拳。

（三）背刀

（1）以左架站立为例，两腿自然前后开立，右手臂肘关节有一定弧线，4指伸直，大拇指内扣平整，力点在以食指第三关节（掌指关节）为中心的掌内侧，这也是像“刀”那样用于攻防，拇指更要向掌心卷曲；（2）横向由外向内击打对方上段（图3－4－3①）。

①　　①附

图 3－4－3　背刀

要点：腰向左侧拧动，肘适当弯曲，带动前臂横向由外向内发力。

（四）上段后手拳

（1）以左架站立为例；（2）右脚蹬地，重心前移，同时利用腰转动身体并协调右臂前伸，右拳内旋，右臂快伸直时，右拳像弹簧一样击出，直线击中对方上段，左拳往后回拉，步法积极向前跟上；（3）最后寸止回收，同时左手做出积极防守动作（图 3－4－4①至③）。

①　　②　　②附　　③

图 3－4－4　上段后手拳

要点：发动顺序为拳起、肘随、肩催。右拳冲出时，重心移至左腿，但膝关节要保持弹性，上体不要过分向前，脸部正对前方。蹬腿时右脚后跟提起并外转，向左拧腰送右肩。

二、中段击技术

中段后手拳

（1）以右架站立为例；（2）运用脱力使重心快速下沉，右脚蹬地发力，同时左腿向前跨形成左弓步，前脚稍微内扣，利用腰的转动来带动右手拳紧贴身体直线出击对方中段；（3）然后再利用腰的转动和左脚向回的蹬力带动右手拳快速收回腰际，并积极做好防守动作（图 3－4－5①至③）。

①　②　②附　③

图 3-4-5　中段后手拳

要点：屈膝下降重心，转腰送肩，由腰带动手臂直线发力，快速威猛地击打对方。

第五节　腿的技术

一、中段踢技术

（一）前踢

（1）以左架站立为例；（2）左脚支撑，膝部微屈，以左脚的前脚掌为轴，脚后跟随身体向外旋转，右脚同时向中线快速提膝，脚背面绷直，足趾往上翘，突出虎趾部，双手握拳自然护于胸部；（3）继续将髋关节前送，在左脚用力蹬地的瞬间，呼气发力，踢击目标，发力点在虎趾部；（4）右腿踢出后迅速回收，折叠大小腿；（5）还原到正确的预备构架（图 3-5-1①至⑤）。

要点：直线向中线提膝，大小腿折叠；为保持重心，躯干可稍向后倾，尽量将髋部向前送出，用虎趾部踢击目标。

①　②　③

④ ⑤

图3－5－1 前踢

（二）侧踢

（1）以左架站立为例；（2）右腿稍屈支撑，左腿屈膝抬起，脚尖勾起，膝关节置于心窝前；（3）支撑脚朝前，然后以支撑腿为轴，向后方转动，随着支撑脚的转动，展髋，膝关节与大腿平行，快速有力地踢击目标，力达右脚后跟或脚的外侧边缘，上体稍侧倾；（4）右腿踢出后迅速回收；（5）还原到正确的预备构架（图3－5－2①至⑤）。

要点：上体、大腿、小腿、脚掌成一条直线，展髋，挺膝，大腿推动小腿直线向前发力。

① ② ③ ④ ⑤

图3－5－2 侧踢

（三）后踢

（1）以右架站立为例；（2）右腿稍屈支撑，以右脚为轴，右脚跟内旋，身体向左后方转动，左腿屈膝抬起，使大小腿几乎折叠，左脚后跟尽量贴近右腿内侧，收髋转头看目标；（3）左腿勾脚尖、勾脚踝、屈膝向目标踢击，要求髋部、脚跟和进攻目标成一条直线；（4）左腿踢出后迅速回收；（5）还原到正确的预备构架（图 3－5－3①至⑤）。

要点：身体向后方向转动时，同时要快速提膝，大小腿折叠，头部配合同向转动，调整好身体重心，动作连贯一致。

① ② ③

④ ⑤

图 3－5－3 后踢

（四）中段横踢

（1）以左架站立为例；（2）左腿支撑稍微屈，右腿直线提膝至腰带位置，（3）左脚向外旋转，大小腿折叠，脚面绷直，上体、髋部和折叠腿成一条直线；（4）右大腿制动，带动小腿快速鞭打击打对方中段，膝盖朝向左侧，击打点为脚背面外侧；（5）击打后，迅速收回小腿；（6）还原到正确的预备构架（图 3－5－4①至⑥）。

① ② ③

④　　⑤　　⑥

图 3－5－4　中段横踢

要点：直线提膝，大小腿折叠紧，支撑脚转动，大腿制动带动小腿，鞭打发力，力达脚背外侧。

二、上段踢技术

（一）上段横踢

（1）以左架站立为例；（2）左腿支撑稍微屈，右腿直线提膝至头部位置；（3）同时右脚向外旋转，大小腿折叠，脚面绷直，上体稍向后倒，膝关节向上；（4）然后大腿带动小腿快速鞭打击打对方头部，击打点为脚背面；（5）击打后，迅速收回；（6）还原到正确的预备构架（图 3－5－5①至⑥）。

①　　②　　③

④　　⑤　　⑥

图 3－5－5　上段横踢

要点：直线提膝，膝关节尽量抬高，大小腿夹紧，身体可稍后仰，重心在后腿上。

（二）上段挂踢

（1）以左架站立为例；（2）右腿支撑稍屈，左腿提膝向上抬起，膝盖朝右上侧方向，大小腿折叠紧；（3）左腿抬至头部位置时，脚面绷直，上体稍向后倒；（4）同时，膝关节发力，小腿往后折叠，左腿摆动伸展由外向内划弧发力，用前脚掌快速击打对方上段；（5）击打后，腿往下积极落地，迅速还原到正确的预备构架（图3－5－6①至⑤）。

要点：提膝尽量高抬，大小腿折叠紧，小腿摆动短促有力，向前回转呈半月形，力点准确，动作连贯。

① ② ③ ④ ⑤

图3－5－6　上段挂踢

（三）上段前回踢

（1）以左架站立为例；（2）右腿支撑稍屈，左腿提膝至头部位置，大小腿折叠，脚面绷直，膝关节向上；（3）大腿带动小腿快速鞭打击打对方头部，击打点为脚背面外侧，上体稍向后倒；（4）击打后，迅速收回小腿；（5）还原到正确的预备构架（图3－5－7①至⑤）。

要点：提膝尽量高抬，收腹，大小腿折叠紧，上体侧倾。动作连贯，力点准确。

图 3－5－7　上段前回踢

第六节　摔的技术

一、别腿摔

（1）两人正确的实战姿势构架；（2）当对手进攻时小心防守，并迅速贴近对手，移动自己的重心，支撑腿迅速移动并贴近对手，同时手抓住对手的道服，用另一条腿挑踢起对手的支撑腿，破坏其重心；（3）顺势用力往下拉动，将其摔倒，同时用拳法击打对手的得分部位；（4）拳击打后，迅速回收拳（图 3－6－1①至④）。

图 3－6－1　别腿摔

二、夹背摔

（1）两人正确的实战姿势构架；（2）当对手进攻时小心防守，并迅速贴近对手，后腿往对手前跨步，同时用髋关节将对手用力往上，以腰为轴心转动，顺势用力往下拉动对手重心；(3）破坏对手重心，将其摔倒，同时用拳法击打对手的得分部位；(4）拳击打后，迅速回收拳（图3－6－2①至④。）

① ② ③ ④

图3－6－2 夹背摔

三、接腿摔

（1）两人正确的实战姿势构架；(2）当对手踢出后腿中段横踢时，用左手迅速格挡，右手顺势抄抱对手踢出的腿的关节处；（3）移动自己的重心，支撑腿迅速移动并贴近对手，用另一条腿挑踢起对手的支撑腿；（4）以身体为轴心转动，肩压住对手的腿将其摔倒，同时用拳法击打对手的得分部位；（5）拳击打后，迅速回收拳(图3－6－3①至⑤)。

① ② ③

④ ⑤

图3－6－3 接腿摔

四、勾踢摔

（1）两人正确的实战姿势构架；（2）主动使用上段冲拳技术迫使对手后退；（3）用自己前面的腿挡住对手前面的腿，顺势用手抓住对手的道服，用力拉动对手的重心；（4）使对手破坏重心，将其摔倒，同时用拳法击打对手的得分部位；（5）拳击打后，迅速回收拳（图3－6－4①至⑤）。

图3－6－4 勾踢摔

第七节 组合技术

一、拳法组合

（一）连续上段后手拳

（1）两人正确的实战姿势构架；（2）后脚蹬地快，重心前移，当前手格挡或抓住对手道服时，同时后手拳立即进攻对手上段，迫使对手倒退；（3）然后，迅速后腿上前跨步，重心跟上，同时转腰送肩，后手拳进攻对手上段；（4）拳击打后，迅速回收拳（图3－7－1①至④）。

① ② ③ ④

图3－7－1 连续上段后手拳

（二）上段二连击

（1）两人正确的实战姿势构架；（2）后脚蹬地快，重心前移，前腿往前跨步，同时前手拳迅速进攻对手上段；（3）迫使对手倒退，同时前腿往前跨步，后手拳进攻对手上段，前后连续攻击动作紧凑，不给对方攻击的距离和机会；（4）拳击打后，迅速回收拳，还原成正确的姿势构架（图3－7－2①至④）。

① ② ③ ④

图3－7－2 上段二连击

（三）前手拳＋中段后手拳

（1）两人正确的实战姿势构架；（2）后脚蹬地快，重心前移，前手拳进攻对手上段，迫使对手倒退；（3）同时，重心下沉，前手格挡，后手拳进攻对手中段；（4）拳击打后，迅速回收拳（图3－7－3①至④）。

① ② ③ ④

图3－7－3 前手拳＋中段后手拳

（四）中段后手拳 + 上段后手拳

（1）两人正确的实战姿势构架；（2）重心下沉，前手格挡，后手拳进攻对手中段；（3）回收拳，迅速往后脱离撤步；（4）当对手前进时，重心前移，迅速后手拳进攻对手上段，同时前手格挡；（5）拳击打后，迅速回收拳，还原成正确的实战姿势构架（图 3 – 7 – 4①至⑤）。

①　②　③

④　⑤

图 3 – 7 – 4　中段后手拳 + 上段后手拳

二、腿法组合

（一）中段后横踢 + 前腿挂踢

（1）两人正确的实战姿势构架；（2）后横踢进攻对手腹部；（3）然后，迅速往侧面移步；（4）同时，重心放在支撑脚上，前腿挂踢进攻对手头部；（5）寸止击打落地后，还原成正确的实战姿势构架（图 3 – 7 – 5①至⑤）。

（二）中段前横踢 + 前挂踢

（1）两人正确的实战姿势构架；（2）前横踢进攻对手腹部；（3）然后立即重心移至后腿，快速前腿挂踢踢击对方头部（图 3 – 7 – 6①至③）。

（三）前回踢 + 前腿挂踢

（1）两人正确的实战姿势构架；（2）前回踢进攻对方头部；（3）然后身体往侧面移动；（4）快速前腿挂踢踢击对方头部（图 3 – 7 – 7①至④）。

① ② ③

④ ⑤

图 3-7-5　中段后横踢 + 前腿挂踢

① ② ③

图 3-7-6　中段前横踢 + 前挂踢

（四）中段前横踢 + 中段后横踢

（1）两人正确的实战姿势构架；（2）前横踢进攻对方腹部；（3）然后迅速后横踢踢击对方腹部（图 3-7-8①至③）。

①　②　③　④

图 3－7－7　前回踢＋前腿挂踢

①　②　③

图 3－7－8　中段前横踢＋中段后横踢

三、拳腿组合

（一）上段前手拳＋上段横踢

（1）两人正确的实战姿势构架；（2）重心前移，后脚蹬地迅速，前手拳进攻对手上段；（3）然后，前手拳回收，后拳格挡对手，破坏对手重心；（4）同时，往侧面跨步，后横踢进攻对手上段（图 3－7－9①至④）。

①　②　③　④

图 3－7－9　上段前手拳＋上段横踢

（二）中段后手拳+前回踢

（1）两人正确的实战姿势构架；（2）重心下沉，前拳格挡，后手拳进攻对手中段；（3）同时，迅速前回踢进攻对手上段，连续进攻动作紧凑；（4）还原成正确的实战姿势构架（图3－7－10①至④）。

①　②　③　④

图3－7－10　中段后手拳+前回踢

本章小结

本章对空手道组手进行了全面的剖析。第一节论述了空手道的组手，类似于中国武术的散打，空手道组手运动员在一定的空手道竞赛规则下，运用空手道技、战术追求“击而不伤，点到为止”。组手技术的运用还必须符合6大要求：良好的姿态、良好的运动精神、充沛的技术运用、警戒心、适当的距离、正确的距离。第二节讲解了空手道组手的基本站姿，包括准备式和是实战式。第三节简要讲解了空手道组手的常见步法技术，有前滑步、前跃步、后滑步、后跃步、左侧移步、右侧移步7大步法技术；随后还讲解了步法技术的练习方法。我们在训练过程中应注重步法的练习，步法技术是衔接技战术的重要部分。第四节至第七节，讲述了空手道组手的技术，包括：拳的技术、腿的技术和摔的技术以及组合技术。以图片的形式详细分解基本技术动作，还提出技术动作要点，帮助学习者更好地掌握组手的技术，提供全面、正确和实用的指导，提高组手技术教学实践能力。

思考题

1. 请阐述空手道组手的内涵。
2. 空手道组手技术有哪些要求？
3. 空手道常见的步法有哪几种？
4. 空手道组手摔法的技术有哪些？

教学篇

第四章　空手道教学

本章导读　本章主要介绍了空手道教学的基本内涵，教学的原则、特点、任务、步骤、要求，并对空手道教学中如何培养学生兴趣、使用教学组织形式，特别是空手道型、组手的教学进行了阐述。

第一节　空手道教学概述

一、空手道教学的基本内涵

空手道教学是师生共同参与为完成一定的教学任务由教师指导、学生练习，并在对学习效果及时评价的基础上的再指导、再学习，逐步掌握空手道专项技术的认识和实践过程。空手道教学要根据空手道教学的特点、学生的实际水平、教学条件等具体情况正确选择与灵活运用教学方法。通过空手道基本技术、战术的学习、实践和掌握，使学生形成一定的运动技能、战术水平，从而促进学生德、智、体的全面发展。

二、空手道教学文化

空手道教学文化是空手道教学中的一切活动的总称。注重教学的整体文化氛围和空手道文化的传承是空手道教学的一大特点，空手道的教学是在教师教和学生学的过程中完成的。教师运用自身所掌握的空手道知识传授学生，用自己的修为和对空手道文化精神的全面践行去感染学生，不仅让学生掌握空手道基本技术，发展身体素质，培养锻炼的习惯，同时让学生在整体的空手道文化氛围中得到熏陶，感悟空手道文化精神，养成良好精神品质。

空手道整体的教学文化体系主要由核心文化层、中间文化层和外围文化层组成

（图4-1-1）。

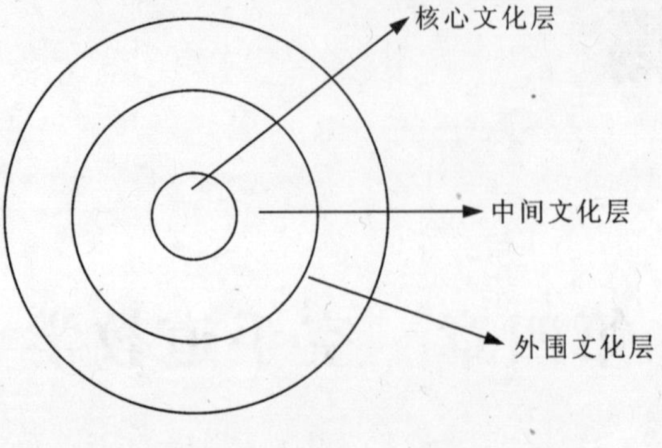

图4-1-1 空手道整体的教学文化体系

核心文化层：主要包括空手道文化精神、价值观以及人与自然、人与社会的基本观点，其中"君子之拳"思想体系与阐述"一击"与"寸止"的辩证武学思想，"武士精神"的要义与"道"的修为等方面构成了空手道核心文化的主要内容。

中间文化层：主要是指空手道技术理论体系、教学制度建设、教学文件、教学标准与评价体系等内容。

外围文化层：主要是指空手道礼仪规范、道场布置、服饰要求、技术体系等内容。

核心文化层是空手道教学文化的精髓，是教学活动的主要思想体系和核心价值，是中间文化和外围文化的思想源泉和理论基础。中间文化层是空手道教学文化的制度和理论体系的显现，是连接空手道外围文化与核心文化的桥梁。外围文化层是空手道教学文化的具体体现。

三、空手道教学原则

空手道教学原则是根据一定的教育的目的、教学过程及学生身心发展规律的认识，以及空手道运动的教学特点，所总结出来的基本规律和要求。作为一项教育活动，空手道的教学在遵循普遍的教学规律的同时，在教学原则方面又有其独特的要求，主要体现在以下几个方面：

第一，教育至上原则：空手道不仅是一项运动，同时通过空手道的学习、练习还可以达到促进人的全面发展的教育目的。空手道的教学活动是实行空手道教育功能的主要手段和方式，在教学中不仅教授学生基本的方法和技术，还通过运用空手道文化、精神和礼仪的灌输培养学生高尚的人格和良好的品质。

第二，体用结合原则：空手道无论是型还是组手都对基本技术的规范性有着很高的要求。在组手比赛中使用不规范的动作是不能得分的，在型的比赛中，如果出现较大的技术错误会受到"失格"的处罚。因此，在教学中，要十分注重技术动作的标准化、规范化，同时要注意各流派特殊的技术要求，在技术教学的过程中要讲解其技术的实用性和技术运用的基本方法。

第三，系统性与针对性相结合原则：空手道有十分完整的技术和理论体系，在教学中注重知识的全面性和循序渐进的过程，同时要做到区别对待、突出重点，基本功、基本技术是要贯穿教学的始终的，由于性别、年龄、流派、型与组手等的不同，在教学中要注意突出其针对性。

第四，感悟与体悟相结合原则：感悟是指在教师的反复讲解、示范下，配合现代化教学手段的运用，调动学生多方位的感受空手道运动的技术要求与重点。体悟主要是指加强学生对空手道运动身体力行的实践。感悟与体悟相互配合，使学生能全息感受空手道运动的魅力，并在积极思维的作用下，全面掌握空手道运动的实质。

第二节　空手道教学的要求与特点

一、空手道教学要求

（一）注重示范教学，多种形式并用

空手道技术动作的复杂性决定了教师必须注重示范教学。示范是主体将空手道技术动作以原本的“影响”，以真实的方式向受体传递的过程。示范可为教师、学生、技术录像、光盘、计算机等媒体。示范力求规范、真实，规范的示范为受体建立正确的技术动作的表象，为形成正确的技术动作动力定型产生积极地影响。示范要有感染力，这种感染力来自空手道技术动作的攻防意义和艺术表现方面。在对初学者来说，具有较强感染力的动作会产生极大地吸引力。富有感染力的示范不仅能够吸引学生的注意力、引发他们的兴趣，还能树立示范者的权威地位。

现代教育技术为教学提供了极大的便利，教师在直观性强的空手道教学中应充分运用多种形式进行教学，以求达到更好地教学效果。人体对信息的接受渠道越多，对信息的感知就会越全面，在空手道教学中除通过视、听、触以及肢体的本体感觉的感知外，还可借助心理念动、人机对话等形式强化信息，帮助运动技能的形成。

（二）了解各种流派风格和特点

空手道流派众多，其风格和特点差异较大。在空手道教学中，应注重介绍流派的风格和特点。每个流派的风格和特点都是通过典型的技术动作加以表现的，如“刚柔流”的“法刚柔吞吐身随时应变”，在修行时注重“气”、“息”、“体”的锻炼；“和道流”即将空手道与日本柔术合而为一的意思，该流派受到“神道扬心流”柔术的影响颇深，其中“ 别”、“流”、“押”、“引”、“入身”、“转身”等更是柔术的技法特征；“糸东流”的特点是以“守、破、离”三字来总结，即对型的忠实遵守而后应用最后独立，以此独特的方法来修行空手道；“松涛馆流”空手道系空手道

中的所谓“南舟北马”中的北派功夫，其技术特征为大开大阖，动作走直线，多用弓步大马，注重腿法运用，是刚猛型空手道的典范。流派风格和特点的体现可通过教师的组合、型拳演练，或通过技术录像、光盘予以呈现。

在较全面掌握流派的技术和理论基础上，需要注意教学精细环节，针对能够体现特点和风格的技术动作进行高水平示范和深入了解，反复地练习，使学生充分掌握技术结构和动作过程，全面掌握型拳风格。

（三）提高安全教育意识

空手道教学中隐藏着诸多不安全的因素，轻视或忽视对学生进行安全教育将会出现严重教学事故，教师应在课前、课中和课后经常性地进行安全检查和教育。安全教育是素质教育中的重要环节体现对学生的切实关怀。树立以人为本的教育理念，将人的身心安全因素放在重要地位，做好准备活动和整理活动，科学安排运动量。提前妥当布置场地、器材。有效地进行保护和帮助。空手道教学中应使学生明确空手道习练的目的是强身健体，决不能在身体素质不达情况下，盲目地练习难度动作。在空手道实战练习中，从中体验攻防含义。珍惜生命，爱护身体还要通过空手道课堂的各种练习不断适应各种气候、场地、训练强度，以提高机体适应能力，达到对自身健康安全保护的目的。

（四）以学生为中心，突出教师的主导性

教师要有高度的思想觉悟和业务水平，要时刻注意自己的言行仪表，处处做学生的表率，热爱自己的工作。对学生要严格要求，耐心教导，亲切爱护，一视同仁，建立良好的师生关系。在教学过程中，应该随时了解空手道的理论、技术、教学、训练等方面的发展趋势，与时俱进，不断提高教学质量。在课的实施过程中，教师要合理安排教学任务、运动量，保证学生的练习效果，同时也要密切注意学生在运动过程中呈现出来的状态，保证学生的练习安全；要善于根据学生的实际情况提出合理的要求，让学生在练习过程中体会到成就感，从而做到让学生在每一堂课都有新的体会和进步。课上的组织教法要多样化、创新化，多采用新颖的教学手段和方法。

（五）遵循教学规律

空手道教学中，要严格遵守空手道教学规律，明确教学的目的、任务以及根据空手道运动的特点展开针对性的教学。在教学中，要根据学生的实际情况制订教学计划、教学任务，科学教学、因材施教。

二、空手道教学特点

空手道教学是教师的教与学生的学的双边活动，是教师有目的、有计划的指导学生自觉积极地学习与锻炼，掌握一定的知识技能，发展学生的认知能力，逐步使学生形成正确的世界观和高尚的道德品质的过程。在这一过程中，教师的主导作用

和学生的主体作用应该始终密切结合，一般课程的教学主要是通过思维活动，使学生掌握有关的科学知识与技能，发展学生的认知能力；而空手道教学不但要使学生掌握一定的锻炼技能、技术，还要通过各种身体练习，发展身体，增强体质，增进健康，在教学中培养学生的社会适应能力。由此可见，空手道教学的主要特点是：

（一）重视尚武崇德的思想教育

“尚武”指倡导和参与空手道锻炼，以求强身健体、自强不息，培养勇敢面对现实、不断超越的竞争意识。“崇德”指推崇道德修养，诚信正直，谦和忍让，见义勇为，遵守社会公德，恪守文化规范。

空手道教学要结合空手道的特点及教学规律，重视对学生进行尚武崇德的思想教育，明确习练目的，端正学习动机；培养学生虚心好学，苦练不辍的学风，抵制好勇斗狠、恃强凌弱等恶习的侵蚀；发扬尊师爱生的优良传统习尚，加强遵纪守法的道德教育。

（二）注重直观教学，各种教学方法综合运用

空手道教学讲究“口传身授”，即教师格外注重直观的演示，身体力行，配合语言提示，使学生能自身多加体会，通过反复练习掌握动作。

（三）结合攻防含义讲解示范

空手道运动，其动作具有攻防技击含义，因此，在教学中教师应结合空手道动作的攻防性质讲解示范，使学生明确动作的技击意义，加深对动作的理解，提高学习空手道的兴趣，帮助学生正确掌握动作。教学中要结合武德教育，着重体现攻防动作的防身自卫使用价值和作用。

（四）强调动作规范，突出不同流派风格

在空手道教学中，当学生已经弄清动作的往返路线后，教师应进一步强调动作的准确性，要求动作符合规格。另外，还要突出劲力和精神，做到劲力饱满、精神抖擞、内外合一，这样才能反映空手道的技击特点。

不同的空手道组手或型，表现的流派风格迥异，规范地掌握这些组手或型，才能表现流派技术特点。技术动作是表现流派风格的前提和基础，劲力、节奏、结构和精神是演练风格迥异的空手道型的关键。

（五）注重内外兼修，提高演练技巧

空手道型内外兼修的特点十分突出，“内”指心、神、意等心智活动和气息的运行，“外”指手眼身步等形体活动。内与外、形与神是相互联系的统一整体，习练空手道可以全面提高有机体机能，在教学中应通过各种方式和方法强调内与外的和谐配合，达到身心的全面锻炼。

（六）空手道教学注重课堂气氛的渲染

在空手道教学中，一定要培养学生发声、发力的学习习惯，要对学生贯彻“以声催气，以气催力”的思想，充分带动学生的学生情绪，充分与学生互动，让学生在一个气氛活跃的课堂中学习空手道技术、战术以及空手道其他技术，这样能起到事半功倍的教学效果。

（七）空手道教学的严谨性

空手道技术的标准化决定了空手道教学过程的严谨性。在空手道教学中，教师严格按照空手道技术的动作标准向学生施教，让学生掌握标准的空手道技术；同时在技术的学习中，培养学生对学习及研究的严谨性。

第三节　空手道常用教学方法

教学方法是为了完成一定的教学任务，师生在共同活动中采取的手段。既包括教师教的方法，也包括学生学的方法。空手道教学应根据教学任务、教学目标、技战术的系统性，合理安排教学。在进行任何技术动作或战术方法教学时，都应该遵循教学原则的基本要求和运动技能形成的理论，结合空手道运动的特点，正确、合理地选择和运用教学方法去完成教学任务。

一、呈现与展示法

呈现是借助各种静态教育手段，向学生揭示学习内容。展示是将事物、现象的经过与过程直观化，使学生实际地观察正在进行中的实际现象。在空手道教学中，呈现一般包括事物、空手道图片、幻灯等；展示包括现场参观教学课堂、实地演示、录音、空手道视频等。在运用此教学方法时要注意以下几点：

第一，教师要精心选择所要呈现或展示的内容，使之与讲授内容紧密相关并适应学生的心理、生理特点，而且应包括有较高的信息量和审美价值。

第二，教师在呈现或展示的同时，要引导学生能动地进行观察，进行复杂的分析综合活动，发展学生的观察力。

第三，所选用的教具应少而精，物象要有高质量的视觉效果，以保证呈现或展示的质量。

二、讲解法

讲解法是对某些事实、现象、定理、定律等加以分析、解释和论证。在空手道教学中，向学生讲解空手道技术动作的技术要领、动作过程、动作与动作之间的联系，动作的生物力学基础等等。讲解要做到用语简练、重点突出、目的明确。在讲解时，应该注意以下几点：

第一，教师要熟悉所讲授的内容，讲授的内容要有科学性、思维性、系统性、逻辑性。在讲授的过程中，要做到条理清晰、层次分明、突出重点、讲透难点，使学生形成完整的知识结构体系。

第二，教师要善于调动和关注学生的情绪，激发学生的学习兴趣和学习动机，启发学生展开想象，引导学生思维共鸣，并通过与提问、讨论等方法结合，使学生的学习更加主动。

第三，结合空手道术语。空手道动作名词是按照动作结果、形象和运动方法而得名，动作名称能表达动作的全貌。如“外八字立中段冲拳”、“ 左后屈立左内格挡”等。讲解时，把技术规格和动作术语结合起来，便于学生记忆动作和正确理解动作要领。

第四，结合动作的攻防含义。空手道的大部分动作都有一定的攻防含义。讲解时，可根据动作内容分析动作的攻防含义，让学生掌握动作使用方法，有助于学生尽快地掌握动作要领。

第五，对易犯错误应及时纠正。如“前屈立冲拳”，初学者易犯错误是“拔跟、不塌腰”的毛病。教师讲解时，要提醒学生在练习过程中，不要出现这类错误。

第六，注意讲解顺序。空手道动作的讲解，一般先讲下肢步型、步法，再讲上肢手型、手法，然后再讲上下肢配合和实际运用方法。

三、示范法

教师以具体的动作为例，把整个技术动作完整地向学生示范一遍，让学生从感性认识上升到理性认识，了解动作的形象、结构、顺序以及要领和方法。教师正确而优美的示范有助于帮助学生形成正确的动作表象和提高学生学习兴趣。在示范时，应掌握以下几个方面：

第一，示范速度。示范可分为慢速、常速、快速。教授新内容时，应按照技术动作的要求和特点，先进行一次正常速度的完整示范。通过示范使学生了解所学内容的全貌，形成完整动作表象与概念。因此，教师示范必须正确，以提高学生学习的积极性与学生的兴趣。在分节、分段教学时，要根据动作的难易程度选择相应的示范速度，对难掌握的动作，可以采取慢速示范与重复示范，使学生便于观察到动作变化细节加强对动作的记忆。对较简单的动作，可以采取常速与快速示范，便于使学生掌握动作的连贯性。当学生基本掌握动作要领时，可以将三种示范速度有机结合起来运用。

第二，示范位置。教师示范位置的选择要根据学生人数和队形而定。如学生站成一列或者二列横队时，教师的示范位置应该选择在学生前面。学生人数较多时，站成四列或者多列时，教师的示范位置应该选择在队伍中间。学生站成三列或者四列横队时，教师可让第一列或者第二列横队学生坐下或蹲下，后面同学插空，教师在学生前面示范。不管采取哪种队形，教师示范面的选择和位置的选择要遵循让学生能比较清楚看到这一原则。

第三，示范面。教师所采用的示范面一般有正面、背面、侧面等。示范面的选择要根据教师的教学意图和动作技术的特点来决定，如要让学生看清楚四股立的两脚位置与宽度，可以采取正面示范；如要让学生看清挺胸、塌腰，可以采用侧面示范。就型的示范来说，由于动作方向与步法、步型变换较多，在教学时一般采用背面示范，以使学生建立与教师相通方向的概念。

第四，示范的手段要形式多样、准确优美。另外，也可用直观教具进行示范，如录像、图解等，以弥补示范不足和增加讲解的实效性。还有在练习的过程中，教师应针对学生存在问题的具体情况，让掌握技术动作较好的同学进行示范练习，然后教师加以分析，必要时教师可模仿学生的错误动作加以对比，这样，正确的技术动作会在学生的脑海中产生更深刻的印象，从而提高了教学效果。

讲解与示范虽然各有其独立任务，但又是彼此联系不可分割的，要把两者有机结合起来，有时先示范后讲解，有时边讲解边示范，有时先讲解后示范。一般来说，对于新内容和空手道基础比较差的学生以示范为主，先示范后讲解，复习或有基础的学生，应以讲解为主，运用先讲解后示范的方法。教师在教学中，要始终贯彻“精讲多练”原则，使学生直观感觉与思维活动有机结合起来，产生良好效果，提高体育教学质量。

四、完整法与分解法

完整教学法是从动作开始到结束，不分部分和段落，完整的进行教学。完整法能给学生以完整的概念，因而它空手道教学中主要的教学方法。但是空手道的组手技术在运用时都是使用完整动作，不能把动作割裂开来使用，而型是由几十个动作所组成的，这些动作既是套路的组成部分，又可作为独立部分。教学中可根据动作的难易程度，动作结构等特点运用不同的方法。分解教学是把完整的技术动作按照一定的原则合理地分成几个部分，按照分解的步骤进行教学，最后到达完整掌握技术动作。所以，必须与完整教学法及时配合。在运用完整法与分解法时，应掌握以下几个方面：

第一，一些简单的技术动作和难度不大的动作，或者动作本身不易分解，有一定基础的学生，一般采用完整法。

第二，对于动作难度大、步法、路线变化复杂的动作，如型的教学中，动作多、路线变化多，此时，可运用先分解再完整的教学方法。有些动作虽然难度不大，但环节相对于复杂的单个动作，如组手中的高级腿法，也可以先分解再完整的教学方法。

第三，运用分解法是为了简化教学过程，便于掌握动作的准确性，提高学生感知和了解动作的各个环节，提高学生学习的信心，便于掌握复杂的技术动作。分解法要与完整法紧密结合起来运用。如果分解法运用不当的话，会使技术动作割裂，破坏动作结构，从而影响到对完整动作的掌握，影响正确动作的形成。因此，凡是过多地运用分解教学法而干扰完整动作的形成，影响动作的连贯都是错误的。

五、练习法

练习是掌握动作提高运动技能水平最有效的方法。在空手道教学中经常采用的练习方法有以下几种：

第一，集体练习。采用集体练习，不仅便于教师纠正学生的错误技术，也便于学生在相互比较与观摩中更快地掌握动作。在集体练习中，教师要对学生提出要求，不断提高课堂气氛，带动学生的学习积极性，学生在课堂气氛活跃的情况下，更有助于其掌握动作技术。

第二，分组练习。当学生在初步掌握动作后，教师指定一名学生作为小组长，在小组长的带领下进行分组练习。在分组前，教师可提出一些具体要求，如在练习完以后，进行小组之间的比赛，用以提高学生的学习兴趣，这不仅能充分发挥小组作用，而且也便于教师到各组辅导。

第三，攻防体验法。在教学中，教师根据教学的要求和目的，展开教学。在实践中，规定一个学生进攻，一个学生防守，二者在进攻和防守中运用技术动作，强化进攻意识和防守意识。在学生练习的过程中，教师总结学生出现的问题，并提出合理的方法解决问题，同时鼓励学生，激发学生的学习兴趣和学习情绪，让学生在紧张、活跃、轻松的学习气氛下学习。

第四，游戏练习法。教师根据技术动作的特点和要求合理编排游戏，把技术动作融入游戏中，让学生在玩游戏的同时练习技术动作，这样能起到事半功倍的学习效果。

第五，比赛练习法。当学生已经掌握技术动作后，教师对学生提出要求，限制一些因素和条件展开教学，学生只能在规定的条件下进行学习，在此方法中，一定要注意教学的安全和教学前的准备。通过比赛不仅能调动学生学习空手道的积极性，培养学生坚韧的精神品质，还可以使学生彼此观摩取长补短，有利于提高教学质量。

六、启发式教学法

启发式教学是以教师为主导，学生为主体的一种民主、科学的教学方法。它的精髓是激发学生学习的主动性，锻炼他们的科学思维方式，培养学生独立分析问题和解决问题的能力。在空手道教学中，可以通过运用问题启发、比喻启发、对比启发、兴趣启发、讨论启发等启发方式来开展教学。

第四节　空手道教学组织与形式

教学组织形式是指在教学过程中，师生的共同活动在人员、程序、时空关系上的组合形式。在教师的教和学生的学所构成的教学活动中，必须存在教师与学生如何组合起来发生相互作用，存在如何对时空条件进行有效控制和利用的问题，这就是教学组织形式的问题。采取合理的教学组织形式，有助于提高教学工作的效率，并使各种有效的教学方法、手段得以在相应的组织形式中加以运用。教学组织形式的改进总是同教学方法的改革，乃至整个教学模式的改革融为一体的，教学组织形式同教学方法及整个教学模式的这种关系，决定了教学组织形式合理与否，对教学活动的开展和教学效果的取得具有直接的意义。

一、口令

口令，顾名思义，就是口头命令，是体育教师以简单的术语下达的口头命令，它是体育教师课堂教学中指挥整体协同行动不可缺少的工具性语言。

体育教师指挥调动整体行动靠口令。平时常说“三分动作，四分口令”，这话道出了口令的重要性，课堂上整体协同行动的好或差，关键在指挥，而指挥又具体体现在口令的下达。因而口令的下达能力就成为体育教师指挥才能的具体体现。一名有经验的体育教师，在课堂组织教法、队伍调动、做操时都充分地运用口令，课上得有条不紊。因此，口令在体育课教学组织中，具有重要的作用。

口令在语言上要求简单、明确，语气采用命令式，坚决果断。一般要求声音洪亮，语言清楚。根据情况，声调可高可低，可强可弱。人少时腔调可短一些，声调可低一些；人多时腔调长一点、慢一点，声调可高一点。

初练喊口令要求装点腔（用假音），稍高调，这是因为能高声喊的必能低声喊，会低声喊者未必能高声喊。

（一）口令要求

节奏要清晰，声音洪亮；课堂中最基本的口令包括立正、稍息、看齐（向右看齐，向左看齐，向中看齐，向前看齐）、报数、集合、向后转、向左转、向右转。口令有预令和动令之分，二者之间存在着不同的声响和时间上的变化。我们往往要把预令拉得长一些，声音清晰，使学生有一定的思想准备；把动令下的短促有力，声音洪亮，使学生听声而动，这种在时间上的差异和声响上的变化，我们把它叫做节奏。这种节奏声音的变化可以表现出不同的思想情绪，如精神饱满、精神不振、急躁、发怒等或多或少都会在口令中体现出来，能对学生产生一定的影响。清晰洪亮的口令，更能引起学生的定向反映，使他们能更清晰的领会体育教师的意图。

（二）口令的分类及节奏

1. 单一口令

口令的节奏类似音乐的节拍，如“一二一”、“齐步走”、“立正”、“稍息”、“行进间的队列队行”等，大都是以四分之二拍进行。这几种类型的口令具有单一性，我们把这种单一的形式的口令所表现的节奏叫做单一口令节奏。它的特点是，应按所规定的词句下达，不得随意更改，口令要坚决果断不容迟疑，必须以遵照执行的音调下达，稍有迟疑或不够果断的口令，都将导致学生无法圆满完成规定的动作。这种口令，预令要清晰，尾音长短亦要视现场人数、风向而定；动令是立即行动的命令，落点一定要准确，声音要果断有力。

2. 复合口令

复合口令节奏大都是单一口令的复合。如“四路纵队变成二路纵队左转弯走”、

“由二路纵队变成四路纵队成体操队行齐步走”等这种形式的口令使学生在组队上有了很大的变化，口令内容很多，我们把这一形式的口令叫做复合口令。复合口令的特点是：口令内容复杂，节奏较明显，且有利于调动学生的兴趣，丰富课堂口令的内容，增强口令的新鲜感，节省调队时间。

3. 语言口令

这种口令是借助于语言，用口令的形式指导教学，如“准备好”、“听令”、“跟我做”等。它的特点是直观性强、语言生动简练、重点突出、节奏明显，口令及口令节奏的本身都具有准确性。在队列的基本体操练习中，节拍的准确性是必须的，队列行进中要根据队列所要求的走跑速率来下达。在队列的基本体操中，口令不仅是指挥动作速率，并有指示动作的用力情况和强弱程度的作用，运用时要视动作幅度和性质而定。伸展类动作要平稳而稍有力，音较长；跑跳类动作要短促而有力；躯干的转屈，口令要强并稍长；这一类动作的口令要强而有力，并在强音后加一定的延长音；整理运动，口令要平稳缓和。在每一节操中口令不应以同一强弱的节奏下达，从而避免产生平淡感。因此，口令的节奏及口令的关系必须处理好。如口令音调的抑扬顿挫的节奏与动作性质相吻合，则学生完成动作就充分、省力，从而提高他们的学习兴趣，使动作达到预期的目标。

二、常用教学组织形式

（一）图例1

集体练习形式

××××××
××××××
　 △

××××××
××××××
　 △
××××××
××××××

学员站成两圈，圈内学员拿靶，圈外学员练习；相反亦可。

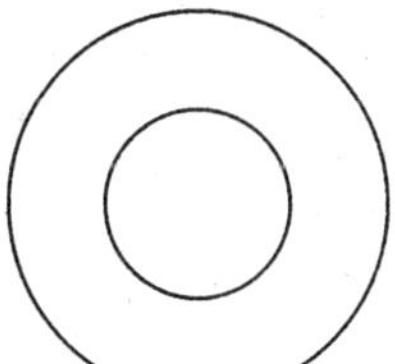

（二）图例2

分组练习形式

1. 分组不轮换

××××　　××××
××××　　××××
　　　△

2. 分组轮换一

第一次练习时，按原位置进行踢靶练习，结束后，练习学员立即交换。

1　　　　　　　2

A：××××　　××××

B：××××　　××××

　　　　　△

A 为拿靶学员，B 为练习学员。

3. 分组轮换二

A 组为分组练习，B 组为自由练习组，待 A 组完成一次练习后，B 组成员依次进入 A 组练习。

A　　　　B

××××　××××

××××　××××

　　　△

（三）图例 3

打流水：两组学员依次踢靶，踢完一次后，立即排到队尾，循环进行。

⊙：拿靶学员，×：练习学员

××××××⊙　　⊙　←××××　　××××　→⊙

××××××⊙

（四）图例 4

“S”型：拿靶学员如下图位置站好，踢靶学员按顺序从 1 踢到 8，踢完后与 8 交换；后面踢靶的学员依次从 7 到 1 交换，循环进行。

⊙：练习学员

　　　1　　　3　　　5　　　7

⊙→　↗　↘　↗　↘　↗　↘　↗　↘

　　　　　2　　　4　　　6　　　8

（五）图例 5

学员分组站成圈，里面一学员拿靶，亮靶给某个学员时该学员立即踢出相应的腿法，依次交换进行。

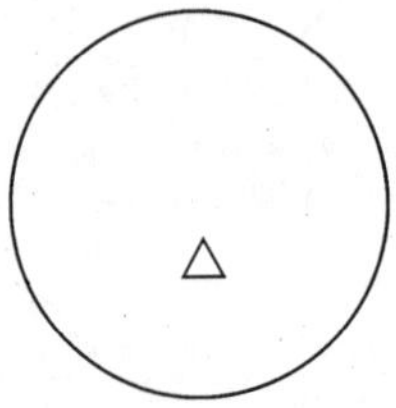

△：拿靶学员

（六）图例 6

两排学员面对面站好，练习一次交换一次。循环练习。

×　　　×　　　×　　　×　　　×

↑↓　　↑↓　　↑↓　　↑↓　　↑↓

⊙　　　⊙　　　⊙　　　⊙　　　⊙

（七）图例 7

踢靶学员站于拿靶学员之间，如下图，前后依次踢靶，循环进行。

×　　×　　×　　×　　×　　×

↑　　↑　　↑　　↑　　↑　　↑

⊙　　⊙　　⊙　　⊙　　⊙　　⊙

↓　　↓　　↓　　↓　　↓　　↓

×　　×　　×　　×　　×　　×

三、空手道教学常用技法

（一）下格挡（左前屈立）

下段格挡是利用转腰、旋臂，用外臂、拳槌斜向下划弧格挡对手攻向自己下腹部、大腿部的拳腿的一种防守技术。思想集中，意想对手向自己的下腹部攻来。

1. 上身正直，两手握拳自然垂于身体两侧，两脚成外八字站立，目视前方。

2. 左拳收抱于右肩上方，拳心朝内，拳眼朝上。右拳伸向下段，拳心向下，拳眼朝左，同时重心移向右脚，右膝弯曲，左脚向左前跨半步。

3. 左脚继续向前跨半步，重心前移，拧腰转髋成左前屈立，左拳内旋从右肩斜向下划弧格挡至左膝上方，拳心斜朝里，拳眼朝右。同时右拳快速旋臂回撤至右腰和右腋的中间处。

4. 右前屈立时，动作同上，手脚、方向相反。

（二）中格挡（左后屈立）

中段格挡是利用转体、旋臂，用小臂的外侧和内侧将攻向胸腹部的拳脚格开的一种防守技术。分为外格挡和内格挡。

1. 左后屈立左内格挡

（1）思想集中，意想对手向自己的胸腹部进攻。上体正直，两手握拳自然垂于身体两侧。两脚成外八字站立式，目视前方。

（2）左拳上提置于左肩上，拳心朝前，拳眼朝下。右手前伸置于胸腹前，拳心朝下，拳眼朝左。同时重心下沉，两膝微曲。

（3）右脚向右后方撤步，成左后屈立。同时左臂以肩关节为轴心，斜向下从外向内划弧，左前臂快速内旋，用背臂、外臂部位格挡对手的攻击。拳心朝里，拳眼朝左。右拳快速收抱于右腰和右腋中间处。拳心朝上，拳眼朝右。

（4）右后屈立的动作与左后屈立的动作相同，手脚、方向相反。

2. 左后屈立左外格挡

（1）思想集中，意想对手向自己的胸腹部进攻。上体正直，两手握拳自然垂于身体两侧。两脚成外八字站立式，目视前方。

（2）左拳上提右肋下，拳心朝下，拳眼朝里。右臂前伸置于胸腹前，拳心朝下，拳眼朝左。同时重心下沉，两膝微曲。右脚向右后方撤步，成左后屈立。左臂以肘关节为轴心，左前臂外旋，经右手臂下方向前，用背臂、内臂部位格挡对手的进攻。肘尖朝下，拳心朝里，拳眼朝左。同时右臂外旋经左前臂上方回撤置于右腰和右腋的中间部位。拳心朝上，拳眼朝右。

（三）上格挡（右前屈立）

即为上架格挡，是利用转腰、旋臂，用手臂的内臂部位，从下到上架挡对手向自己头、脸部的攻击的一种防守技术。

1. 思想集中，意想对手向自己的胸腹部进攻。上体正直，两手握拳自然垂于身体两侧。两脚成外八字站立式，目视前方。

2. 右脚收至左脚旁，重心下沉，两膝微曲。同时左拳向胸前伸出，拳心朝下，拳眼朝右。右拳从右腰侧旋转斜向前冲出，在胸前与左臂相交，左拳在上，右拳在下，拳心斜朝上。身体朝正前方，目视前方。

3. 右脚向右前方跨步成右前屈立。同时左拳外旋臂回撤抱于左腰上方，拳心朝上。右拳内旋经脸前斜向头上方架挡，拳心朝前，拳眼斜朝下。上身斜45°，目视前方。

4. 左前屈立时，动作、要求相同，手脚、方向相反。

（四）冲拳

冲拳是体育空手道运动中最基本的攻击技法之一，结合各种站立变化，组成了体育空手道的进攻技术和主要得分手段。

1. 外八字立中段冲拳

（1）两脚外八字站立。两拳抱于腰两侧上方（抱拳的位置在腰和腋下的中间），两拳心朝上，拳眼朝身体两侧。两肘向后夹紧。

（2）左拳内旋向对手的胸口冲击，高不过肩，拳心朝下，拳面的着力点在食指、中指的第三关节的节骨处。同时右拳抱于右腰侧上方，略微拧腰，把右肘肘尖向后顶，与左拳一前一后形成一种张力，使左拳向前冲击的力量更大。这样反复、交替的进行中段冲拳练习，来提高冲拳的速度和力度。

2. 四股立上段、中段、下段冲拳

（1）两脚分开，重心下沉成四股站立。左拳收抱于左腰侧上方，左肘尖向后顶出。同时右拳内旋、快速向前上方冲击，与鼻尖同高。右拳外旋回撤至时，左拳内旋、快速向对手的鼻尖高度冲拳。这样反复、交替的上段冲拳练习，提高速度、力量和全身的协调性。

（2）两脚成四股站立。中段冲拳的方法和要求同八字立中段冲拳。

（3）两脚站立姿势同上。下段冲拳的方法和要求同上，冲拳的高度与自己腰带同高

3. 前屈立中段顺冲拳、逆冲拳

这是体育空手道运动中基础拳法之一。所谓顺冲拳，就是冲拳的手臂与跨出的前脚是同一个方向，反之是逆冲拳。

（1）思想集中，意想对手的身体空挡，时刻准备进攻。上体正直，两手握拳自然垂于身体两侧。两脚成外八字站立式，目视前方。

（2）重心下沉，左脚向右脚靠拢。同时左拳收抱于左腰侧上方，右拳前伸，护住自己的下腹部。

（3）左脚向前跨步成左前屈立。同时左拳内旋臂向对手中段攻击，右拳快速外旋收抱于右腰侧上方。要求上体正直，挺腰、沉气。

（4）逆冲拳就是手与脚的出击相反。动作要求相同。

（五）闭足立

1. 脚的位置：两脚的脚跟和脚拇趾轻轻并拢，两脚的脚跟位置在水平线前。

2. 脚趾的方向：脚尖面朝正前方，与水平线成 90°，两脚置于垂直线的两侧。

3. 膝和重心：两膝自然伸直。身体重心置于两腿中间。

（六）结立

1. 脚的位置：两脚的脚跟轻轻并拢，两脚跟的位置在水平线前。

2. 脚趾的方向：以垂直线为中心，

3. 右脚趾向右分开约 30°，左脚趾分开约 30°，两脚趾成 60°的八字形。

4. 膝和重心：两膝自然伸直。身体重心置于两腿中间。

（七）基立

1. 脚的位置：前后脚跟的距离长约 50 厘米。两脚跟的间距宽约 10 厘米。

2. 脚趾的方向：后脚尖向外展约 20°，前脚尖内扣 20°，基本上成两脚平行。

3. 膝和重心：两膝微曲，重心略偏向前脚。

（八）前屈立

1. 脚的位置：前脚和后脚的横向间距约为两拳 25 厘米宽。两脚后跟的前后距离约为 80 ~ 85 厘米。

2. 脚趾的方向：前脚拇趾略向内，使足刀与水平线成 90°直角。后脚脚趾向外展开约 20°。

3. 膝和重心：前脚的膝关节弯曲，小腿与地面成垂直。后腿自然伸直。重心略偏前脚。

（九）后屈立

1. 脚的位置：前脚拇趾、脚跟和后脚脚跟在一条水平线上，脚跟与脚跟的距离约 60 厘米宽。

2. 脚趾的方向：后脚足刀（脚的外侧）与水平线成直角 90°。前脚的脚趾面向正面。

3. 膝和重心：后脚的膝关节弯曲并尽量外展。前脚膝关节微曲并向前顶。重心略偏后脚。

（十）四股立

1. 脚的位置：两脚跟在一个水平线上，两脚跟的间距为三脚长，约 65 厘米宽。

2. 脚趾的方向：两脚尖向外展开约 50°（角度开得太宽容易失去重心）。

3. 膝和重心：两膝关节弯曲，向外充分展开，膝关节要与地面的脚尖成垂直。上体正直，沉腰敛臀。重心置于两腿中间。

（十一）猫足立

1. 脚的位置：后脚的脚跟与前脚的脚跟、脚拇趾在一条直线上。从后脚脚跟到前脚脚趾的距离约 50 厘米宽（各人身高不同可能有些区别）。

2. 脚趾的方向：后脚脚尖向外展 30°。前脚脚趾自然面向正前，脚跟离地，用前脚掌支撑。

3. 膝和重心：后脚的膝关节弯曲，前脚掌自然着地。重心主要置于后脚脚跟。

（十二）三战立

1. 脚的位置：后脚的脚尖和前脚的脚跟间距约同小腿长 40 厘米。前脚的脚跟和后脚的脚尖在同一水平线上。

2. 脚趾的方向：前脚拇趾内扣，与水平线上脚跟成 60°的内角，后脚脚趾在水平线后面，面朝正前。

3. 膝和重心：脚底贴紧地面，膝关节略微向内侧弯曲，提裆敛臀。重心在两脚中央。

（十三）交叉立

1. 脚的位置：前脚与后脚成交叉状，后脚的膝关节贴紧前膝的后侧。

2. 脚趾的方向：前脚外展 15°。后脚在前脚的斜后 45°方向，后脚脚跟离地，用前脚支撑。

3. 膝和重心：两膝弯曲，重心置于两腿中央。

（十四）平行立

1. 脚的位置：两脚的内侧成平行状，间距约 30 厘米宽。

2. 脚趾的方向：脚趾面朝正前方，与水平线成 90°。

3. 膝和重心：两膝自然伸直。身体重心置于两腿中间。

四、空手道常用专业术语

表 4－4－1　空手道常用专业术语

日语发音	术语	日语发音	术语
一器	一	塑哭淘	足刀
尼	二	子 KI	击
桑	三	乌七	打
西	四	乌开	守
国	五	缴当屋开	上段架挡
落库	六	该当吧拉一	下段格挡
西器	七	药膏屋开	横格挡
哈器	八	塑朵屋开	外格挡
Q	九	乌七无开	内格挡
纠	十	嗨靠它欺	平行立
纠个摇 哈几麦	上课	嗨塑哭它欺	闭足立
纠个摇 屋瓦李	下课	簪库子它欺	前屈立
KI 凹子开	立正	拷裤子它欺	后屈立
列	行礼	乃国啊西它欺	猫足立
卡吗一态	预备	KI 吧它欺	骑马立
哈几麦	开始	西国它欺	四股立
Q 该	休息	母丝逼它欺	结立
它呆	起立	马瓦西开李	弧形腿
三伞	老师	马诶开李	前刺腿
西吭	师范	缴当开李	上段踢
那 O 态	收势	丘当开李	中段踢
凯恩	拳	呜西路开李	后踢
休淘	手刀	害昂尼当	平安二段
古米态	组手	害昂桑当	平安三段
卡大	型	害昂西当	平安四段
害昂哮当	平安初段	害昂国当	平安五段

第五节 型的教学

一、型的教学要求与特点

（一）型的教学要求

1. 重视基本技术动作和基本功教学

重视对基本动作和基本功的传授和练习，不仅能使学生身体各部位得到较全面的锻炼，还能较快地发展空手道运动的专项身体素质，为掌握和提高组合和整个套路水平打下良好的基础。空手道基本动作和基本功内容较多，可以根据实际情况确定重点内容，围绕重点选择相应的基本功和基本动作，由易到难，步步深入。

2. 研究技术动作的趣味性

兴趣是学习的最好前提。兴趣分为直接兴趣和间接兴趣。直接兴趣来自于空手道运动的技击特点、美学意义、健身价值等方面。间接兴趣源于对空手道文化内涵的了解，对民族精神的体验。在空手道教学中，教师要善于研究和提炼技术动作的兴趣属性，将辅助练习内容趣味化，形成生动的课堂气氛，调节学生的唤醒状态，考虑男女同学的兴趣差异，因人施教。讲授空手道文化理论，使学生全面深刻掌握空手道文化底蕴，帮助形成持久的爱好。

3. 注重技术动作的规范性

技术动作掌握的规范程度受制于两方面：一方面是教师传授的规范程度，另一方面是学生感受的真实程度。在教学中，教师认真备课，借助现代教育技术手段，力求传授规范技术动作，教师可加强规范陈述性提示提高学生动作练习质量。学生仔细体验技术动作，强化内隐式心理学习，力争做到将动作感受用间接的语言说出来。同时，根据遗忘原理，安排作业和学生当天复习，避免因泛化干扰规范动作记忆。

4. 围绕重点动作分节施教

分节教学就是把一整套动作划分为若干小节，或将组合某些顺势连贯的小组合动作抽取出来进行教学。分节时要注意每一节中的教学重点不要过多，最好安排在每次课套路教学之前，在学生精力最充沛的时候传授，这样既能为组合教学铺平道路，节省教学时间，又能保证学生对难度动作或复杂动作的多次重复练习和前后动作连接的完整性。

5. 结合攻防技术解析动作

为了使学生更明确攻防技术，适合介绍散打、擒拿、防身技术，通过这些技术的感性了解，能够有效地帮助学生在学习组合动作时，联想攻防作用，加上教师不失时机地解释动作的攻防含义，使学生身体力行感受攻防作用，加深动作知觉。

（二）型的教学特点

在型的教学当中，教师要严谨教学，根据型的动作规律，把握型的动作规格，对学生展开教学。在教授过程中，教师要时刻提醒学生注意技术动作与气息的配合，达到动作收发自如。在练习过程中，教师要时刻调动学生学习的积极性，使课堂气氛保持在一个比较活跃的气氛当中，提高学生学习的效果。

二、型的教学步骤与方法

（一）基本动作学习

首先学习的内容是空手道的基本动作，基本动作是空手道运动基础的技术构成要素，也是各种型的共性技术成分。每种型都有独特的基本动作，在学习组合之前要充分学习基本动作。

（二）基本功练习

空手道基本功是完成基本动作的必备专项素质。在学习组合前必须练习并逐步掌握和具备必要的空手道基本功，以便于掌握基本动作，也能够预防运动损伤。

（三）组合动作学习

为了更好地掌握空手道型，在掌握必要的基本动作后，应循序渐进地学习若干组合动作。

（四）完整型学习

在掌握了一定基本技术素材后，可学习各种型。型的学习不仅是基本动作、组合动作的机械串联，而是要求学生掌握各种型的技术特点，掌握型的风格。

第六节　组手的教学

一、组手的教学要求与特点

（一）组手的教学要求

1. 重视基本素质和基本技术动作教学

在进行组手教学中，要加强学生的身体素质、基本功动作的练习，加强非对抗条件下的技术练习，切不可操之过急，求大取胜。尤其注重加强基本功的练习，要由易到难，循序渐进，根据教材内容，科学、合理地安排练习内容和运动负荷。

2. 加强技术动作解析

对技术动作的全面解析可以帮助学生建立正确的战术思想，明确完成战术的技术对策，熟悉具体攻防动作的使用和组合作用。教师可通过各种方式向学生提高各种实战场景，为学生解析动作，要求学生探索技术和战术实用对策。

3. 注重武德教育

组手教学中对抗性强，易出现对立情绪，必须注重武德教育，从一般的礼仪，到具体的技术使用，教师均要做出规定，要求学生执行。同时，要通过具体事件不失时机地进行耐心、细致的思想教育工作，做到以理服人，习武育人。

4. 强化重点技术动作

教师根据教材内容，有选择地将不同技法的重点技术动作进行强化教学，使学生规范掌握重点技术动作，熟练运用重点动作，逐步形成自身技术特点。

（二）组手教学的特点

在组手的教学当中，教师的教学更具有针对性，根据教学计划和目的展开对学生进行组手教学。组手的教学，课堂气氛更加活跃更加有气势，通过气氛和气势的渲染带动学生的学习，从而提高学习的效果。技术、战术要求更加准确和更有实际操作性，对动作速度的要求不断提高和对战术体系完善的需要不断增加。

二、组手的教学步骤与方法

（一）基本动作学习

组手中的基本动作十分丰富，可归纳为步法、手法、腿法、摔法等基本动作，从动作形式而言，基本动作分为单一动作、复合动作、组合动作等。掌握基本动作是学习组手的基础。

（二）基本素质练习

组手对学生的身体素质要求比较高，一般身体素质中的速度、力量、协调、柔韧是必备素质。专项素质有灵敏、反应、应变等内容，这些素质需要密切地结合专项技术动作，在专项技术练习中提高，为专项技术服务。

（三）组手组合的学习

有效的攻防技术必须建立在有机的动作组合上，组合有多种形式，有上肢动作组合、下肢动作组合、上下肢动作组合等。教学中可根据学生的基础选择具有典型性的组合进行学习，使学生掌握组合搭配的原则，学会灵活组合、机动地运用。

（四）组手战术学习

战术是决定组手技术动作有效发挥的保障，在教学中，教师为学生提供一定的场景，要求学生按照预先制定的战术进行练习，待熟练后，再进行下一个战术的学习和练习。

（五）模拟实战练习

提高组手水平的手段是实战，在学生尚未熟练掌握技术和战术的情况下，教师可要求学生按照步法移动练习、活动靶练习、制定进攻、限制实战、点击实战等方式依序进行练习，使学生逐步掌握实战，建立必要的快速反应、距离控制、战机扑捉、技术运用和战术应变等能力。

（六）实战练习

实战练习尽可能地在同水平、同级别的学生中进行练习。练习时间不宜过长，避免体力消耗过大引起技术变形或受伤。在学生实战时，教师必须担任裁判，及时制止危险动作，实战练习时要做好安全防护措施，实战后进行适当讲评，使学生生动地了解技术和战术的实战运用。

第七节　空手道格言

一、君子之拳

积聚学问之外，还具备高尚品德和健全人格的人，我们称之为“君子”。修炼空手道的人也投过修炼来探究学问，也为个人具备高尚品德和健全人格而努力修炼。

二、牛步千里

牛的步伐虽然缓慢，但永不言倦地继续前行，始终有一天会踏过千里的道路，到达远处。空手道的修炼亦同样是遥远，也可说是学无止境的。只要不断努力修炼，必定能到达目的地。

三、初心生涯

凡是在最初的阶段我们会好自然地付出努力去做，谦虚学习。一旦时间久了或有所成就，骄傲便会出来。所以要常常提醒自己，凡事要以当初谦虚的态度去面对事情。

四、修业千日，胜负一瞬

修业千日，甚至万日，胜负只决定于一瞬间。当心、技、体三者合三为一的时候，才发挥威力，就能决定一瞬间之间的胜负。为了一瞬间之间的胜负，必须以千日万日来磨练。

五、无止境的道路

修炼是由一到十，按部就班，循序渐进地进行。就算完成了整个旅程，也可再次重温，又可从头修炼。总之，就算我们已尽得所学，也不要以为修炼已经结束，应继续辗转修炼。

六、踏破墙壁

在学习技术的过程中，我们总会碰到疑障。如果能踏破它或者越过它，又会发现另一新的视野，心与技术亦因此大大成长起来。如果我们没有察觉到这些疑障的话，也就没法发现自己的进步已经停滞不前，甚至退步。所以应常常自省，并多在修炼上下工夫。

本章小结

本章主要是对空手道的教学展开了阐述。空手道教学的内涵，空手道教学是师生为完成一定的教学任务共同参与的活动，是一个由教师指导、学生练习，在对学习效果及时评价的基础上的再指导、再学习，逐步掌握专项技术的认识和实践活动过程。同时对教学的原则、要求、特点等做了详细的介绍；最后分别对空手道型的教学和组手的教学进行了阐述。

思考题

1. 什么叫空手道教学？
2. 空手道教学的原则有哪些？
3. 简述空手道教学有哪些特点？
4. 空手道教学有哪些方法？
5. 空手道型的教学有哪些步骤和要求？
6. 空手道组手的教学有哪些步骤和要求？

训练篇

第五章　空手道训练概述

本章导读　本章主要介绍空手道训练的基本内涵与训练文化、空手道训练的组织与实施以及空手道训练计划的制订。阐述了空手道多年训练计划、年度训练技术、阶段训练计划、周训练计划和课训练计划，重点讲解年度训练计划的周期性特征及周期类型，大周期训练计划中准备期、比赛期和恢复期的训练计划的具体要求以及不同阶段训练计划的部分。通过本章的学习，能够对空手道训练有深刻的理解，根据训练任务、训练内容和训练时间的异同，从而制定各种不同类型的训练计划。

第一节　空手道训练的基本内涵与训练文化

一、空手道训练的基本内涵

空手道训练是以不断提高和保持空手道运动员的技、战术水平，促进其最佳竞技状态形成为目的，在科学的训练理论指导下，由教练员和运动员共同完成的一种专门的教育过程。

在这个过程中，教练员要根据空手道运动项目的特点及发展趋势，遵循教学、训练的原则，运用科学的训练方法和手段，对运动员的身体、技术、战术、心理、智力和恢复进行有计划的教育与训练，为在比赛中创造运动成绩做充分的准备。其训练力求技巧的简练实效和整体运用，还强调运用心理学、运动医学和现代运动训练学等现代体育专业知识和方法，对每一个练习者，从“心、技、体”三个方面进行科学合理的训练及恢复指导，以培养选手高水平的竞技能力。

二、空手道训练文化

（一）规章制度文化

空手道训练过程既体现竞技运动普遍规律，又有其项目自身特点。各项训练制度的完善是训练实施的前提和保障。

1. 日常管理制度

针对日常训练和生活而制定的行为规范与要求，以及对违反该规定给予一定的处罚。主要包括：日常作息、休假、请假、学习等方面。

2. 训练制度

训练制度是为保障训练正常进行而专门制定的训练纪律与制度要求，它主要包括训练纪律、训练作风、训练任务等方面。例如：建立严格的训练作息制度，规定每周、每次的训练时间与要求；队员必须按时按质完成教练布置的训练任务。

3. 奖惩制度

针对日常、训练和比赛表现给予全面考核，并相应的给予一定的物质或精神奖励或处罚。

4. 竞赛制度

根据比赛的任务和规模大小，应对参加比赛的队员提出具体要求，包括遵守纪律、服从裁判、尊重观众、团结一致、振奋精神、顽强拼搏、赛出风格、赛出水平。

5. 教练员管理制度

是对教练员的教学、训练和日常工作等方面所作出的相关规定。认真制订训练计划，组织并实施训练，努力提高运动技术水平，完成训练目标。

6. 档案管理制度

要建立每个运动员的技术档案（包括运动员档案卡和运动员登记表）和运动队的工作日记。教练员可根据这些情况定出适合运动员实际的训练计划。系统的档案制度，还有助于对运动员的追踪调查，并为研究制定符合本校或本地少年儿童实际的选材标准提供依据。

运动队的各种规章制度是密切联系、相互补充、动态发展的。基本精神都是为了充分调动运动员的积极性和创造性，鼓励他们不断提高思想觉悟，促进文化学习和提高运动技术水平。

（二）礼仪文化

空手道运动是具有严格的礼仪规范与要求的一项搏斗运动，礼仪是空手道运动精神的体现，也是空手道比赛、生活的要求，做到“以礼始，以礼终”。主要表现在：特定场合的礼仪（如：比赛礼仪），日常生活的礼仪（如：白净的空手道服，宽敞明亮的道场，日常生活中的师生敬礼和长辈敬礼）。

（三）团队文化

空手道运动是具有高度针对性，又强调团队精神、团队意识的一项运动；是在日常生活、训练和比赛中，队员之间互相配合，共同进步，战胜对手，积极进取的一种文化形式。如：每堂训练课的开始和结束都需要跟所有的运动员共同喊出口号，相互加油打气；比赛中，队员的呐喊加油，团结一致。

第二节　空手道训练的组织与实施

空手道训练不单是教练员与运动员参与的过程，它是由各种训练体系和各个组成部分相互作用，为实现训练目标所采用合理措施与手段的组织系统工程。它受多方面因素影响，是一项十分复杂而细致的工作。

空手道训练的组织系统主要包括训练领导机构、教练员团队、运动员队伍、后勤保障部门等，各部门在管理工作中进行分工协作，在职务范围、责任、权利方面形成一种结构体系，保证训练工作正常进行。

训练领导机构的职责主要包括：主管部门或者领队负责有关文件的起草，重要会议的组织，明确领导管理责任，进行综合指导，协调安排，制订工作计划，认真督促指导下级完成训练任务，做好训练竞赛的费用预算，以保障整个训练运行等。

教练员团队的职责主要包括：教练员在运动队管理中担当着管理者的角色，在队员中担当着良师益友的角色，在个人的发展过程中又必须具备专业的技术能力，它是空手道训练的核心部分。制订训练计划，具体部署训练工作，组织并实施训练，从而完成训练任务等。

运动员队伍的职责主要包括：它是空手道训练的主体部分，是训练任务完成的直接参与者。认真执行教练员安排的内容，团结一心，配合教练完成训练任务等。

后勤保障部门的职责主要包括：它是负责后勤保障系统正常运作的职能部门，在医疗保健、物资等方面，最大限度地实现人力资源的科学配置。

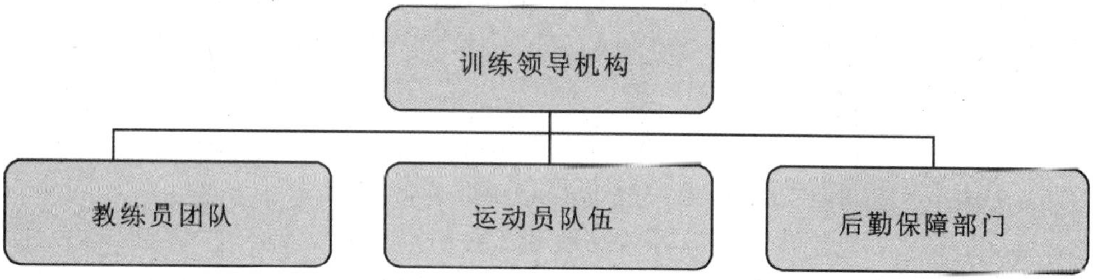

图5－2－1　空手道训练的组织系统

第三节　空手道训练计划的制订

空手道训练计划，是对空手道训练工作预先做出的理论设计。制订训练计划是空手道工作中不可缺少的重要环节，它可以使训练工作系统、有步骤地进行，教练员和运动员都可以参照训练计划制订的目标逐步去完成每个课次的训练任务和要求，随时监控各个训练过程实现目标的情况，以便促使运动成绩的迅速提高。同时，制订的训练计划也是累积了训练过程的资料，有利于对训练过程进行系统的研究，加以借鉴，并对今后工作进行改进。这种训练计划的特点是训练的总时间和局部时间安排大致相同，所采用的训练内容和形式也基本相同，只是在训练负荷、手段、练习的组次数等方面对个别特殊对象提出不同的要求。

制订训练计划一定要符合运动训练的客观实际及其发展规律，并要依据空手道专项的训练特点及运动员承受负荷能力和负荷后的恢复规律。同时在制订训练计划前，必须考虑以下因素：训练人数、性别、年龄、体重级别、训练水平、训练年限、运动成绩、身体素质、技术情况、项目特点、个性心理、智力水平、承担负荷的能力和恢复能力、饮食营养条件、参加比赛的成绩指标等。根据这些因素，确定训练方向和工作要点。

训练计划的内容应包括以下几个方面：

（1）运动员现实状态的诊断和前一训练过程计划完成的情况；

（2）各个训练过程的各个训练目标的建立及实现目标的对策；

（3）确定训练过程的阶段划分及各阶段的主要任务；

（4）安排比赛系列和规划负荷动态变化趋势；

（5）训练内容的安排及选用训练方法和手段；

（6）确定各训练手段的负荷要求；

（7）制订恢复措施和确定检查评定的内容。

一、训练计划的基本类型

训练计划有多年的计划、年度计划、阶段计划、周计划、课时计划等。一般是首先制定长远计划再制定详细计划，长远计划和详细计划相结合；另外，有全体的，也有个人的计划，一般是将全体和个人的训练计划结合起来，既有共同的要求和安排，又有不同训练水平的运动员在各训练过程中的不同要求。

（一）多年训练计划

空手道多年训练计划是根据实际需要和可能而制订的具有纲领性的长远规划，是对运动员多年训练过程总体的客观的规划，对制定其他层次的计划具有指导性意义。多年训练计划根据运动员年龄、运动员水平、训练和比赛任务可分为基础训练阶段、专项提高阶段、最佳竞技阶段和竞技保持阶段等训练阶段。不同的阶段所训练的年限有所不同，同时各阶段之间，也可有相互交叉和相互包容的部分。如表 5－3－1。

表 5－3－1　多年训练过程的阶段划分

阶　段	主要任务	年　限
基础训练阶段	发展一般运动能力	3～5 年
专项提高阶段	提高专项竞技能力	4～6 年
最佳竞技阶段	创造最佳优异成绩	4～8 年
竞技保持阶段	努力保持专项竞技水平	2～5 年

（二）年度训练计划

年度训练计划是多年训练计划体系中的具体组成单位，是教练员和运动员组织运动训练过程的重要计划，它具有明显的年度周期性，它是在多年训练计划所制订的大致思路的基础上，结合上一年度计划的执行情况和当年的主要任务而确定本年度训练计划的内容。训练计划的制订尽管因项而异、因人而异、因时而异。但任何一份训练计划都必须包括应有的基本内容。

1. 年度训练计划内容

（1）年度训练计划制定的依据：国内、外空手道竞赛周期的规律；上一年度空手道的比赛情况；目前我队运动员的现状分析。

（2）本年度训练的主要任务。

（3）全年训练周期的划分，各个时期的训练任务、时间、各项训练内容比例、运动负荷的安排、各项训练的基本要求、手段和措施。

（4）各阶段训练工作的检查、评定、总结的安排与要求。

（5）年度训练过程中的检查评定安排。

2. 制定年度训练计划的步骤

（1）上一年度比赛成绩及本年度参赛指标。

（2）上一年度总体训练情况。

（3）运动员当前的情况分析（技战术、素质、思想等）。

（4）上一年度训练负荷量的基本统计及本年度负荷量度的指标。

（5）根据项目协会对比赛的安排进行周期时间的划分，在此基础上进行阶段划分。

3. 年度训练计划示例（以空手道高水平运动队 2011 年度计划为例）

×××空手道队 2011 年度训练计划

表 5－3－2　基本情况

<table>
<tr><td colspan="2">项目</td><td colspan="3">空手道</td><td>组队时间</td><td colspan="2"></td></tr>
<tr><td colspan="2">教练员人数</td><td colspan="3"></td><td>学历</td><td colspan="2"></td></tr>
<tr><td colspan="2">运动员人数</td><td colspan="6"></td></tr>
<tr><td>运动员姓名</td><td>性别</td><td>民族</td><td>出生年月</td><td>始训年月</td><td>入队年月</td><td>运动员学历</td><td>运动员等级</td></tr>
<tr><td></td><td></td><td></td><td></td><td></td><td></td><td></td><td></td></tr>
<tr><td></td><td></td><td></td><td></td><td></td><td></td><td></td><td></td></tr>
<tr><td></td><td></td><td></td><td></td><td></td><td></td><td></td><td></td></tr>
</table>

(1) 本年度训练计划的依据：①2011年度国内、外空手道竞赛时间的安排；②2010年度国内、外空手道竞赛的情况分析；③目前，×××空手道队所有运动员的现状分析（技战术、思想、素质等）。

(2) 本年度训练的主要任务与要求：运动员认真配合教练员共同完成训练任务，系统培养出高水平运动员并参加2011年度国内、外空手道大赛。

(3) 训练周期划分及各阶段的时间安排。根据2008—2010年国内、外空手道比赛时间的安排，一般将2011年度划分为两个周期，如表5-3-3。

表5-3-3 训练周期划分及各阶段的时间安排

周期	时间	国内、外主要赛事
第一周期	5月至12月	全国空手道锦标赛、全国大众空手道锦标赛、全国大学生空手道锦标赛、全国空手道冠军赛、空手道国际公开赛、亚锦赛等
第二周期	第二年的1月至4月	

(4) 各阶段的主要任务及时间安排。每个周期划分为不同的时期，每个时期又划分为不同的阶段。以年度时间内参加1~2次重大比赛为目标而设计的，如表5-3-4。

表5-3-4 大周期与阶段训练计划

时期	准备期		比赛期		恢复期
阶段	一般准备	专门准备	赛前准备	集中比赛	
时间	3个月		1.5~2个月		2~3周
主要任务	增进健康，发展素质，学习和改进基本技术，掌握新战术，增强意志品质。		发展专项素质，熟练完善技术，提高战术技巧，发展稳定的竞技状态，创造好成绩。		积极恢复，消除生理和心理疲劳。总结经验，制定新计划。
	提高一般训练水平，改进技术环节，提高个人战术能力。	提高专项技术水平，逐步过渡到完整技术。	发展专项素质，发展竞技状态，参加热身比赛。	保持最高竞技状态，参加重要比赛，创造优异成绩。	

（三）周训练计划

周训练是最常用的典型的小周期训练具体实施的计划，是人们组织训练活动极为重要的基本单位。周训练计划应以阶段训练计划为依据，结合训练各方面的实际情况来制定。

周训练计划主要内容一般有：本周的主要任务；训练单元的次数及安排的时间、地点，每次训练课的内容、练习方法、手段及负荷量，恢复手段等方面。通过周训练计划，使阶段训练计划内容更加详细和具体。在空手道训练中，一般是以日历周（7天）为一个小周期，根据训练任务和内容的不同可分为基本训练周、赛前训练周、比赛周、恢复周四种类型。

表 5－3－5　空手道基本训练周计划示例

星期	单元	训练内容	训练手段与方法
一	上午	耐力训练	1. 有氧跑步训练；2. 冲刺跑 50 米
	下午	一般技术练习 柔韧性练习	1. 由原地过渡到行进间技术练习；由一人到两人攻防练习；2. 横、竖叉
二	上午	素质练习 力量练习	1. 拳立卧撑、立卧跳、两头起、背脊起、高抬腿冲拳；2. 卧推、全蹲、半蹲
	下午	基本功、技术练习	1. 基本拳法、腿法练习 2. 两人自由步法；3. 行进间单一技术动作到行进间综合技术动作
三	上午	基本功、技术练习与素质练习	综合攻防基本技术练习
	下午	基本功、素质练习与技术练习	行进间与循环攻防练习
四	上午	耐力训练与腰腹肌练习	1. 混氧跑步训练；2. 背脊、两头起
	下午	休息	自由活动
五	上午	基本功、技术练习	1. 两人自由步法；2. 小循环条件式的攻防技术练习
	下午	基本功、力量练习	卧推、全蹲、半蹲
六	上午	基本功、技术练习	1. 两人自由步法；2. 行进间单一技术动作到行进间综合技术动作
	下午	休息	自由活动
日	上午	素质练习与技术练习	1. 手推车、大弓步、冲刺跑；2. 单一技术到组合技术固定与运用练习
	下午	休息	自由活动

（四）课训练计划

训练课是运动训练最基本的组织形式。课训练计划是根据周计划所规定的任务、内容和运动负荷的安排而制订的。每一次训练课都可以根据空手道训练课的主要任务和内容，一般把课训练计划分为以下五种类型：

1. 技战术训练课：主要安排专项技术、战术训练。
2. 素质训练课：主要进行身体素质训练。
3. 模拟比赛训练课：模拟实际比赛，用以检查训练效果。
4. 调整训练课：以小负荷练习内容进行积极性恢复。

5. 综合训练课：主要将技战术训练与素质训练课结合起来，根据要求按一定比例进行训练。

以训练横踢，一节课90分钟为例制定空手道课训练计划，如表5-3-6。

表5-3-6 空手道课训练计划示例

第　次训练　　　　　　　　教练：

<table>
<tr><td>训练项目</td><td colspan="2">空手道</td><td>队员人数</td><td>授课时间</td><td></td></tr>
<tr><td rowspan="2">训练内容</td><td colspan="2" rowspan="2">1. 步法练习
2. 复习前踢，学习横踢
3. 素质练习</td><td>重点</td><td colspan="2">学习横踢</td></tr>
<tr><td>难点</td><td colspan="2">横踢技术要点</td></tr>
<tr><td>训练目的与要求</td><td colspan="5">训练任务：1. 让队员练习空手道步法，练习前踢，理解横踢技术要点，掌握横踢技术；2. 发展队员的身体素质和专项素质。
训练要求：做到“以礼始，以礼终”，技术动作协调舒展，并具有爆发力和速度，积极配合教练员完成训练任务。</td></tr>
<tr><td>训练的部分</td><td>训练内容</td><td>训练方法与手段</td><td>时间</td><td>强度</td><td>负荷</td></tr>
<tr><td>开始部分</td><td>1. 整队集合；
2. 讲解训练内容；
3. 布置任务。</td><td>讲解</td><td>5分钟</td><td></td><td>小</td></tr>
<tr><td>准备部分</td><td>1. 基本关节活动；
2. 游戏捕鱼；
3. 基本功练习；
4. 压腿练习。</td><td>1. 讲解、示范与口令结合；2. 头部、肩部、腰部、手腕踝关节、膝关节、弓步压腿运动，各4×4节拍；3. 基本拳法、腿法练习；4. 横、竖叉。</td><td>20分钟</td><td></td><td>中</td></tr>
<tr><td>基本部分</td><td>1. 小循环步法习；
2. 复习前踢技术；
3. 学习横踢技术；
4. 素质练习。</td><td>1. 两人一组逆时针小循环步法练习；2. 讲解示范横踢技术；3. 辅助练习：侧躺在地面弹踢腿练习；4. 分解练习：直线提膝—转髋转支撑脚—大腿制动带动小腿鞭打—回收；5. 空击—击靶横踢练习；6. 听口令练习。</td><td>60分钟</td><td>1. 2分钟2组、1分钟2组、30秒2组、10秒2组；2. 前踢击靶左右腿各50次；3. 空击横踢动作50次，固定击靶横踢左右腿各100次；4. 俯卧撑、撑地立卧跳、两头起、提膝、高抬腿冲拳各10次为一组，共做8组。</td><td>大</td></tr>
<tr><td>结束部分</td><td>1. 放松：慢跑；
2. 整队集合；
3. 训练评价与总结；
4. 回收器材；
5. 下课。</td><td></td><td>5分钟</td><td></td><td>小</td></tr>
</table>

本章小结

本章对空手道训练进行了概述。第一节简要的论述了空手道训练的基本内涵与训练文化，了解到空手道训练是教练员与运动员共同参与并完成的一种教育过程，其中训练文化包括规章制度文化、礼仪文化和团队文化等方面。第二节论述了空手道训练的组织和实施，它是一份复杂而细致的工作，受多种因素影响，相互作用。那么其中空手道训练的组织系统主要包括：训练领导机构、教练员团队、运动员队伍、后勤保障部门等，各部门在管理工作中进行分工协作，在职务范围、责任、权利方面形成一种结构体系，保证训练工作正常进行。第三节阐述了空手道训练计划的制订，包括多年训练计划、年度训练技术、阶段训练计划、周训练计划和课训练计划，并相应做出了示例，能直观地让学者理解学习各种不同类型训练计划的制订。

思考题

1. 请阐述空手道训练的基本内涵。
2. 空手道训练文化有哪些?
3. 年度训练计划主要包括哪些内容?
4. 试编写一份空手道课程教案。

第六章　空手道型的训练

本章导读　本章从空手道型的训练要求、型的训练方法与步骤及四大流派指定型的特点和训练等三个方面进行了概括，从空手道型的训练纵向延伸到不同流派指定型的训练和自由型的演练风格与训练，尤其对指定型的特点和训练进行了针对性的解析，以便更好地全面地促进空手道型的学习和发展。

通过本章的学习，学习者能够理解和掌握型的训练规范，以便更好地学习、应用到不同流派指定型和自由型的演练及训练中。

第一节　型的训练要求

一、礼仪要求

第一，忠于祖国、尊师重道、刻苦训练、顽强拼搏、超越自我、报效祖国。

第二，必须穿规定的道服参加训练。

第三，遇见领导、教练、长辈、高段位学员以及在练习前后、获得帮助指导前后、请假、上课开始和结束、进出道馆都须敬礼，以示对他人和空手道的尊重，虚心向他人学习及对教练辛勤培养的感谢，展现出练习者的修养。

第四，按照教练的规定训练，循序渐进，讲究科学，避免受伤，影响动作质量。

第五，树立目标，脚踏实地一步一步地去努力实现。

二、技法要求

（一）架正步活

在空手道训练中要建立正确的姿势，要求上身正直、挺胸塌腰，运用灵活的步伐移动来进行型的演练。

（二）重心平稳

在型的演练过程中要保持身体重心，使身体无起伏波动，正确地运用每个步型平稳移动，来使身体沿着直线平行地进行。

（三）劲力充沛

在训练时，要求呼吸与动作发力的协调配合，以气催力来使动作干脆有力，让劲力更充沛。

（四）动作规范

在训练过程中动作要符合型的演练要求，技术动作要体现空手道的攻防意识才能更好地完成型的演练，从而更好地展现型的美。

（五）紧腹气沉

在型的训练和演练过程中，要时刻注意腹部的张力与呼吸配合，只有控制腹部张力及呼吸与动作的配合，才能更好地演练好型。

（六）松紧有度

在训练时，要求把握好身体每个部位肌肉之间的放松及运用，进而增强动作的力量，更好地展现动作的表现力。

（七）动如闪电

在型的训练过程中，要求步法、身法的灵活运用，通过不同方位的变换和动作的转换，在快速移动中使动作与各种攻防技法紧密结合、运用自然。

（八）快慢相间

在型的训练过程中，要有对比强烈而自然的快慢节奏，运用动作的快慢和独特的连贯性来增添型的气势与表演风格。

（九）意识逼真

在型演练过程中要求始终保持一种警戒的状态和意识，展现每个动作的攻防意识，并在进攻和防守时要目视目标方向。

（十）路线完美

在型演练过程中，要注意型的演武线，要使型沿着正确的路线演练，并保持身体两则肌肉的平衡，才能更好地演练型。

三、体能要求

体能是最大限度发挥技术训练水平的保证，在竞技运动过程中，特别是在空手道这种技术型演练项目中，体能状态的好坏往往是决定最后胜负的砝码。所以，在空手道的训练过程中，重视体能训练就显得十分必要。要求力量、速度、灵敏、协调、柔韧、耐力和爆发力等身体综合素质的训练，并要达到一定的训练量。在体能训练中，应结合空手道的项目特点，安排相应地体能训练内容。

第二节　型的训练方法与步骤

一、型的训练方法

在空手道运动训练中型的训练方法是提高运动员的竞技水平、完成训练任务的必要途径。在训练过程中，常用适当的训练方法来提高运动员的技术水平，促使其更好地完成技术演练。型的训练方法有很多，常用的有以下几种：

（一）单个动作练习法

单个动作练习是空手道型训练的一种重要方法，通过单个动作训练，让初学者能更快更好地学习空手道型中最基础的单个动作，进而提高套路中单个动作的气与力的强度，从而提高整个套路技术训练的质量。

（二）组合动作训练法

组合动作训练法可以让运动员更好的应用基本型中的动作，也让他们更好的学习更多的单个动作连接及运用，运动员在巩固单个动作训练的基础上，进一步吸收、和掌握基本动作的组合运用。

（三）综合训练法

综合训练法是将已形成的单个动作和组合动作训练法，通过复杂的组合方式和结合套路中的动作，组成一个更为全面、复杂的综合训练方法。对运动员快速、全面提高训练技术水平有着重要作用。

（四）集体训练法

集体训练法是利用单个技术优秀运动员带动技术较差运动员的训练方式来获得整体技术水平的提高，并从训练中发现问题，解决问题。通过集体训练法来带动技术学习的兴趣，采用团体型的训练来提高整体型的技术水平，也相应的提高个人型的技术水平。

（五）模仿练习法

模仿法是通过模仿光碟或优秀运动员等途径的技术练习。它可以有针对性练习提高有特殊效果的技术动作。通过模仿，了解和掌握技术动作的特点和优势。即可以模仿单个技术动作也可以模仿组合技术动作，从中发现问题及时纠正，利于改进和提高。

（六）多套演练训练法

训练专项技术的目的是演练，多套完整型演练是对技术训练效果的有效验证和进一步促进，因此，利用完整型演练训练法来进行多套完整型演练技术的训练和检验。通过比赛，使练习者技术技能有质的变化，同时，在高度紧张和瞬息万变的情况下，有效地运用技术战术，也通过多场演练比赛，进行多套完整型演练，来增强练习者的自信心，丰富其临场经验和提高技术水平，为真正进入高水平比赛创造有利条件。

二、型的训练步骤

空手道是以型为主要的技术形式开始的，型是空手道组合的集中练习，是一种套路形式，它反映了空手道的整体内容与风格，型是按要求提前排好并利用演练形式来进行练习的空手道技术动作。“型”套路中的每个动作都有其特殊的攻防含义和战术目的，这也是空手道区别于其他表演项目的重要特征之一。型的基础训练大致分为三个阶段：初学掌握阶段、巩固提高阶段、全面提升阶段。

（一）初学掌握阶段

1. 单个动作训练

学生首先应学习的内容是空手道“型”的单个动作，单个动作是空手道运动基础的技术构成要素，也是各套路的共性技术成分。在学习组合动作之前要充分学习的单个动作。

2. 组合动作训练

组合动作训练是完成基本动作的必备专项素质。在学习组合和套路前必须练习并逐步掌握和具备必要的组合动作，以便于掌握基本动作，也能够更好的演练型套路。

（二）巩固提高阶段

1. 基本功训练

为了更好地学习套路，在掌握必要的单个动作和组合动作后，循序渐进地进行基本功练习，来巩固和掌握套路里的单个动作和组合动作。

2. 套路训练

在掌握了一定基本技术后，可学习空手道“型”的套路。套路的学习不仅是基本动作、组合动作的机械串联，而是要求学生掌握各种“型”的技术特点，掌握各“型”种的风格。因此，在套路学习时要追求动作的重心平稳、步法稳健、气息平稳、呼吸调节、肌肉力量配合、节奏快慢等技术要求。

（三）全面提升阶段

1. 技术创新实践

在自己原有的基础上进行技术和演练突破，一方面教练通过空手道理论讲授使学生明白技术创新的方法和原则，放手请学生对基本动作、组合动作和套路进行创新实践，以提高学生的创新意识和能力。

2. 演练实践

通过套路演练为学生积累比赛经验，在运动员掌握并熟练了空手道型的基本技术后，要按照比赛规则不断进行实战，逐步提高技术的应用与应变能力，并学会自我心理的控制，达到培养坚强意志品质的目的。

第三节　不同流派指定型的特点及训练

四大流派指定型彼此相互关联而又呈现不同的技术特点，各流派都有其独特的风格，由于各流派训练的侧重点不同，因而对训练要求也有所差异。

一、刚柔流

刚柔流的技术特点是以小架三战步、猫足立为主，讲究刚柔并济，它结合了刚和柔的技术，适合近身攻击的自由搏击。

十八的特点及训练：它是全日本空手道联盟的第一指定型，该型的演武线为木字形，主以近身技术为主，一些狡技为辅，动作连贯有序，多以三站立为移动步型。该型具有刚柔流的技术特点，又有本身的技术特点，在训练时，要结合其防守动作为主的技术特点，侧重安排身法、速度、爆发力等方面的训练，来强化该型刚柔并济的特性。

碎破的特点及训练：碎破的招式共有三十二式，其中二十三式为进攻，九式为防御招式，大约有十一式进攻招式是左右相对，演武线是以T形的前后左右的直线，在站立架式方面，包括“四股立”、“前屈立”、“三战立”、“猫足立”、“外八字立”，另外还有其他开手型没有的“鹭足立”。该型具有刚柔流的技术特点，又有本身的技术特点，在训练时，要针对上肢进攻动作为主的技术特点，着重安排上肢力量的训练。

二、松涛馆流

松涛馆流的技术特征为大开大阖，动作走直线，多用弓步大马，注重腿法运用，是刚猛型空手道的典范，因为动作幅度大且简洁深受欧美空手道爱好者的喜爱。

慈恩的特点及训练：此型演武线呈米字型，其组合动作对称，动作简练紧促，缓急有序。它以平稳的前屈立为中心，来便与动作的移动和技术的展示。该型具有松涛流的技术特点，又有自己本身的技术特点，所以在训练时，要结合动作干脆、步法灵活等技术特点，着重步法、下肢力量等方面的训练。

观空大的特点及训练：该型的组合动作前后左右对称，其他的演武线呈十字形，它多以后屈立为移动步型，便于下个动作的链接及劲力的体现，而此型的腿法较多，动作大开大阖。该型具有松涛流的技术特点，又有本身的技术特点，因此在训练时，要结合该型的技术特点，着重安排一些素质和力量上的训练及腿法的强化，来提高该型的技术演练和腿法质量。

三、和道流

和道流最具特色的是格斗技术，同时该派空手道也属松涛馆一系因此在套路上深受松涛馆流的影响，但也有自身的特色，它在技术上有快慢相间、屈伸自如、闪转敏捷等特点。

征三的特点及训练：该型连贯动作前后对称，缓急有序。它以平稳的三站立为中心，做缓慢的移动来配合缓慢的技法，利用醇厚的呼吸方法来运用技术动作的暗力，其演练路线呈十字型。该型具有和道流的技术特点，又有自己本身的技术特点，在训练时，要针对步法、呼吸等技术特点，着重地安排一些步型和呼吸类的训练来强化该型的风格。

镇东的特点及训练：该型组合动作左右对称，干脆有力，以稳健的前屈立为中心，三七步为辅，结合呼吸的配合来催促动作的劲力，此行在演练中腿法较多。该型具有和道流的技术特点，又有自己本身的技术特点，在训练时，要结合动作幅度小、暗劲发力、呼吸发声等技术特点，着重安排步法、发力、呼吸的训练来突显该型的风格。

四、糸东流

糸东流是一种结合了多种来源的流派，一方面有着如松涛馆等首里手强而有力和稳健的步伐，另一方面有着刚柔流等那霸手和泊手多向移动、呼吸力和刚柔并济的特点。尽管糸东流的动作极其迅速，但仍不失优雅和力量。除此之外，糸东流还具有沾粘贴靠、引进柔拿、借力发力、以柔克刚等特点。

征远镇的特点及训练：组合动作左右对称，缓急有序。它以稳健的四股立为中心，做缓慢的移动来配合沉稳的技法，或急速移动发挥刚猛的力量，这就要求马步运用灵活有力，再配合适当的吐纳，演练时自然流露出雄壮的气势和旺盛的精神力量。该型具有糸东流的技术特点，又有本身的技术特点，所以在训练时，要结合其动作含蓄、沉稳的技术特点，侧重安排针对性的训练来加强该型的技术。

拔塞大的特点及训练：该型动作紧促大气，刚劲有力。它是以小巧的猫足立为中心，以前屈立为辅，用于步伐移动的快慢，来体现动作技术的干脆及沉稳，利用节奏的快慢和呼吸的配合增添型演练的气势和力量的体现。该型具有糸东流的技术特点，又有本身的技术特点，在日常训练中，针对其节奏慢、腰胯合等技术特点，着重安排腰胯协调、节奏等方面的训练及腰腹肌的力量训练来加强该型的技术训练。

本章小结

本章对空手道型的训练进行了综合的阐述。对于型的训练从训练要求、训练方法和步骤进行了总结和规范，重点针对四大流派指定型的特点来深入解析了其训练的要领和方法，让学习者在把握型的特点和训练规范的基础上能系统地科学地进行空手道型的训练和指导。

思考题

1. 型的训练要求有哪些?
2. 试叙述空手道型的训练方法和步骤。
3. 试论述不同流派指定型的特点。

第七章　空手道组手的训练

本章导读　本章概述了空手道组手的训练，分别介绍了组手的训练要求、基础训练的方法与步骤、赛前训练以及战术训练。重点介绍了组手基础训练方法与步骤、战术意识的培养、战术的形式，通过本章的学习，重点掌握空手道运动战术训练的方法，以提高实战训练中的战术能力。

第一节　组手的训练要求

一、科学制订训练计划

训练计划是教练员和运动员组织运动训练过程的重要文件。为规范运动队教练员教学，促进科学化训练，教练员要把训练作为中心工作，充分发挥主导作用，严格、科学、文明、规范地搞好教学、训练，不断增强运动员的竞技能力，在大赛中创造优异成绩。

第一，教练员要根据运动训练的客观规律特点，队员情况、对手情况、训练目标，从难、从严、从实战出发，科学地安排训练，创造性地制订好多年、年度、阶段（周期）周和课训练计划，制定好重点运动员的个人训练计划。

第二，制订训练计划时，必须明确运动员的起始状态（专项成绩、素质、技战术、心理、机能等），并与国内外先进队员比较研究做出准确诊断，从而制定整个训练计划。

第三，根据运动员起始状态和对专项成绩、体能、技能发展态势预测，建立先进、合理的成绩目标，目标不仅要体现专项成绩与各项目标，而且要保证目标实现的各相关竞技能力的子目标，不仅有多年年度长远目标，而且有周期或阶段近期目标。

第四，制订计划时，要根据国内外重大比赛的时间安排和形成竞技状态的规律，合理划分训练周期、阶段、明确其主要比赛日程和训练内容、比例，注意安排好重大赛前的训练阶段，保证运动成绩高峰出现。

第五，选择实现目标的训练方法，手段要有很强的针对性、目标性和实效性，要符合空手道专项特点，努力创造一些效果更好，能解决训练中疑难问题的新方法、新手段。

二、严格实施训练计划

第一，教练员在全面抓好训练计划的实施，严格要求，严格管理，悉心培养运动员的良好训练作风和自觉训练态度，保证高质量、高效率地完成每一堂训练课，落实有计划的系统训练。

第二，在训练开始前，要认真细致地做好准备工作，了解运动员的身体情况和心理状态，检查训练场地、训练器材设备及安全、保护措施，指导运动员认真作好准备活动，为顺利、安全地开展训练教学提供基本保障。

第三，在训练过程中，教练员要认真观察运动员的身体和心理变化，有可能条件下，主动与科研人员配合，采用各种科学手段对训练过程进行有效的监督和控制，掌握好计划执行的严肃性与灵活性，严格按计划执行，又要善于按临场实际情况的变化，及时做出必要的调整。

第四，每次训练课后要对运动员实施训练计划状况讲评，及时批阅运动员训练日记，向运动员反馈教练员评价，同时了解运动员的体会和意见。

第五，认真作好计划实施的现场记录，课后认真填写教练手册，把训练的实际内容、负荷、质量和效果，以及运动员身体机能测试数据，作为训练档案资料积累起来，每周整理，统计一次，并分析变化趋势，为科学训练服务。

第六，作好训练计划实施过程中运动员思想教育工作，及时掌握运动员训练中思想变化，坚持以正面启发教育为主，禁止对运动员进行体罚或变相体罚，严格训练纪律，使运动员不迟到、不早退，集中精力训练，教练员要以身作则，全神贯注，不做和训练无关的事情。

第七，每个训练周期、阶段结束后，要在训练资料统计和综合评定的基础上，认真进行小结，对下一周期、阶段的训练计划做必要的调整。

三、运用科学手段和方法跟进训练，训练围绕实战展开

空手道组手的训练是高科技、多学科的训练，凭经验训练的模式已不能满足需要。教练员要掌握更多的知识，由经验型向知识型转变。运用科学的手段和方法来指导教学，训练必须围绕实战进行，在训练中有针对性地确定技战术，强化模拟实景、实战的各项训练，重点突出战术运用、技术运用及各层次的衔接与合成训练，在实战中检验空手道组手技战术的成熟度，多进行实战来积累经验。

四、突出个人针对性

根据训练过程中的教学、指导方法，既要充分发挥教练员的主导作用，又要充分调动运动员的积极性、创造性，做到精讲多练，准确判断，区别对待，因材施教，针对不同的队员采用不同的指导教法，启发运动员勤用脑，多思考，掌握好做动作的技术原理。练出特点来，要有制胜绝招，培养队员的个人特色。

五、训练中尽量防止伤害事故，做好医务监督

空手道组手训练属于对抗性运动，难免会受伤，应主动与医务人员配合，对训

练比赛过程进行细致的医务监督。维护运动员的身体健康，预防伤病，对受伤或患病运动员要及时治疗，并指出原因，报告上级领导，吸取教训。对于受伤队员恢复期训练，要尊重医务人员意见，严格控制和管理。

六、注重训练恢复和营养补充

重视训练后的恢复过程，督促运动员认真实施计划中安排的恢复活动和措施，从体力和心理两方面达到恢复的要求，保证训练顺利进行。过去的理论是训练、恢复、训练、再恢复。而现在的训练理论是恢复、训练、恢复、再训练。现代训练特别重视对恢复的研究，恢复已成为训练过程中的重要组成部分。韩国的营养专家承基宏认为：运动员每天训练以后铁和钙的消耗量是常人的2倍，而维生素C的消耗量是常人的5~6倍。因此，训练后的营养补充是运动员恢复的重要因素。

七、重视心理训练

心理因素是决定性因素。心理素质可以弥补技术、能力的不足。如果运动员心理问题解决得好，敢于突破和挑战自我，有利于运动员形成自我心理调节和释压，从而超常发挥赢得比赛；反之，在比赛中运动员技术水平明显高于对手，往往由于心理素质的原因，而影响技术的发挥，进而导致失败。

八、训练中注重规则变化

规则的变化必然带来训练方法、手段的变化，带来制胜规律的变化及参赛准备的变化。我们必须有一个清醒的认识，要不断地学习规则、利用规则，在规则允许的范围内最大限度地发挥竞技水平。

第二节　组手基础训练的方法与步骤

组手的基础训练是学习基本理论知识、基本功、基本技术动作阶段。此时应加强基本功训练，掌握理论知识、动作原理，特别是掌握正确的基本动作，它决定着击打的力量、速度及攻防转换等制胜对方的重要因素。

一、组手基础训练方法

（一）组手基本形态的形成

组手的基本形态一般是指空手道组手运动员是否具有良好的姿势构架、正确的姿势与动力定型，即实战式，它必须具备以下三点：

1. 便于步法移动

空手道组手实战时，运动员需要根据攻防动作的特点和要求，在不同的时机、距离、条件下不断而迅速地转换步法和转换姿势。本教材中所述实战姿势，便于步法的移动，身体重心在两腿之间，不论做前后左右的移动都是等长距离，无须明显地倒换重心。再者，微屈的两腿使身体总处于一种欲动的“弹性”状态，增加了步法移动的灵活性。

2. 便于运用进攻方法

实战时，运动员必须准确地把握进攻的时机。而时机是靠运动员应急的敏感性来获得，特别是防守反击时。实战中对方时而拳，时而腿，时而打上，时而打下，而且距离时时变化。这时实战姿势两手所放的位置，两脚站的距离至关重要，便于灵活地变换和运用各种进攻方法并使之启动迅速。

3. 便于防守

空手道的防守方法有时是闪躲防守，如后闪、侧闪等；有时是用四肢防守，如左右拍击、格挡、提膝等。选用空手道组手实战姿势是否有利于防守应着重体现在两个方面：首先是身体的投影面要小，即暴露给对手的身体部位要少；其次是防守面要大。因此，实战姿势要求身体侧向站立，两臂一上一下护上段和中段，使胸、腹、头部等得分处于有效的保护下，另外还要求下颚微收，目视前方。

（二）学习空手道组手基本理论知识

基本理论知识为提高空手道组手训练的效果提供科学的理论依据，是空手道训练的重要组成部分。在空手道组手基础训练过程中，学习基本理论知识，将理论与实践相结合，有利于提高训练效率；还应重视空手道运动员的思想教育，并应该完全体现在整个空手道训练过程之中，建立完整的训练规范及其礼仪、礼节并着手学习和贯彻，使之成为一个育人的过程，甚至变为运动员本人毕生的人生课业。以此来提升空手道运动员乃至全体空手道人的专业素养和水平，为体现完整的空手道文化和整个空手道项目的全面健康发展确立基础。

（三）基本功训练

基本功，是指从事空手道运动所必备的体能、技能和心理品质。它有一系列综合性修炼人体内外各部分功能的方法和手段。这些训练方法和手段，突出了空手道运动的专项要求，注重在发展身体各部分力量、柔韧等素质的同时，又注意对人体内脏功能及心智活动的提高，具有明显的内外兼修的运动特点。空手道的基本功训练是很重要的，只有练好了基本功，才能为下一阶段的训练打好基础，做好准备。

1. 身体素质

身体素质的好坏对提高技术水平至关重要，也是基本功重要的训练部分。健康的身体和高度发展的身体素质能保证练习者更好地掌握繁杂技术和战术，承担大负荷练习激烈的比赛。比如，俯卧撑、立卧撑跳、收腹跳、拉橡皮筋冲拳踢腿、跳绳、横竖叉、卧推杠铃等练习方法就能有效地提高身体素质。

2. 拳法、腿法的基本功练习

（1）基本立冲拳：两脚自然开立，约肩宽，重心在两腿之间，腿微屈，肩沉并上身放松，手握紧拳，利用腰转动发力。练习时，可先慢练再快练，或者一拳、两拳、三拳都可以，并结合发声和呼吸，会达到更好的效果。（图7－2－1①）

①　附

图 7－2－1　基本立冲拳

（2）四股立冲拳：四股立姿势冲拳，重心在两腿之间，挺胸塌腰收腹，出拳有速度，回收有力量。（图 7－2－2①）

①　附

图 7－2－2　四股立冲拳

（3）左右变换冲拳：左弓步变换右弓步再变换左弓步冲拳，冲拳位置为身体约斜 45°，左右弓步变换时，应利用髋的转动，重心不要上提。（图 7－2－3①至③）

①　②　③

图 7－2－3　左右变换冲拳

（4）单膝跪立冲拳：单膝跪立，利用腰、肩的转动，将拳直线击打出去，并快

速回收。(图 7 - 2 - 4①至③)

①　　②　　③

图 7 - 2 - 4　单膝跪立冲拳

(5) 单膝跪立踢腿：单膝跪立，一手支撑，折叠大小腿，膝关节朝上，脚面绷直，一般采用迅速连续弹击小腿以达到练习效果。(图 7 - 2 - 5①至③)

①　　②　　③

图 7 - 2 - 5　单膝跪立踢腿

3. 发力训练

拳法和腿法的发力是活性的。发力训练是为了能准备快速的出拳和踢腿，并且用最小的力量，打出快速而有力的拳和腿。发力练习分两个部分，一是技巧练习，二是身体关节的支撑力练习。快速出拳，做到全身放松，正确的握拳方法，了解发力原则，腰部发力，发力动作要标准。

(1) 拳、腿法与发力

首先要做一些增强力量的训练，然后掌握正确的发力基础。注意，发力的时候千万别屏气，可以在拳头打出去的同时呼气，达到终点时候屏气，这样，力度会持续增加，而不会减少。呼吸对发力是有影响的，出拳的时候如果闭起容易使自己的内息紊乱，使自己心悸气短，心跳加速，伤害身体。

拳、腿法的发力练习主要包括：基本部分（如：正确的姿势与动力定型）、发力的原理、体会发力练习、身体各部位协调配合发力练习、在运动中作快速发力练习、实战中发力练习、力量训练这七部分归纳了关于拳法发力练习的重点。

（2）腰法与发力

将腰部转动产生的力量加以利用，就可产生击拳踢腿的爆发力。以直拳为例，当脚蹬地产生的反作用力沿踝、膝关节传递至髋关节时，髋关节的转动使力在髋关节处做了一次平面回旋加速，配合腰部肌肉的协调运动，使其得到再次加速，传至上体时，腰背肌肉的力量与其会合并传送到肩部，肩关节的抖动，肘关节的伸展，腕力的发出，使直拳威力达到极致。掌握了腰髋关节用力的技巧，则上体之力与腿部力量合二为一，成为一个整体，而忽视或不明白腰的作用，则只能是局部之力，零散之力。李小龙曾说："以腰为枢纽，快速地转腰，使肩与臂先手而出，腰的扭转系学习出拳之基础练习。"拳谚云："力由腰发多根基，贯入两肋四肢躯，发到手足成一点，丹田叫力山也移"，也是对发力的形象描述。腰法与踢腿发力有什么关系呢？李小龙说"腰马合一"是什么意思？马者，马步，双腿也。就是将腰力与双腿之力结合起来。没有威力的踢击，尽管动作很快，但往往被击中对手时的反作用力所顶倒。而掌握了将腰、腿从地面获得的反作用力传至腰部，腰部传至大腿，再由大腿传至攻击部位，节节贯通如流水般，此时踢力直透对方，即使踢中数百斤重的人或物体，攻击者都不会自倒，因为腰力与支撑腿维持、调整好自身重心，故稳如磐石。

①腰法与摔法。摔法与腰法有关，只是由于动作幅度较小而常人难识其中奥妙。摔技有一种典型练法—滑车练习，它是通过手的牵拉与上步，练习腰的旋转，体会抽、拧、顶、翻、撬诸劲的变化。借杠杆力，使对手失去重心。如腰不灵活，则摔只是蛮力硬扯，吃力而没有效果。

②腰法与实战。拳谚云"一打身法二打闪"，又说"身法为变化之本"。身法就是以腰为轴作出的变化，以腰为轴，在旋转中吞吐闪展，如同飞机在空中可作立体的变化，如老虎、豹子都是腰部的收缩产生高速的一扑。腰法若练之精熟，则腰部如同安装了轴承一般，可自如的向任意角度变化。这种运动有什么实战意义？即"身体的摇摆不定，当可令对方更不容易攻击，也可是自己，尤其是近身发力更具威力。它的高明处在于，双手放开，随时可予对方一打击，并增强自己的守势，对方一旦暴露空门，必可使自己有绝佳之可乘之机会"。（李小龙语）腰法的这种复合变化就是在避开对方攻击的同时近身击敌。正确的攻防技术，如同鞭炮，而腰法则如一挂鞭炮中的导线，引爆连贯的技术动作。腰法实战应用最典型的例子是醉拳，看似东歪西倒，实则每一动作都有它的目的，在看似不经意的运动中巧妙避开对方的攻击，见隙反击，实为腰法、身法变化应用的典范。

③腰部功力练习。腰部不仅要有柔韧性，而且要有力量，这样腰就向弹簧一样有爆发力。练腰时，可用皮条、弹簧、滑轮等辅助器具。经过全面练习，具有功力的腰部，结合正确的发力技术，就可形成强劲威猛的攻击力。

4. 距离感训练

攻防实战中对敌手离自己远近的正确度量是距离感，又称“技击对抗度量”。良好的距离感，对实战的胜负有决定性的影响。距离感是与中枢神经系统的灵活性、视觉的敏锐判断力、招法的娴熟及战术的运用相联系的，而步法的前进、后退快慢适度，又是控制恰当距离的外观表现，它是在训练中培养获得的。一个优秀的搏击者，应善于变换并调整步伐，以获得适宜的距离。攻防格斗的距离分远距离、中距离、近距离，也有分进攻时的距离、防守时的距离。远距离（即对手离自己较远），也就是相对安全距离，对手不上步、无法用拳、腿击中。具体远近，无法用尺寸度量，而是由对手或者本人的身高、技艺度量的。中距离就是伸长腿可击中的距离。近距离即拳腿随时可击中的距离。进攻距离和防守距离均包括有远、中、近三种不同的情况。远距离接近对手，多采用快速的、无规律的动作或者步法迷惑对手，然后突然接近，等对方发现时，我已出招击中，也可后撤诱敌深入打防守反击。某种情况下，也可缓步上前，观其动向，若对手退后，迫逼其至被动，发起进攻；若对手不动，则在适当的距离可突然发起进攻。中、近距离时，若能抓住有利时机，主动攻击，然后迅速后撤。有时可诱敌出手，后发制人。方法各异，要随机应变，灵活运用。正确的距离感需要长期的培养。其方法有：

（1）双方控制距离练习：可一人主动，一人被动，也可双方主动。要求两人在各种步法移动中始终保持规定的远近（也可用绳缚住腿、手或身体进行上述练习）。

（2）单练招法的陪：一人进攻，一人陪练。陪练者控制距离，练习者反复在有效距离内击出某一招法，并且招招要击中指定部位。有一定基础后，陪练者变换距离，习练者根据情况，用近、中、远的招法击指定的部位。

（3）定点击吊袋练习：固定吊袋，习练者度量出近、中、远距离的点，然后撤离后退，用灵活的步法迅速接近各点，来用远、中、近不同的招法击中吊袋。

5. 眼法训练

“眼为人之苗”、“拳技以眼为尊”，练习视觉的敏锐，是攻防的发端。“用尖锐目光，视敌人之意向，伺隙蹈瑕，乘机而起，皆眼之作用也”（金一明《武当拳术精艺》）。一双锐利的眼睛能使敌人心理上受到刺激，同时能及时发现空档，给予有力的打击。

眼睛的视觉分定点视觉、周围视觉和感应视觉三种。

（1）定点视觉。是指用短而集中的锐利视线集中在某一点上，专注定神，不准眨眼。要随时观察目标极细微的变化，养成“秋毫不放，洞察如透”的习惯。定点视觉主要聚点在敌方的眼睛，肩部和擅长出招的主要部位上。视其眸子，测其心理，凡恐惧者，皆眼花缭乱神恍惚；鲁莽者，必瞪目而视；狡奸者，惯于眼视的斜、睨、瞟、眇等。不同性格、不同技艺的对手，其眼神是复杂的，专注我左，要防左攻，斜视我下，要防起腿。张口之拳，劲必放懈，闭口出击，其劲必实。要在定注中察言观色，掌握其规律特点。一个有经验的技击者为迷惑对手，多用声东击西之法，

"看上打下，看下打上，视左打右、视右打左"。要准确地判断对手变化的意图，除全面了解对方战术意识和技术特点外，重点要注视肩部，如敌左肩一沉，便知必发右腿，敌右肩一偏，要防左拳出击。临战时情况虽然复杂，但常见的规律要心中有数。注视发招的部位，这是一般人的本能反应，但要做到："注不眨眼，中不移视"，都要进行专门的训练。总之，定点视觉训练是技击中必要的功力训练，较之招法训练更为困难。

（2）周围视觉。用定点视觉的余光，洞察较大范围的视觉谓之周围视觉。周围视觉是观察除定点视觉外的上、中、下各部，随着攻防格斗情况的变化，定点视觉和周围视觉的范围也相应有所变更。

周围视觉应重点注意下肢步法的移动，拳谚曰："先看一步走，再看一伸手"、"步不稳则拳慢"。步是上下攻击的先兆，敌上步，必有逼攻意识；敌退步，防其引诱的意图；敌左移右闪，当心攻我侧翼、背部。周围视觉根据对手的特点，也应有重点和次点。对于善腿，应把余光多集中在腿上；对手善"靠"，应将重点放在步法移动上。周围视觉还要在防范对手的同时，善于寻找空白，"破敌全凭一双眼"；使眼成为各种攻防的前哨阵地。

（3）感应视觉。就是眼视不到、而耳听得到的各种声响反应。俗话说："眼观六路、耳听八方。"视觉范围要比听觉范围小，因此，练眼还得练耳。耳要对攻击时所发出的声响、空气的流动有明确的感知。如背后急促的脚声，就是进攻的信号；呼吸的热流，说明敌已近身，突然产生的气流是敌招已经发出。肌肉的敏感性，也是感应视觉的一个方面，有的称为边缘视觉，它以表面的感知提供各种情况，为必要的防御做好准备。

（4）实战眼力训练。眼法功力训练要结合假设性实战进行，其练习方法如下：

①教练用手在学员面部绕转或挥试，习练者眼随手动或不动，但不能眨眼。

②教练在学员脸部出拳或掌，接近而不触及皮肉，习练者头不偏、眼不眨。凝神注视，改变受击闭眼的本能反应。也可控制距离结合防守练习。

③轻击面部练习，一人轻击另一人面部，被击者眼不眨，脸部肌肉紧张，上下颌保持一定姿势。

6. 气息调节

气息是指技击格斗中呼吸的运用。我国医学和历代技击家认为"气"是维持人体生命活动的一种基本物质，也是技击格斗中的体态调节、技艺发挥、心理状态催动的基础。"气充则人定，神定则力足，力足则身体舒泰，面筋骨强健，心灵性巧，至此利欲不能侵，荣辱不能动，威武不能屈，风雨寒冷不能触。至此境地，无论练功习技者所往何处，皆可无患也。"（《妙兴大师论技击》）技击格斗技艺理法无穷，情况变化万端，训练和实践运动量大，需氧量也大，如果不掌握和运用技击中特有的呼吸方法，是很容易造成"气血上涌"，使气游息在胸间。气往上浮则内虚，内虚则气促，气促则吸入的氧气不足，氧气不足则力短，力短则不能使抗衡持久，往往会面色发白，呼吸短促，头晕恶心，动作紊乱，运动性平衡受到破坏，技击的技法也不能正确地表现出来。纵然一时鼓噪，以镇守强峙，也难免任人恣意攻击，而无还手之力。

技击格斗特有的呼吸是“气沉丹田”，除“沉”外，还有“提”、“托”、“聚”。一般来说，在整个实战中要以紧身“沉气”为主，使膈肌下降，气在小腹。从低转高，跳起做攻击的高度和远度；攻击发力的一瞬要“聚气”，含胸拔背、实腹裹臀使气稳定。在运用过程中，还时常伴有极短促的发声，如“嗨”、“噫”、“啊”等，这是“内外合一，以气催力”的协调发力形式。由于动作招法不一，几种气息的调节转换，有时也掺杂进行，而无明显的意识界限。概括起来是：长身时的攻防吸气（即开始时）；短身时的攻防则呼气；攻击招法前吸气（聚气），击时呼气（或憋气）。总之，要使攻防格斗灵活多变，就得气息协调。在技击格斗训练和实战中，重视气的运用的培养，达到预期的效果。

（四）基本技术训练

空手道组手的技术训练是在一定的身体素质和基本技术基础上进行的。通过技术训练，可以提高专项技术的熟练运用程度、技术的运用效果和掌握运用技术的实战变化规律，从而达到提高专项运动成绩的目的。

1. 基本技术训练的方法

（1）自我训练法。即自己进行专门的技术动作训练，这种方法训练可以使练习者自己用身心去体会和感觉动作，理解动作含义和目的，寻找技术力法的运动和变化规律，从而提高掌握技术，运用技术的能力。常用的具体方法有以下几种：

①对镜子练习法。即自己面对镜子练习各种技术动作。边练习、边自我观察，通过个人的对镜练习，可以正确地掌握基本动作，体会各种攻防的路线、方向、角度、力点等。同时，通过镜子的反馈，可以及时纠正错误，建立良好的、正确的动作概念，并不断强化形成正确的动力定型。

②模仿练习法。模仿优秀运动员或有效技术组合进行技术练习。模仿法可以专门练习提高有特殊效果的技术动作。通过模仿，了解和掌握技术动作的特点和优势，既利于自己运用，又利于自己从中发现规律，创造出新的技术组合。模仿的形式多种多样，可以模仿单个技术动作也可以模仿组合技术动作。模仿练习的同时，可以请教练或同伴在旁边监督，发现问题及时纠正，利于改进和提高。

（2）配合练习法。通过和教练或同伴的配合，训练基本技术和组合技术。这种方法比较灵活，练习时教练员或同伴可以做出多种不同的配合动作，训练练习者的各种技术，提高其运动技术的效果和能力。常采用以下的具体方法：

①听口令完成技术动作。练习者按教练员或同伴的不同口令，完成相应的技术动作。练习者处于准备状态，当听到教练员或同伴发出的口令，例如“前手拳”、“右横踢”、“前手拳接右横踢”等，练习者必须迅速、准确地完成相应的技术动作。这种练习既可练习技术动作，又可训练练习者的反应速度和动作速度，是一种比较

有效的训练方法。

②踢脚靶练习法。教练员或同伴手持脚靶，让练习者进行攻击性技术动作踢击练习，踢靶练习可以先从固定靶开始，练习固定位置踢击技术。在动作掌握熟练和具有一定的力度后，再进行移动靶的踢击练习。踢移动靶时要遵循由慢到快、由简到繁、由易到难、由个变到多变的原则。不断提高练习难度，逐渐向实战过渡。通过踢靶练习，可以有效地提高练习者的反应速度、应变能力、动作灵敏协调性和攻防技术动作的准确性，熟练掌握在不同情况下的击打技术，提高攻击效果。

③踢组合靶练习。由 4 ~6 名同伴持不同高度、不同放置角度的固定靶，站在相距每人不超过两米的两条直线，由练习各从一端踢向另一端。要求练习者根据靶位的高低和靶位的角度，选择运用不同的方法踢击。要求动作准确，击打力度，声音清脆洪亮，这是较为综合的练习法，因而是提高技术训练效果的最有效的方法。如果利用这种方法进行移动靶的练习，难度更大，效果也更好。

（3）增加难度训练法。即通过增加技术难度和攻防难度的练习方法，来提高技术的熟练程度和运用能力。

①增加技术难度的训练方法。在已经掌握动作规格的基础上，在有干扰或进行其他练习时听信号突然完成技术动作的练习方法：例如，给练习者规定，只要看到脚靶举过头顶，就用上段腿法攻击。教练员或同伴先用中、低位脚靶让练习者练习横踢、侧踢或前踢技术动作，每踢 2 或 3 次，就突然将靶举过顶 1 次或 2 次，让练习者突然间完成重点练习动作，增加技术的难度突然性。

②增加攻防难度的训练方法。即利用比正常条件困难得多的练习条件，进行技术训练的方法。这种方法有多种形式，例如，负重练习法；大强度练习法和同时的一对二练习法等。利用高难度或超重量的训练，使运动员对技术有一个强化运用的过程，这样对技术的理解和掌握更深刻。

（4）利用外界条件和环境的练习法。借助外界的不同条件和环境，进行有一定体能或心理要求的训练，这种形式的训练是辅助性和针对性的，用来解决遇到的不同问题。主要采用的方法有以下几种：

①模拟比赛环境练习法。有的运动员自己练习时。技术的发挥和运用非常好，而在比赛中却发挥不出来这种情况，可采用模拟比赛的方法。将技术训练设置到类似比赛的环境中，增强这种环境下发挥技术能力的训练。

②利用水阻练习法。已经掌握了基本技术的练习者，让他们在齐腰或齐胸的水中进行技术训练，利用自然界的条件训练技术。因为水中阻力的影响，练习者在水中做动作时会感到很困难，同时，还要克服浮力对动作的影响，以及水压对呼吸带来的困难。要想在水中完成动作，就必须准确控制动作的规格，否则就会变形。因此，水中训练法对精确握动作技术是非常有益的。同时，水中练习既是对练习者灵敏、协调素质的加难训练，又是对体能耐力的有效训练。

（5）踢打沙袋练习法。沙袋练习是空手道训练的一种重要方法。通过踢打沙袋，可以提高拳法、腿法技术的完成速度和击打力度，从而提高技术训练的质量。通过踢打沙袋练习技术时，应注意三个方面的问题：一是技术动作的规格，不要猛踢猛打，使技术动作变形；二是体会完成技术动作的本体感觉，即进行正确合理而又有效的技术动作时自己的感觉是怎样的，并将这种感觉保持下去；三是将技术训练打击力度训练、时间空间感觉训练以及准确性训练有机结合起来，逐渐向实战过渡。

(6) 思维训练方法。指想功，或者说默功（心理学叫念动训练）。他们习练者对攻防格斗技艺在思想中进行训练的方法。思维训练的方法很多，涉及面也较广，从生理和心理角度看，凡是以痕迹的形式保留在习练者脑子里的任何动作及经验，只要有一定诱因，就能在脑子里重现。这种“诱因”的内容和形式就是空手道思维训练方法的基础。

①借助于讲解、示范、图片、关键的语言提示或者口令，来强化空手道技术的各环节的思维表象，促进积极思考和分析。如谚语“出手如放箭、打上如火烧”，对出招、收招的要求作了生动的描述；“借其力、顺其势、见缝插针、有空就打”，对“依力降实惠，依巧破千斤”善变之法作了更确切的解释；“乘其进而击之、或随其退而击之、旧力略过、新力未生之前而击之”，对进攻的时机作了概括。如此等等，加深了对动作实质的、理解。教练的口令指挥，也能促进练者思维活动的积极性。口令根据空手道动作的要求，应有高有低，教练脸部表情应有张有弛，神情应有喜有忧。在紧张高潮的关键处，甚至走到习练者的身旁，边叫喊边提示，这种对神经系统的强化刺激，对在疲劳情况下仍然保持动作的正确性是很重要的。习练者往往能觉得“用力的时间明确了”、“动作的节奏增强了”、“头脑更冷静了”、“容易出现技术动作的印象”。在某一相对的时间范围内，讲解、示范、图片、提示的语言、口令要相对的稳定，反复在动作练习中再现，增强认识与思维活动的结合，为习练者掌握技术动作创造条件。

②借助于电影、电视、小说、传记及生活中的实践经验，或者某些熟悉的场面，启发和诱发习练者的积极思维活动。在技术教学和训练中要有意识的根据对象的经历、文化修养和理解能力的高低，抓住生活实践的经验和所熟悉的人物、性格、技艺、场面、语言业绩给予经常性有目的的对比引导，使习练者脑中的形象，有标准，直接和间接地影响技术动作的习练效果。

③想象空练、想练结合。每次练习前，教练要习练者根据动作的特点进行想象空练。可闭目思考，也可来回走动，思要形于色，色要达于体，使即将练习的动作在脑海中一一出现。这样，在实练中，对动作的要领、时间空间的准确性、力量的估量、攻击和防守部位的实效性就能更精确完善的掌握。

④假设性实战练习。在训练或实战中，教练可让运动员先身临其境，根据对手的情况进行设想中的实战练习。如设想对手是强攻硬取的进攻型，可用“闪躲巧取”或“诱攻还击”降之，若对手腿法见长，可注意下身的防守招数等，进行默练。思维训练实际上是对习练者的一种心理训练。教练要讲明作用和意义，传授各种练习

方法，及时总结习练者的自身体验，养成在攻防练习和训练中运用这种训练方法的习惯。

（7）有条件实战训练法。针对某些技术的训练，必须在近似实战或实战中训练，才能收到良好的效果。因此，根据训练需要，进行有目的有条件的实战训练，专门性地强化所练技术，是技术训练中有实际意义的练习法。这种练习可以使练习者有目的地熟练掌握运用各项攻防技术动作，同时，锻炼练习者在近似实战状况下，通过技术训练运用，提高对抗击打的时机和准确性，积累实战经验，为实战做技术、战术和心理上的准备。

（8）实战训练法。训练专项技术的目的是实战，实战是对技术训练效果的有效验证和进一步促进，因此，利用实战训练法进行实战技术的训练和检验。技术训练的最高阶段，同时也是最终目的。所以，经常进行测验赛、选拔赛、邀请赛、对抗赛等多种形式的实战比赛，会对运动员的技术训练起到任何训练方法都不能比拟的实际效果。通过实战比赛，使练习者技术技能有质的变化，同时，在比赛高度紧张和瞬息万变的情况下，有效地运用技战术，可增强练习者的自信心，丰富其临场经验，为真正进入高水平比赛创造条件。

2. 空手道技术训练应注意的几个问题

（1）把握好学习与创新的关系。学习是为了提高，要虚心学习国内外空手道同有的先进技术和训练方法与手段，同时，切忌盲目追随，迷信他人，在虚心学习的基础上，更应提倡自力更生，自我创新，只有这样，才能赶超国内、国际一流水平。

（2）鉴于基本技术在空手道技术中的地位和作用，教练员运动员应认识到基本技术是空手道比赛的主要得分手段，是技术的灵魂，训练中一定要在基本技术的速度、力量、准确性、击打效果、技术细节等方面下大工夫进一步提高，必须完成对正规技术的过渡，而创新、自我风格与特色的创立，一定要在扎实的基础之上进行，不要盲目追求高难度，只有这样才能少走弯路。世界水平也是通过长年累月的艰苦训练得来的，正所谓“冰冻三尺，非一日之寒”。

（3）训练方法和训练手段必须围绕两个重点。即基本技术是基础，实战能力是核心。只有紧紧抓住实战这一核心，才能及时把握训练的方向，调整训练各阶段的目标，才能将训练中得到的技术应用到实战中去，并取得胜利。

（4）教练员、运动员对竞赛规则、得分概念要有深刻的理解，要吃透规则和利用规则，技术训练要紧扣技术得分的三要素进行。运动员所有技术训练都应围绕“得分”这一中心去计划、安排、组织、实施和提高。

（5）教练员和运动员对技术体系内的各部分技术都应熟练掌握，不能偏废。教练员应在充分了解空手道技术体系全部内涵及其各部分之间相互关系和作用的前提下，指导运动员在将来高水平训练中突出发展其中的某些技术，形成自己独特的技术风格。

（6）就技术本身的要素来分析，应重视速度重于力量，重视进攻重于防守，重视准确性重于出拳腿次数，把握技术训练的关键环节。

（7）运动员的整体实力表现在许多方面，如技术与技术的连接，对进攻、防守反击等战机的严格与精确把握，合适的心理紧张状态，利用规则和裁判尺度的限度，实施有利于自己的技战术等等，这些无形的比赛经验和比赛能力，需要通过多年的训练和多次比赛来获得、完善和提高。在多年的训练中应有计划、有系统地发展运动员的能力和竞技术水平，引导运动员走向竞技最高层次。

（8）教练员、运动员要了解和研究空手道项目的运动员损伤规律，善于发现问题，并积极探索解决问题的方法，减少伤害事故的发生。同时，还要积极实践和探讨训练后的尽快恢复方法，使运动员经过快速有效的恢复后，精力充沛地出现在每一次训练之中。所有这些，都是保证技术水平提高的重要因素，必须引起足够重视，为提高空手道运动成绩创造各种有利条件。

二、组手基础训练步骤

空手道组手的基础训练大致分为三个阶段：初学掌握阶段、巩固提高阶段、全面提升阶段。

（一）初学掌握阶段

打好基础，建立正确的技术概念。要学习空手道，首先要练好素质。要通过各种训练手段，提高练习空手道所需要的基本力量、速度、灵巧、协调和柔韧。与此同时，学习一定的型拳套路，压腿活腰，甩肩站桩，为攻防技法的学习打下基础。学习空手道的基本动作（包括步法、拳法、身法、腿法、摔法等），掌握动作的要领，提高动作的实效性，借助辅助器械提高击打和承受力量，了解一般的战术原则，明确要害部位的基本防护，为连招学习准备条件。通过基本动作的规格训练，进一步提高学习空手道所需要的专项素质，培养意志品质和必需的心理素质。同时通过对技术原理的讲解、看技术录像、图片和优秀选手的训练与比赛等，使选手对专项技术有初步印象，再进一步对技术进行分析，建立起初步技术概念。对技术的分析过程应当是动态的、立体的、连续的，不仅有身体姿势、动作角度、动作轨迹等外在表现，还应包括动作的时间、速度、速率、力量、节奏等要素，只有这样才能建立起正确的技术概念。

1. 常规基本功练习

它是构成空手道技术体系的基础，必须课课练。每个技术动作的正确路线和发力顺序都必须确实地掌握好，并注意全身动作的协调，每个动作完成后还应注意体势的平衡。

2. 分解与完整练习

在初学掌握阶段，选手应以分解动作、专门练习、辅助练习为主，进而掌握全面完整的技术。分解训练法，对高水平的专业选手也是适用的，因为技术的掌握、巩固，主要缺陷的克服，以至运动能力的提高，都需要大量采用局部技术、分解动作以及专门练习与辅助练习，这在整个技术训练过程中所占比例是很大的。采用分解的方式，将完整的技术动作进行分解来做，个别比较难或不好掌握的地方，可反复做直到能够基本掌握，但分解动作不宜做得太多，过多则使动作变形；在分解动作的同时，也可进行慢速度的模仿练习。此时不应过分追求动作的击打力量、速度，应仔细揣摩动作的发力点、路线和动作要领，一个动作不要在一组中有过多的重复次数，要少次、多组数。待技术动作有初步的认识，达到一定质量后，再进行完整练习。

3. 加强辅助练习

为了更好地掌握技术动作，训练中应采用一些辅助练习来强化动作，如：冲拳（上段、中段一拳或两拳，站立或跪立）、前弹腿练习、跪立踢腿等。

4. 纠错与重复练习

对于动作有误的情况，教练员应及时提出来，讲解示范正确的动作，及时纠正后，并重复进行练习，将动作规范化，使技术达到动力定型，提高技术的质量。

（二）巩固提高阶段

学习连招、提高技艺阶段，全面掌握运动技术。这个阶段要较全面地学习连招，从实践上、理论上掌握各种组合的规律，探究其速度、距离、着力点的特点，提高组招进攻、防守的准备和合理性，进一步完善动作的规格，初步形成自己特有的战术意识。根据本人的弱点，有目的地选择辅助练习，进一步提高专项素质，发展有关方面的力量和抗阻能力。提高阶段集体练习和个别练习要紧密结合，单人练习与规定条件的实践练习要交叉进行，有针对地培养处理突发事件的能力，促进积极思维，提高战术水平。

技术的完整性是指人体的上肢、下肢、躯干、头部都能做到正确连贯、相互协调配合。其中任何一个局部环节的动作结构不合理，都会引起整个技术相互间不能很好地衔接、串联，影响到整体能力的发挥，这需要经过多年的训练，不断地改进和完善。在巩固提高阶段，一方面，技术与战术相结合，必须从掌握好全面完整的及专属出发。注意进攻的目标与途径、技术的衔接和重心转换，不然选手的技术做得再好，无法结合完整技术，也会出现不协调甚至技术变形，无助于实战能力的提高。另一方面，抓好技术的得意技和关键得分技术。这些技术在整个比赛过程中起主导作用，必须反复多练，熟练掌握。要重视全面基本技术与技战术。一个年度的训练，一般得分技术在不同训练阶段安排恰当的比例。一个年度的训练，一般至少应该在冬训 3 个月内，掌握好较为完善的全面完整的技术。

1. 结合身法和步法练习

运动员基本掌握了技术动作后，则根据实战的需要结合相应的身法和步法进行练习，使技术与实战紧密结合。如练习腿法时，配合闪位或移位进行练习；练习后手拳技术时，可以练习向侧面 45°滑一步或者后撤一步后在进行后手拳的击打；或是要求先用身体晃动示以假动作引动对方。这样既可以使运动员避免枯燥的、单纯的步法练习，又可以较快地和实战结合起来。

2. 徒手练习

运动员不带任何装备，听口令看手势徒手完成技术动作。练习者按教练员的不同口令和不同手势，完成相应的技术动作。要求动作迅速、准确，这种方法的优点是既可以练习技术动作，又能练习反应速度。

3. 固定靶练习

格斗靶，是指格斗训练中用于击打练习的各种靶式器械，它是格斗训练的重要器材之一。格斗靶的击打练习是提高空手道组手技能的重要方法与手段。这是利用沙袋、大脚靶、多层护具、脚靶等器材作为击打目标的练习。练习的目的不同，方法亦不同。如要求提高动作速度和击打力度，练习者要快速完成一定时间内某一动作；若只要求提高练习者的动作频率和耐力，则应规定时间和组、次数的要求。另外按照比赛中常用的组合技术布置几组固定组合靶的练习，如3～5名同伴手持不同高度、不同放置角度的脚靶站立在一条直线上或不同方向上，由练习者以此踢靶。

4. 喂招练习

空手道组手训练非常重视“喂招”练习。要求陪练配合练习者进行技术练习，如将脚靶放置喉部，让练习者练习前手拳；将脚靶放置腹部，练习后手拳；将脚靶放置与胸齐平，让练习者练习横踢；将脚靶放置与头部齐平，让练习者练习高踢击头动作，或者进行特定的一个攻击后马上示靶；比如后手拳后马上出示前回踢靶等。护具喂引则是配合者身穿护具，用身体的移动配合练习者的进攻和防守，如陪练用拳法进攻，练习者则用腿法反击。这种练习不但能够有效地提高练习者进攻和防守的动作质量，还可以提高练习者击打的准确性、步法的灵活性和良好的距离感等。练习中，还可要求配合者变换喂招的方式，如快速出靶或连续出靶，这样既可以提高练习者的反应速度，又可以使练习者逐步熟练动作之间的连接，从而与实战较快的结合起来。

（三）全面提升阶段

加深技术感觉，发挥特长，形成有独特绝招的阶段。运动技术的掌握过程是技术感觉的积累过程。在技术的教学与训练过程中，技术动作的多次重复是必须的，但不是简单的、机械的，应当让选手有自己的体会。在训练中老师要多问选手的感觉，加以引导与指导，充分发挥智能作用。选手对正确技术感觉越深，掌握技术越快，越稳定。同时在技术训练中，老师少提强度要求，尽量少计时少丈量，让选手的注意力集中在技术感觉上，这样能集中精力加深印象，使技术掌握得更快。

该阶段是攻防技能提高的重要时期。通过一、二阶段的训练，教练要根据习练者的思想、品质、技艺、身高、体重、素质等各方面的情况，确立每人发展的方向，形成不同的特长，擅长就是绝招，练习者都要具备一至两种这种技能。独特的招法是教练对习练者长期有意识培养和训练的结果，教练要善于发现、总结，有目的地引导和完善其特长。独特的招法要与实战紧密结合，实战对象要多种，可以内部，也可以外部，及时发现问题，进行场外指导，提醒包括战术在内的主要问题。研究意外现象的补救措施，鼓励习练者大胆实施预定的策略，使每次实战都紧紧为独特技能的形成服务。

1. 功力练习

击打功力的养成，不是单靠僵力，而是进行与格斗力量环节相类似的活动性练习。如：手持小哑铃做冲拳、拳法练习；快速冲击练习；深蹲做腿法练习；以单个技术动作击打沙包，每个动作如冲拳、前踢、横踢、前回踢等都要经过击打沙包练习，要求击打速度、动作力量到位；把沙包作为对手，或者在跑动中起腿击打，或者绕沙包躲闪移动后再变角度，或调整距离后攻击沙包，用这种方式来练习距离感；手法组合、腿法组合、手腿组合等都可利用沙包进行练习。

2. 互不接触的攻防练习

为减少受伤和消除初学者的害怕心理，使之尽快适应实战，在训练中可以安排运动员两人一组，做一些互不接触的攻防练习。由于思想相对轻松，运动员能更好地揣摩步法、身法、判断距离，并在运动中捕捉最佳击打时机。

3. 小循环训练练习

所有运动员两人实战距离站立成两横排，进行逆时针或顺时针循环移动进行练习，规定时间规定动作，一小组小循环移动一次。这种练习方式，以便于运动员在短时间内适应不同的选手，并采用不同的技术战胜对手，更接近于实战。

4. 想象实战练习

运动员掌握了一些基本的技术后，在自己单独练习时，应假设是在实战中有对手在与自己对抗，对手采用各种技术进攻或防守自己，自己则从实战出发，选择几组进攻和防守反击的方法，做想象中的个人练习。进行这种练习，可在此训练课的准备活动的后半部分或实战前以及提高训练强度时采用。

5. 条件实战练习

即对实战提出要求，限制一些因素进行实战的一种方法。这种练习方法经常在空手道训练中被采用。如要求双方队员在一个回合中只能用后横踢进攻和用后手拳反击；一方只能用前手拳和勾踢进攻，而另一方只能用后手拳和上段快速冲击拳反击，不准主动进攻等。这种方法的优点是针对性强，能有效的训练和提高运动员的某一方面的能力。条件实战一般包括以两个方面：一是同伴配合。创造时机和姿势，以便进攻者完成进攻技术；创造时机和姿势，以便进攻者完成防守技术；创造时机和姿势，以便进攻者完成防守反击技术；不创造时机和完成技术的姿势，进攻者用自己的行动创造机完成进攻技术和防守技术或防守反击技术；同时积极的防守，但不全力防守，配合完成进攻技术或防守技术或防守反击技术等。二是双方运动员进行实战，一方进攻，一方反击。限制一方运动员的进攻技术；限制一方运动员的防守技术，限制一方运动员的防守反击技术，限制双方运动员的进攻技术，限制双方运动员的防守技术或防守反击技术等。

6. 实战练习

运动员掌握并熟练了空手道组手的基本技术后，要按照比赛规则进行不断的实战，逐步提高技术的应用能力。要在对抗中（在与比赛要求一致的情况下）将技术使用出来，这样才能在实际比赛中达到利用技术和其他方面的因素战胜对手，最后获取比赛的胜利。实战的时间可以根据训练的目的进行安排，如 10 ~ 30 秒钟实战，主要让双方运动员在短时间内学会抓住时机尽可能多进攻并得分；9 分钟三局实战，则主要使双方运动员在超过正式比赛的时间内，学会在非常疲劳的情况下使用动作战胜对手，并达到培养坚强意志品质的目的。

三个阶段不是决然分开的，既有联系又有区别，可根据实际情况，有的放矢，使组手技术的学习稳步地进入到高一级的水平。

第三节　组手的赛前训练

一、赛前训练安排

（一）时间安排

空手道项目的赛前训练一般都安排在赛前 4 ~ 8 周。赛前训练一般可分为：加强训练阶段和赛前诱导阶段。赛前训练就是要使运动员努力达到最佳竞技状态，使其机体能够适应比赛的要求，适应比赛的条件，把长期训练所获得的竞技能力集中通过专项能力体现出来。

（二）运动负荷

赛前训练的运动负荷要以专项训练为主，特别要突出专项，保持一定专项身体素质训练。总体运动负荷应是在保持一定量的前提下逐渐增强强度和难度。在以往的训练中刻意追求专项极限强度的情况经常出现，也就是所谓的“摸底式训练”。有些教练员在赛前（前一两天）摸底训练，这是教练员心里没底的表现。赛前应控制兴奋性，引而不发。同时还要注意多场次的比赛中，不能歇着比，这样会使体能越来越下降；要练着比，搞好比赛的间歇训练。

（三）赛前热身

大赛前的热身赛可以检查和发现问题，便于在下一阶段训练中去解决。要边比边练，不要刻意追求热身赛的成绩，更不能为热身赛表现出好成绩而降低训练负荷，这容易使运动员提前进入比赛状态。

（四）注意恢复，防止伤病

大赛前要特别注意恢复，防止伤病，以减少运动员战斗力。从准备活动到方法、手段的选择上都要注意，并确保赛前能够恢复或超量恢复。赛前要注意营养的补充和各种训练方法、手段的合理安排。

二、赛前训练安排的特点

第一，训练内容更加专项化。方法手段更贴近专项的训练形式，在组织形式上更加贴近专项的比赛特点。

第二，增加专项身体素质训练。赛前训练通常不练一般身体素质，必须突出专项身体素质训练，不是增加，而是突出。

第三，增加完整的技战术训练。赛前要做完整动作，练全程技术，不能再搞分解训练。

第四，增加完整的战术配合。提高运用战术的能力，增加实战训练的比例，完善战术配合和打法。

第五，提高成功率和稳定性。按比赛的要求，完成完整技术动作时强调成功率和稳定性。

在赛前训练阶段要突出“三性”。首先是专项性，赛前训练是专项技术和专项体能的储备阶段，因此要突出专项性；其次是针对性，赛前训练要针对自己的能力和技战术特点扬长避短，克服薄弱环节，抓关键技术，进行针对性训练，还要分析、研究对手，以己之长攻其之短，克敌制胜；再次是适应性，就是要适应大赛的条件，包括比赛的规则、赛程、时间、地点、场地、器材、气候等。

三、大赛失常的原因

参赛水平不高，在大赛中不能发挥应有的水平一直困扰着我们。据对雅典奥运会田径项目成绩的统计：提高个人成绩和达到年度最好成绩的外国选手占 22.3%，而我国选手仅占 7%；基本发挥的外国选手占 36%，我国选手占 27.1%。我国运动员有相当一部分发挥失常，甚至严重失常，在参赛的 52 名选手中有 28 人根本就没有发挥，比赛成绩大幅度下降，占 53%。其中训练和思想上的原因主要有：

第一，盲目乐观，对困难准备不足，过高估计自己的实力，遇到困难时束手无策。赛前不能定位过高，宁可把自己的位置定得稍低一点，立足于去拼对手，才有可能发挥水平。冠军是拼出来的。

第二，临场应变能力不强。受对手、气候、场地、环境等客观条件影响而没有发挥水平，多因准备不够，临场应变不够，或者是由于缺乏临场的经验，参赛能力差。

第三，心理素质不稳定。其一是缺乏自信心，缺乏拼搏精神；其二是思想过于保守，放不开；其三是比赛的注意力不集中，心理不稳定。

第四，赛前训练安排不当，赛前的训练没有把运动员调整到最佳竞技状态。第一种情况是训练负荷过大，疲劳积累过深，体力恢复不够，身体机能状态适应不了比赛的需要；第二种是训练负荷过小，训练水平下降，能力不够；第三种是专项强度过大，赛前过多消耗了神经能源，得不到恢复；第四种是专项强度不够，达不到保持和提高专项能力的目的，达不到比赛的要求。

第五，赛前准备活动不当，或是没有到位，或是准备活动的时间不科学。

第六，对规程规则的理解不深透，这方面应认真总结等方面。

第四节 组手的战术训练

一、战术的内涵

在比赛中，运动员根据自己和对手的各种具体情况，充分发挥自己的特长，限制对手的特长，为战胜对手或为表现出期望的比赛结果而采取的合理有效的计谋和行动，即为战术。战术的构成因素主要有：战术观念、战术指导思想、战术意识、战术知识、战术形式、战术行动。空手道战术，是根据比赛双方的各种具体情况，为战胜对手而采取的计策和方法。自古以来，兵家均以谋为本，明代刘伯温著《百战奇略》中说："用兵之道，以计为首"；"若不计而进，不谋而战，必为敌败"。空手道战术亦是以谋略为主。随着空手道运动的发展，比赛中运动员技术水平和竞技能力日趋接近，单凭身体、技术战胜对手的现象逐渐减少，良好的运动素质和技术水平，只有通过一定的战术形式表现出来，才能在比赛中有更多的取胜机会。因此，空手道战术是空手道训练的重要因素之一。它的作用就在于把运动员已经获得的身体、技术、心理等训练成果，根据比赛双方的具体情况综合应用，其核心就是"制人而不制于人"，造成有利的态势，掌握主动权。为了争取主动，一方面，对自己要扬长避短；另一方面，对对手要抑长制短。在比赛双方旗鼓相当、势均力敌的情况下，正确地运用战术，可以减少体力的消耗和无效运动，对夺取比赛的胜利具有重要的作用。在空手道比赛中，战术的运用是否合理，可以很大程度影响到比赛的结果。因此，在空手道运动员的训练中，除一般的技术和身体素质等训练外，对空手道运动员战术能力的培养就显得尤为重要。

（一）运动员战术能力

运动员战术能力是指运动员掌握和运用战术的能力，是运动员整体竞技能力水平的重要构成部分。运动员战术能力的高低是通过运动员战术意识的强弱、掌握战术知识的程度、所掌握的战术行动的质量和数量，以及战术运用的针对性和有效性等方面来体现的。

（二）战术意识

所谓战术意识，是指运动员在比赛中按照一定的战术目的正确合理地运用技术和战术的自觉心理活动。它表现为运动员能根据临场情况的变化，随机应变地决定自己的行动方案，充分发挥技战术特长，以便克敌制胜。所以，战术意识是运动员技术与战术水平的综合体现，它常常表现为运动员在紧张、激烈、复杂的比赛中迅速选择战术和合理运用技术时的"瞬时决断"能力。战术意识表现在比赛的全过程之中，如果运动员的战术意识不强，容易造成失误。由此看来，战术意识不仅支配着技术和战术的正确运用，而且也直接影响着战术行动的效果。

二、空手道的战术行动形式

（一）直攻战术

是指在没有虚晃以及假动作的掩护下使用方法直接进攻对手。运用直攻战术需具备以下条件：当对方的反应速度、动作速度、位移速度弱于自己时；当对方的体力不足时；当对方的防守姿势出现空隙时；当对方的距离能有效地使用进攻动作时；当对方的进攻动作不熟练时等等。

（二）强攻战术

是指硬性突破对手的防守而发出的攻击。一般情况下，一个敢打敢拼的新手常常采用，发挥“初生牛犊不怕虎”的气势，以“猛”来弥补自己经验的不足。从这一点上说，强攻战术是空手道战术的初级战术。另外在以下情况下也可以运用：对方的心理素质比较差时；当对方遭到重创，战斗力不强时；当点数落后，比赛将要结束时等等。强攻不是盲目蛮干，而是通过这一战术手段，扬己之长，实现打击对方的目的。

（三）抢攻战术

是指没有假动作直接进攻，使用战术要求动作速度一定要快，并能及时抓住战机。运用抢攻战术应具备以下条件：当对方体力不足时，对方的防守出现漏洞时，对方反应速度、动作速度、位移速度没有自己快时等。

（四）诱击战术

诱击战术，是指采用各种手段制造对方的错觉，然后实施真实进攻，诱击战术可以在双方实力相当时运用，如故意暴露目标、故意体力不支，或指上打下、指左打右，真真假假使对方虚假动作产生错误的判断后，再加以进攻。

（五）佯攻战术

是有目的地造成对方的错觉，把对方引入歧途，实现真实进攻。在空手道比赛中，佯攻是最为常见的战术形式之一。随着技术水平的普遍提高，特别对付动作反应快、防范能力强的对手时，直接进攻容易被防守、截击，而采取指上打下、指下打上、指左打右、指右打左等假动作可以转移、分散对方的注意力，促使其对虚假动作产生某种反应，再乘机攻击其防守的空当部位，一定能提高进攻效果。

（六）迂回战术

是指利用步法移动的侧面进攻。这种战术主要用于对付力量大、速度快、擅长正面进攻，或者正面防守严密的对手。通过调整与交换对手的距离和角度，避实就虚，寻找机会从侧面加以进攻。

（七）制长战术

是指限制对方技术优点的打法。这种战术在比赛中应用较多，因为只有了解对方擅长打法，才能控制对方战术，使其不能发挥自己的长处，同时有利于自己有效进攻，从而保证比赛的胜利。

（八）制短战术

是指针对对方技术薄弱环节而采取的打法。在比赛中不仅需要了解对方的长处，也要了解对方的技术弱点，只有抓住对方的不足，集中力量攻击对方的弱点，才能有更大的取胜可能。

（九）多点战术

是指进攻立体交叉，全方位地进攻对方。当对方的技术水平较高时，采取单一方法进攻容易被防范，则应采用上、中、下，正面、侧面，手法、腿法、摔法的多点，不断地变化进攻的方法，以最大限度地分散对方的防守注意力，牢牢地掌握主动权。

（十）突袭战术

是针对对方自然产生的习惯动作，采用相生相克的方法进攻对方。空手道比赛时，只要留心注意观察，就会发现对方无意识地表现出一些习惯动作。例如，有的运动员习惯提膝提腿，有的习惯身体重心在前腿上；又如，在一个回合的进攻中，裁判员并没有喊“停”的口令，而双方运动员都停止了进攻，自然分开，这是一种典型的动态习惯。如果利用这个习惯，当对方停止动作时，突然发出进攻，出其不意攻其无备，打个措手不及，可以达到突然袭击的效果。

（十一）反击战术

是待对方发出进攻动作后，在防守的过程中反击对方，是典型的后发制人谋略，是一种较为复杂的战术形式。防守反击主要有先防守后反击、防中寓攻和以攻代防三种形式。当遇到性情急躁、缺乏比赛经验、喜欢猛冲猛打的对方时，可以以防技战术为主，主动进攻为辅。以主动进攻掩盖自己反击战术的意图，刺激对方，使其更加急躁，为反击战术创造条件。反击战术的手段主要有上段、中段、（拳、腿）迎击、挡击、抓摔、顺摔、闪位击等。

（十二）心理战术

心理战术是通过一些特定的方式和措施，给对方造成心理上的压力，从而取得比赛胜利的方法。心理战术形式多样，如赛前隐瞒实力，麻痹对方；露出破绽，造成对方的错觉；激怒对方或松懈对方的斗志等。比赛中的强攻战术、佯攻战术、制长战术、制短战术等，都有心理战术的因素，其目的就是迫使对方紧张、急躁、恐惧、气馁，从而失去比赛的信心，导致比赛的失败。

三、战术意识的培养

战术意识，是运动员战术能力的心理学基础。为加强运动员的战术意识，除丰富其战术知识外还要采取以下措施：

赛前：运用意念战术训练模拟比赛时的思维活动。如设想不同对手的不同战术行动，运用思维模拟自己的战术行动；在心理训练中加强选择反应能力的训练，并采取有效手段扩大视野和提高赛场快速决断的能力。

赛中：在比赛中注意体会自我心理变化过程；筛选或调整不利于比赛的战术思维，保留并强化有利于比赛的战术思维。

赛后：注意总结。

四、战术能力的培养

（一）培养空手道运动员战术能力要以丰富运动员的战术知识为基础

战术知识是战术能力的基础，丰富空手道运动员的战术知识是培养空手道运动员战术能力的第一步。

1. 战术知识的构成

战术知识是指关于比赛的战术理论及实践运用的知识，有经验知识和理论知识两种形式。包括对专项战术运用原则与战术形式，战术的发展趋势，比赛规则对战术运用的制约等方面的了解与把握程度。战术理论知识是指空手道项目的各种战术理论知识。战术经验是指空手道战术理论与方法在空手道实战运用中所获得的体验。战术知识是对于战术问题的理性认识，是运动员形成和强化战术意识、掌握战术行动和运用战术能力的理论基础，可以通过理论讲授和观看比赛来丰富运动员的战术知识。

2. 理论讲授

理论讲授就是指教练员通过向运动员讲解，传授空手道战术的基本知识和空手道战术应用的一般规律。内容主要是对空手道战术的概念、分类、形式及影响战术能力的因素、设计和运用战术的原则、不同战术形式的运用条件，以及专项战术行动的方法等进行概括而系统的讲解。理论讲解时应注意系统性和概括性，形象有趣的理论讲授的同时，辅助以生动有效的实践感受，通过动嘴说、动手做等方式，理论联系实践，例如结合比赛的规则讲战术等，这样形象有趣的理论讲授使得运动员有生动形象的实践感受。

3. 观看比赛

观看比赛是学习战术知识的一条重要途径。观看比赛包括观看比赛录像以及到现场观赏实战比赛两种方式。观看比赛录像应从比赛录像中选择一些反应战术特点的、运用战术较典型的比赛片段，组织运动员观看，或筛选出一个完整的战术进行反复的研究。为了使得分析全面、准确，在看完片段后还应把全场比赛连起来看，从局部与整体的观念出发，防止孤立、片面的看问题，从而达到完整地去理解和掌握战术知识。到现场观赏实战比赛时，因为它与观看比赛录像的差别就是在观赏实战时有一种身临其境的感觉，所以教练员应在观看比赛前引导运动员有目的地对某一知识点进行观察，赛后写出观后感。通过这种方式运动员除了可以直接观看比赛之外，还能感受到比赛现场的气氛，在培养战术知识的同时，也增长比赛经验。

（二）培养空手道运动员战术能力要注重运动员战术意识的形成和提高

理论和实践证明，在训练过程中采用假设性训练法、选择训练法和实践法对战术意识的形成有很好的效果。

1. 假设性训练法

假设性训练是运动员在大脑中设想对方不同的打法，模拟比赛的情境，假想自己在与某一类型打法的虚拟对手实战，或假设比赛时出现了某种情况，并采用相应的战术打法与其对抗，或采用有效的对策来应付。可以是静态的情景想象，也可以是动态的边想边练。这种练习可以是一种战术反复练习，也可多种战术结合练习；可以单法练习，也可以配套练习。假设性训练还可以和空击练习结合起来，想练结合。空击训练即是想象对手或用自己的影子来做各种防守与进攻的练习，是熟练自如地掌握动作技术的重要训练手段，并能以此来加强和改善神经传导通路的信息传递功能，进而提高动作的应变能力和动作反应速度。这不但可以有效地培养战术意识，还可以提高实战中战术行动的质量，也可以更好的掌握各种战术的具体用法。

2. 选择训练法

选择训练法是指教练员从实际比赛的录像中剪辑各种战术打法的片段组织运动员进行观看，当一种战术打法出现后按暂停，让运动员即刻作出战术打法的选择。这种方法可以直接有效地提高运动员战术思维的敏捷性，从而提高其在赛场上的快速决断能力。

3. 实践法

实战训练是检验和提高技术、战术的重要方法，是总结、积累实战经验的有效措施，它是在空手道比赛规则允许的条件下进行的“真枪实弹”练习。分戴护具的实战练习和不戴护具的实战练习。实战训练可选择不同类型的对手进行“车轮战”，以适应不同对手的打法。若要灵活自如地运用所掌握的技术动作，只有通过反复的实战训练来不断提高技战术的实战应用能力。在实战训练和实战比赛中，注意体会自我的心理过程，要善于筛除和调整不利于比赛的思维过程，保留并强化有利于比赛胜利的战术思维。

（三）战术行动的掌握是培养空手道运动员战术能力的核心

战术行动是战术的外在表现形式，任何战术意图都是由各种具体的战术行动来完成的。因此，训练和培养运动员熟练掌握各种战术行动是培养运动员战术能力的核心部分。目前采用较多的训练方法有以下三种：

1. 循序渐进法

循序渐进法在空手道训练中通常是指按照由简到繁、由易到难的顺序来进行战术行动的训练。其顺序通常为：徒手空击练习、递靶喂招练习、适度护具对抗练习、条件实战练习、模拟比赛练习、实战比赛练习。

2. 增减难度训练法

增减难度训练法是指增加或减少难度使运动员更好地掌握战术行动。减少难度训练适合于一般运动员的训练，而对于那些高水平运动员则多采用增加难度的训练。减少难度主要是减少运动员的对抗性，而增加难度就是要增加超过比赛强度的对抗性，两者有机结合，以便更好的提高运动员的战术行动，增强运动员的战术能力。

3. 程序训练法

战术技巧的结构一般较为复杂，在战术技巧的训练中按一定的程序逐步进行。空手道战术技巧训练的基本程序一般为：无防守的移位训练→无防守的闪位训练→压迫式的防守训练→ 主动式的防守训练→实战训练（单一、条件）→ 模拟比赛训练（设定、非设定）。

（四）提高运动员的战术运用能力是培养空手道运动员战术能力的最终目的

无论是丰富战术知识还是提高战术意识，或者是掌握战术行动和技巧，这一切都是为了使运动员能在赛场上迅速、合理、有效地运用所学到的战术，或者说提高其灵活运用战术的能力。这种战术运用能力需要在空手道运动实践中通过条件实战、模拟比赛和实战比赛等方法来逐步加以提高。

1. 假设训练

假设对方各种不同的打法，“身临其境”，假设性地运用相应的打法形式。如设想打法采用“主攻抢打”，即可用相应的“反击战术”而破之。这种练习可以一个战术反复练习，也可多种战术练习；可以单法练习，也可以配套练习。如先“诱敌反击”，接着“连招快打”；或者先用“主动进攻”，然后“强攻硬取”。总之，可以设想各种情况进行空想空击，也可利用固定靶、移动靶等目标，采用“佯攻巧打”，或“闪躲进攻”来击中目标。这种想练结合的方法，主要目的是培养战术意识，掌握各种战术的具体用法。

2. 条件实战训练

条件实战训练法就是根据战术的需要，教练员规定一定的内容或使用动作的范围，组织运动员进行实战对抗的战术训练方法。针对某些技术或战术的训练，必须在近似实战或实战中训练，才能收到良好的效果。因此，根据训练需要，进行有目的、有条件的实战训练，专门性地强化所练技术或战术，是技战术训练中有实际意义的练习法。这种练习可以使练习者有目的地掌握运用各种技战术，积累实战经验，为实战做技术、战术和心理上的准备。

3. 模拟比赛训练

模拟比赛训练法主要是在训练中模拟比赛中可能出现的各种情况，进行专门的、极具针对性的技战术训练。针对有的运动员在平时练习时技战术的发挥和运用都非常好，但在比赛中却发挥不出来的情况，可采用模拟比赛的训练方法。将技战术训练放到类似比赛的环境中进行，可增强运动员在比赛环境下发挥自己应有的技战术能力。

4. 实战比赛训练

实战是对技战术训练效果的有效验证和进一步促进，因此，利用实战训练法进行技战术的训练和检验是技战术训练的最高阶段，同时也是最终目的。所以，经常进行测验赛、选拔赛、邀请赛、对抗赛等多种形式的实战比赛，会对运动员的技战术训练起到任何训练方法都不能比拟的效果。通过实战比赛，使运动员的技战术都有质的变化，同时，在高度紧张激烈和瞬息万变的比赛情况下，有效地运用技战术，增强自信心，丰富临场经验，为真正进入高水平比赛创造条件。

四、战术训练的原则和基本要求

（一）战术训练的原则

战术原则是制定战术计划，实施战术必须遵循的准则。

1. 攻防兼顾的原则

空手道的比赛紧张、激烈、刺激，如果比赛中只一味讲究进攻或单纯防守，就会攻防失调、顾此失彼。因此，比赛中一定要遵循攻防兼顾的原则，在瞬息万变的激烈对抗中临危不惧、临危不乱，保持合理的攻防节奏和效果。攻防兼顾原则的运用是根据比赛时的具体情况灵活应用的。

（1）比赛时如果面对的是强于自己的对手时。

加强防守，运用防守反击战术与对手对抗。一般这类对手都有充分的自信，更趋向于主动向前冲击进攻，想在短时间内得分而马上取得优胜，我们应对此类对手时，要保持远距离进行防守，脱离对手易攻击范围，朝圆形向两边移动，虽然不能战胜，但可以集中精力清晰有效地防守，使对手进行无效的击打。保持有效防守，使双方比分都为零，以消耗对手体力，来打击对手的信心，在最后几十秒的时间，要抓住时机，改变策略，迅速由防守变为进攻，从而加快比赛节奏，使对手措手不及，并在进攻时运用较寻常易得分且不易犯规的中段冲拳，在击打时一定要有力量，打得坚决、精确，进而转败为胜。

（2）比赛时如果面对的是弱于自己的对手时。

采取主动进攻战术，争取主动战胜对方。一般这类对手都会有心理的恐惧感，缺乏自信。在进攻时这类对手喜欢往后退，想与对手保持较远的距离，在应对这类对手时我们应该尽量缩短距离，加快比赛节奏，采用灵活的步法强行加快对手的步法，打乱对手的比赛节奏，以控制整个比赛节奏，在最短时间靠近对手进行有效击打，要求进攻优于防守，此时的得分技术动作比对手有效，建议用上段踢法或者摔法进攻，或者连续进攻将对手逼出场外。

（3）比赛时如果面对的是与自己相当的对手时（特别是在争取奖牌时，任何技术动作都有效）。

要攻防兼顾，充分发挥智能，运用适当的战术，做到有序进攻，稳妥防守，抓住战机，猛烈进攻。一般在场地中间完成，这时进攻防守体系同样重要，比率基本相同，大部分在中距离完成，节奏应是平稳的，尽量少犯错误。

一个运动员应随时具备：方法、技术、运用、遏制。空手道项目不是单一的技术动作，而是同时进攻而防守着。

2. 利用控制与反控制原则

在空手道比赛中，经常会遇到这样的情况，就是一名运动员虽然具有较好的专项身体素质和较高的技战术水平，但比赛中被对方控制的不能有效发挥，一举一动都被对方有效控制，因而导致比赛的失败。这种控制就是运用技战术扼制对方进攻的最有效方法。如果自身控制能力好，运用技战术合理，就会占据比赛的主动和优势，相反，就会处于劣势和被动。但如果具有更强的反控制技战术，就会变被动为主动。

（二）战术训练的基本要求

1. 努力培养运动员的战术意识

培养运动员的战术意识是战术训练的中心环节。比赛中的战术运用要靠赛前了解情况，制定战术方案，靠教练员的临场决策指挥，但重要的是在瞬息万变的情况下，运动员依靠独立作战能力、战术思维能力和战术应变能力等，去具体决策和运用不同战术。因此，在训练过程中，一定要强调利用各种方法，促使运动员学会比较、分析、综合和判断，提高战术意识水平。

2. 基本战术训练要同多种战术训练组合

在战术训练中，首先要让运动员精练几套基本战术，这样，运动员才能在临场比赛中，根据已掌握的技战术，随着比赛的发展灵活运用。除了掌握基本战术以外，还应掌握自己的特点，学习掌握几种成套的对待不同对手、不同状况的战术方法，以适应各种不同的对手和不同的场上情况。在战术训练中，既不能华而不实，只求多而不求精，也不能把战术训练过于简单化，要根据运动员的能力进行训练。

3. 要重视战术训练的质量

在战术训练中，不仅要求运动员全面地掌握战术形成的具体使用方法，同时要求具有较高的质量，收到切实的效果。要严格按照实战的要求去训练，战术动作的力量、速度、时机、判断、反应、节奏、方向、距离、角度等，都应保质、保量地去完成。

4. 战术训练要和其他训练协调进行

战术训练质量如何，与身体素质、技术、心理训练有着密切的关系。在很大程度上，战术训练是依靠身体训练、技术训练和心理训练完成的。运动训练内容的各部分之间是相互影响、相互联系、相互制约、相互促进的，并共同反映在运动员的身上。因此，战术训练要同身体训练、技术训练和心理训练协调进行，以提高战术训练的效果和实际运用能力。

5. 重视心理训练

在参加实战或比赛前，如果感觉到自己心跳加快、呼吸频率增高、血液循环加速、身体皮肤慢慢热起来、全身有劲，有经验的空手道运动员将能发挥最高的比赛水平，但对于没有实际战术经验的运动员来说，这种状态可能导致精神过度紧张。后者通常会在赛前、赛中思想压力很大，不能保证正常的饮食和睡眠，从而在实战中明显感到力不从心，严重影响技术水平发挥。因此要重视心理训练。

本章小结

本章系统论述了空手道组手的训练。第一节针对空手道组手训练提出了要求，包括制订训练计划，严格组织和实施训练计划等方面，从而保证空手道组手的训练质量和效果。第二节针对组手基础训练阐述了一些方法及步骤。基础训练是整个训练体系的重要组成部分，打下坚固的基础，才能为下一阶段训练提供良好的保障。第三节从赛前训练安排及特点、大赛失常的原因分析，指出了空手道组手的赛前训练必须围绕实战出发，注意专项素质、专项技术等专项能力的提高，科学合理地安排赛前训练，为比赛做好准备。第四节解析了空手道组手的战术训练，包括战术的内涵、战术行动形式、战术能力的培养和战术意识的培养，并介绍了战术训练的原则与基本要求。此外，战术意识的培养，战术运用能力的提高，还反映在行动的预见性、动作的隐蔽性、配合的一致性、战术的灵活性等几个方面。

思考题

1. 空手道的战术行动形式有哪些?
2. 如何训练空手道运动员的战术意识?
3. 空手道组手的训练要求有哪些?

第八章　空手道体能训练

本章导读　本章阐述了空手道的体能训练，包括体能训练的原则、基本素质训练和专项素质训练以及核心力量训练。通过本章的学习，重点掌握空手道基本素质、专项素质和核心力量的训练要求及方法，了解空手道体能训练的原则，为空手道技战术的训练奠定基础。

第一节　空手道体能训练的原则

不论是自己练习，还是指导别人进行体能素质练习，必须遵循一定的原则，否则会产生不良的后果，影响训练的进行，甚至造成身体的损伤，导致训练的失败。

一、自觉积极性原则

人的自觉积极性是完成各项任务的基础和保证。在空手道体能训练中，同样需要发挥人的自觉积极性，只有调动起习练者的积极性，才能达到训练目的。因此，自觉积极性原则对明确训练目的，端正训练的态度以及自学苦练有着重要作用。习练者要积极开动脑筋，把认真练习的想法转变成为自觉行动的基本准则。

二、从实际出发原则

根据习练者的实际情况切实合理地选择训练方法和制定学习目标，在原有身体素质的基础上，利用有效合理的练习手段和运动量安排，进行专项身体素质训练。如果要求过高，内容难度过大，选择训练方法不当或运动负荷不合实际，就会超出自身的实际水平和承受能力，这样不仅难以完成训练任务，反而会产生不良后果，甚至会出现严重的伤害事故。相反，如果运动量强度太小或要求过低，则达不到身体训练应有的效果。因此，在进行体能训练前，一定要从实际情况出发，并制定切实合理的训练计划，然后再进行训练。

三、全面发展原则

空手道竞技需要发展综合全面的体能素质，在进行体能素质训练时，要从全面发展的原则出发，从不同的素质内容、训练方法和手段着手，使身体的各个部位、器官和系统的机能，以及身体各项素质得到全面的发展。由于人体是在大脑统一指挥下的有机整体，身体各部位、各系统的机能和各项素质之间都有密切的联系，而且相互制约。因此，如果训练安排得当，协调得好，训练中人体各部分就能够相互促进，共同提高，使身体素质得到平衡发展。此外，有的人拥有天生的优势素质，也有相对薄弱的部位，在训练中要注意优势素质和薄弱部位的协调发展。

四、合理安排运动负荷原则

训练中运动负荷的合理与否直接影响着身体的适应能力。运动负荷过大，会给人体造成过大的生理负担，甚至会使人难以承受而出现伤害事故；运动负荷过小，则达不到训练要求，收不到预期的效果。合理安排运动负荷，就是在进行体能素质训练时，根据自己或队员的身体素质基础，结合训练的任务和目的以及空手道竞技的具体要求，合理安排运动负荷，使训练负荷既能被身体适应，又能有效刺激人的机体，达到提高体能素质的目的。此外，还要根据训练的水平、阶段、任务安排好训练和休息，以便更好地发展专项身体素质。

五、具体问题具体对待原则

体能素质训练要求具有实效，而实效的获得是通过具体的训练完成的。因此针对训练中的具体问题，要用具体的方法去解决。体能训练要善始善终，训练前充分做好准备活动，训练后一定要放松肌肉，以保证身体的适应和快速恢复。同时，注意训练中的礼节教育，做到“以礼始，以礼终”。

第二节　空手道基本素质训练

空手道基本素质训练旨在增进运动员的身体健康，改善身体形态，提高各器官系统的机能水平，为专项训练奠定基础。包括力量素质训练、速度素质训练、耐力素质训练、柔韧素质训练和灵敏性素质训练。

一、力量素质训练

力量素质是指人体某一部位肌肉在工作时克服阻力的能力。当肌肉工作时，其所受阻力主要包括外部阻力和内部阻力两个方面。在空手道运动中，受到的外部阻力主要是指对手的对抗；内部阻力主要体现在肌肉黏滞性、对抗肌肉的牵引等。空手道运动中需要肌肉收缩产生力量，克服各种阻力，完成预定动作。力量素质水平的高低不仅是运动员学习和掌握空手道技术的必要条件，而且还对运动速度、耐力等运动素质产生极大的影响。力量素质的水平在很大程度上决定了其竞技水平的高低。

空手道讲究“一击必杀”，力量必然是强调的对象。传统空手道喜欢用同伴作为负重进行练习，例如扛人深蹲、扛人纵跳等。传统空手道也经常使用石制杠铃之类的工具，例如大山倍达就经常用重达360公斤的石杠铃练习深蹲。空手道有很多展示击破能力和力量的表演，力量训练在某种程度上也是这些表演的需要。

现代空手道非常重视力量训练，美国和欧洲的空手道训练馆里大多都有力量训练房。空手道界甚至还将力量素质与级别段位直接联系起来，例如规定黑带选手必须能够深蹲2.5倍体重以上的重量，黑带7段必须能够深蹲3.5倍体重以上的重量。

一般认为，空手道将过多的精力用在了表演方面，偏离了“实战中心”的思想，如大量的击破表演、套路、“寸前即止”的规定等。但它对力量训练的重视却受到了广泛赞赏，而且也取得了实实在在的效果。例如，著名的“腿王”安迪·哈格身高、体重都没有优势，但却获得了K-1冠军，这在很大程度上是因为他有强大的力量（深蹲351公斤）。现任K-1冠军、“巨人膝”萨米·舒尔特的深蹲更是达到了420公斤。

在空手道运动项目中，所需的力量素质可简单地分为三种：最大力量，如抱摔、拳腿摔等动作；速度力量，如出拳、出腿时，既要有速度，又要有力度；力量耐力，如在较长时间内维持其技术动作并不使其变形。

（一）主要训练方法

1. 最大力量

空手道实战及比赛时，最大力量的使用主要体现在各种摔法的对抗中，如过肩摔这一技术动作，必须使用最大力量将对手抱起后将其摔倒。其主要训练方法为：

（1）发展上、下肢最大力量。如手倒立推起、引体向上、杠铃屈臂、卧推杠铃、负重深蹲、负重弓步走、马步站桩。

（2）发展腰腹肌最大力量。如悬垂举腿、重仰卧起坐、高翻杠铃、负重体重屈。

（3）全身最大力量。如抓举杠铃、挺举杠铃。

2. 速度力量

速度力量是指肌肉在尽可能短的时间内发挥出尽可能最大的力量的能力。在空手道运动中主要表现为出拳、出腿的质量以及在快摔（接腿摔）时体现出的快速的力量。主要训练方法为：

（1）上肢。如俯卧撑击掌、扑地蹦（连续）、推铅球、抛实心球、持轻哑铃冲拳、系皮筋冲拳。

（2）下肢。如全蹲跳、立定跳远、蛙跳、多级跳远、高抬腿跑、后蹬跑、负重跳、负重腿法练习。

（3）腰腹肌。如元宝式收腹、实心球抛接、仰卧起坐。

3. 力量耐力

力量耐力指在静力性工作中保持相应强度的肌肉紧张能力，或在动力性工作中多次完成相应强度的肌肉收缩的能力。空手道比赛中，力量耐力反映的是在规定时间内反复完成比赛动作所要求的高质量的肌肉收缩能力。力量耐力的发展取决于比赛条件下的运动程度和特点时间。其主要训练方法为：

（1）循环训练法。循环3~4次，持续20~30分钟（图8-2-1）。

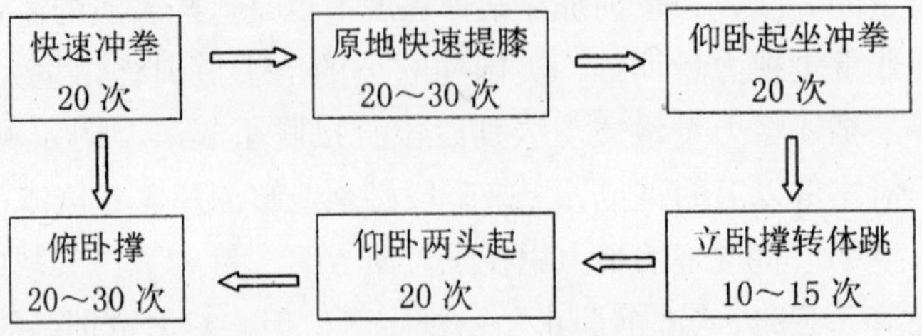

图8-2-1 力量素质循环训练法

（2）重复训练法。如持哑铃的拳法练习、缚沙袋的腿法练习、步法练习等。每组重复20~40次，间歇60~90秒，完成3~5组。

（3）规定条件和规定时间的实战练习。

（二）训练要求

注意全面发展，防止片面性。肌体局部的力量练习与整体的力量练习相结合，大肌群力量与小肌群力量相结合。

（1）科学调整和安排运动负荷。

①练习最大力量时，负荷强度为70%~90%，重复次数3~6次，重复组数6~8组，间歇3分钟。

②练习速度力量时，要先加后减负荷，即：先增加负荷的重量，使之超出比赛时需克服的阻力；当学会基本适应后，再减少负荷至正常水平，可有效提高在标准阻力下完成动作的速度。

（2）注重与专项技术相结合。根据空手道技术发力迅猛的特点，要注意发展"寸劲"。

（3）安排好整理运动。力量练习后应注意放松调理，防止肌肉僵硬，提高肌肉的弹性。

（三）力量素质训练的原则

1. 集中发展核心力量

人体的力量分为核心力量和非核心力量两大类：前者主要指腿部力量，后者指其他部位的力量。核心力量占人体总力量的大部分，而且实用性强，便于借力。根据格斗各种技术的力学分析，空手道力量的60%依赖于核心力量，腿击力量的40%依赖于核心力量。核心力量在其他格斗技术的发力中也都居于主要位置。因此，应该将空手道力量训练的主要精力集中在发展核心力量上。

2. 大重量，低次数

在力量训练理论中，能连续完成1~5次的重量称为大重量，能连续完成6~12次的重量称为中等重量，能连续完成12次以上的重量称为小重量。大重量训练主要发展力量，中等重量训练主要发展肌肉，小重量训练主要发展耐力。空手道力量训练的主要目标是提高腿、膝、拳法的重击力度与控制力度，因此应坚持大重量、低次数。但这并不意味着训练应该采用较少的组数。空手道力量训练的组数设计必须保证每次训练课都全力以赴。

二、速度素质训练

速度是人体快速运动的一种能力，在空手道运动中，速度是攻防转换中最活跃的因素之一。无论是在主动抢击、快速撤防，还是在防守后的还击之时，都需要有良好的速度素质为基础。速度在空手道身体素质中处于核心地位，主要表现在以下几个方面：对方做出的种种攻防动作对自己产生的反应的快慢（反应速度），完成单个进攻或防守动作的速度以及单位时间内重复动作次数的多少（动作速度），单位时间内身体移动距离的远近或身体移动一定的距离所需时间的长短（位移速度）。

（一）反应速度

反应速度一般包括简单反应速度和复杂反应速度两种：简单反应速度是运动员对某一动作或信号所做出的反应；复杂反应速度是指对对手所做的动作的各种变化做出相应动作的反应能力。空手道运动中反应速度的快慢取决于运动员的感知能力、接受信号的能力、对信号的选择性分析、信号沿反射弧传递的速度及肌肉应答收缩的速度和能力这几个方面。这些方面与运动员的遗传有很大关系，但通过训练也可以提高反应能力。

其主要训练方法为：

1. 老师发出信号（语言或手势），学生迅速移动步法，迅速出拳、出腿练习。

2. 老师发出动作信号（不固定的出拳或出腿），学生迅速做出反应，防守或反击或迎击练习。

3. 打固定靶：老师或同伴持靶，在固定的地方，突然示靶，学生有选择地进行击打。

4. 打移动靶：老师或同伴持靶，在移动中突然在不同的方位示靶，学生根据不同的靶位，选择相应的组合技术击打。

5. 条件练习（可一对一，也可多对一）。

（1）指定进攻方的具体动作，迅速做出防守反击。

（2）不规定进攻方的具体动作，迅速做出防守反击。

（二）动作速度

动作速度的快慢，主要取决于中枢神经系统的功能及引起该部位运动的肌肉力量的大小。在训练中，可采用不同手段提高学生的动作速度。其主要训练方法为：

1. 徒手练习

（1）上肢速度。

（2）腰、背部肌肉速度：元宝式收腹、俯卧两头起、原地双飞脚。

（3）下肢速度：原地快速提膝、原地小步跑、快速踢腿练习。

2. 器械练习

（1）上肢手持小重量哑铃、杠铃、快速冲拳练习，系皮筋快速冲拳练习。

（2）腰背部肌肉速度：斜板上快速仰卧起坐，俯卧在跳箱上上体起；仰卧（俯卧）在双板上，快速仰卧起坐（上体起）。

（3）下肢速度：负重单腿跳，负重腿法练习，系皮筋快速腿法练习。

3. 空击训练法

单位时间内，运动员动用各种单个动作技术或组合技术，进行进攻或防守的练习（运动员想象对手是自己的影子）。

4. 条件实战法

在进行实战时，强调明确的任务，提出具体的动作要求，以激励运动员的高昂斗志，提高表现最快速度的能力。

（三）位移速度

位移速度的重要练习方法之一是力量练习法。在发展基本力量的同时，应着重发展速度力量即爆发力，可采用大强度乃至极限强度进行练习。其主要训练方法为：

1. 加速能力跑

（1）各种距离的冲刺跑：30 米、50 米、60 米等。

（2）短距离下坡跑。

（3）短距离变节奏跑。

2. 速度耐力练习

（1）短距离的重复跑：50 米、100 米、200 米。

（2）中距离的间隔跑：400 米、800 米、1000 米。

（3）长距离的变速跑：100 米快～100 米慢，总距离为 3000～5000 米。

3. 滑步练习

（1）规定时间的滑步练习。

（2）规定时间的变向滑步练习：50 米前进步～50 米后退步。

（四）出拳踢腿速度的训练

动作速度的快慢，除了取决于信息在反射弧各环节中传导速度快慢外，还与神经系统对肌肉指挥能力有密切关系。

1. 李小龙训练动作速度的主要手段

（1）需借助于信号刺激的节奏来提高动作速度和技击实战的节奏感。例如李小龙借助快频率的音乐，来训练自己伴随音乐的节奏而做出快速、协调一致的快速动作的能力。这样能使自己的技击节奏变得飘忽不定，迫使对手无法捉摸和利用，此亦为技击之终极目的。

（2）要缩小完成动作的空间或缩短完成练习的时间，来提高动作速度。而且对相同的技术动作，反应的时间越短愈好。

（3）加大练习的难度，把在较困难的条件下完成动作时获得的效果，转化到动作速度上。例如，当你进行拳打脚踢时，可在臂上或腿上负重，而当去除负荷时，动作就会加快。

2. 训练要求

（1）合理安排训练时间。速度练习应安排在课的前半部分，在中枢神经系统处于兴奋状态和体力充沛时进行训练的效果最佳。

（2）科学安排运动负荷。运用负重物练习空手道基本技术动作，并将其与“空击”相结合。负荷强度一般在最大力量的30%左右。

（3）安排好间歇时间。一般组间休息为1分钟。

（4）注意休息方式。多采用按摩、推拿等手法放松。

三、耐力素质训练

耐力是指有机体坚持长时间工作的能力。在空手道运动中，耐力素质是必须具备的竞技能力之一，是进行空手道比赛的保证。在赛场上保持长时间与对手抗衡，就要求具有坚持到比赛结束的充沛体力，以保证技术、战术的充分利用和发挥。在空手道训练中，对学生进行有氧耐力素质训练，不仅可以提高学生心血管系统的功能，改善有氧及无氧代谢的能力，而且还能提高人体的骨骼肌和关节韧带等运动系统承受负荷的能力。

根据空手道运动能量供应的三种途径：磷酸原系统、乳酸能系统和有氧系统，可以把空手道耐力素质分为有氧耐力和无氧耐力两个方面。

（一）主要训练方法

1. 有氧耐力

（1）长时间持续训练：持续时间约为30分钟，如：长距离的越野跑、变速跑、爬山、长时间的对抗性游戏、坐庄轮战等。

（2）短时间持续训练：持续时间5～10分钟，如：规定时间的“影子拳”练习法、跳绳、短冲练习等。

（3）循环训练法：将6～8个不同的训练编成组，所有练习不间断地完成为一组，做5～10组，组间休息1～3分钟（图8－2－2）。

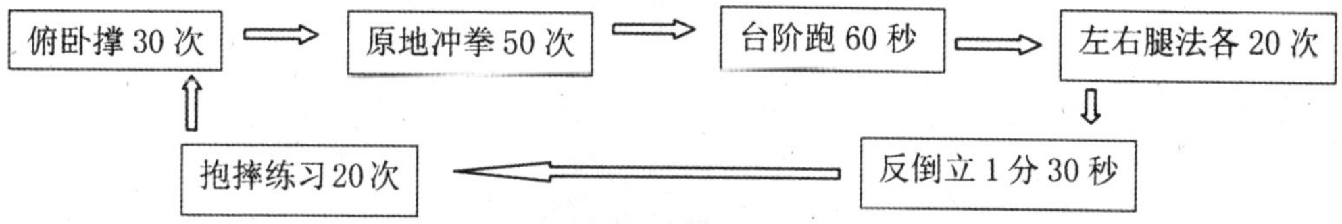

图8－2－2　耐力素质循环训练法

2. 无氧耐力

（1）极强性间歇训练法：每组练习的负荷时间为20～40秒，负荷心率保持在190次/分钟左右，间歇时间以心率降至120次/分钟为下次练习的依据。如：60～100米的间歇跑，100～400米的间歇跑，3秒的拳腿组合空击练习等。

（2）强化性间歇训练法：负荷时间一般为60～120秒，负荷心率保持在170次/

分钟左右，间歇时间以心率降至120次/分钟为下次练习的依据。如：拳法打沙包、腿法踢沙包、组合技术打沙包、打拳靶、踢脚靶、有条件的对抗性练习、模拟实战练习、实战练习等。

（二）训练要求

1. 科学安排练习的负荷强度、次数和间歇时间

有氧耐力练习时间为1分钟，无氧耐力练习间歇时间为10～0秒。

2. 合理安排训练时间

（1）耐力练习一般安排在课的后半部分。身体疲劳的情况下进行耐力训练，既可有效地发展耐力素质，又可培养意志品质。

（2）一般耐力训练多安排在冬季进行，夏季和赛前相应减少。

（3）安排好整理运动。

四、柔韧素质训练

柔韧性是指人体关节在不同方向上的运动能力以及肌肉、韧带的伸展及弹性。空手道运动中，柔韧性的好坏，对于竞技能力的提高至关重要。良好的柔韧性，是学习、掌握运动技能的基础，也可促进其他运动素质的提高及减少和预防运动损伤。

空手道运动对柔韧素质有特殊的要求，主要表现在对肩、臂、腕、髋、腿、踝部位有一定要求。

（一）主要训练方法

1. 肩臂部柔韧性练习

（1）压肩：正压、侧压、反压。

（2）拉肩：肋木拉肩、倒立拉肩、直臂上举拉肩。

（3）臂绕环：单臂绕环、双臂交叉绕环。

（4）转肩：握竿转肩、双人翻转肩。

（5）吊肩：借助器械的正反吊肩。

2. 腕部柔韧性练习

（1）扳腕：自己用手扳压腕部。

（2）弹压：自己进行或借助器械进行。

（3）倒立：用手拳撑起成手倒立。

3. 腰部柔韧性练习

（1）屈体运动：体前屈、体后屈、体侧屈。

（2）甩腰：直立、直臂上举、直体向后甩腰、幅度由小到大。

（3）涮腰：体前屈，直臂从身体左侧涮腰到右侧，交替进行。

（4）下腰：直体向右下腰成桥。

4. 髋部柔韧性练习

（1）侧压：侧对肋木，脚横放，直体侧压髋部。

（2）跪压：跪坐在垫上，两腿分开，直体向后仰卧。

（3）坐盘压：成坐盘压腿。

5. 腿部柔韧性练习

（1）压腿：正压、侧压、后压、弓步压、仆步压。

（2）扳腿：正扳、侧扳、后扳。

（3）控腿：正控、侧控、后控。

（4）踢腿：正踢、侧踢、外摆、里合、后踢。

（5）劈叉：纵劈叉、横劈叉。

6. 踝部柔韧性练习

（1）扳压：自己或同伴扳压。

（2）对墙压：直腿、勾腿尖于墙上，上体向前压。

（二）训练要求

1. 主动性练习与被动性练习相结合

主动性练习是指练习时靠自身肌肉的收缩，加大关节运动幅度及肌肉韧带的伸展度；被动性练习是指练习时依靠外力的作用（如由教师或同伴帮助扳腿），发展大腿后侧肌肉韧带的柔韧性。

2. 动力性练习与静力性练习相结合

如振臂、臂绕环等为动力性练习，下腰成桥、控腿、静止一定时间则为静力性练习。

（1）经常性练习每次课都应安排柔韧练习，且应安排在课的前半部分，因为在这个时期，学生尚未感到疲劳，一般不易受伤。练习前必须做好准备活动。

（2）循序渐进。负荷由小到大，练习次数不宜过多。

五、灵敏性素质训练

灵敏性是动作技能和运动素质在运动过程中的综合体现，是协调、准确地完成动作以及在短时间内迅速变换身体位置的一种能力。它主要取决于运动员有机体各器官的功能、各项运动素质、心理品质和个性特征以及技能储备等。空手道运动对运动员的灵敏性要求较高。灵敏性好，则可以快速躲闪对方的进攻，并施以快速、准确的技术伺机反击，否则很难达到较高的运动技术水平。空手道的灵敏素质主要包括运动反应能力、时间感知能力，空间感知能力及适应调整能力等方面。

（一）主要训练方法

1. 游戏法

（1）追捕。

目的：提高速度和灵敏性。

方法：学生分散在长方形地上，选 2 人担任追捕手。

鸣笛后开始，追捕手在场内奔跑，追捕分散在场内的学生。凡被触及的人，必须用一只手按在被触及的部位。如第二次被触及时，就要用另一只手按住第二次被触及的部位。在第三次被触及时，就要退出场地。最后剩下两个人时，游戏停止，由这两个人担任新追捕手。

规则：跑到场外者不准再进入场内；追捕手用手可触及其他人身体的任何部位。

建议：根据人数的多少、场地的大小，可适当限制活动时间；根据场上情况，可安排交换追捕手。

（2）听信号。

目的：发展灵敏性。

准备：排球场或空地。

方法：将学生分成人数相等的甲、乙两个队。

比赛开始，教师发出一声哨音后即计时，甲队队员追拍乙队队员。教师发出两声哨音时，乙队队员反过来追拍甲队队员。当听到教师发出第三声哨音时，则全体学生原地站好。

游戏进行到一定时间，队员拍到对方次数多的为胜。计算集体得分时，则将每队个人的得分相加，以积分多额队为胜。

规则：必须在听到教师哨音后，才可做规定动作；逃跑者必须在规定的区域内奔跑，越出者以被拍及论处。

建议：教师可用一只哨子，也可用一个单音哨和一个双音哨；两队的队员不要离开太远。

（3）偷袭反击。

目的：发展快速反应，提高快速奔跑的能力。

准备：在场地上划两条相距 25 ~ 50 米的平行线，平行线后为双方的大本营。在两条线后 2 米处，各画一直径为 2 米的圆圈作为双方“俘虏”的收容所。

方法：将学生分成人数相等的两队，各成横队分别站在两条线后。各队选出一名队员，两队队长猜拳决定偷袭顺序，如果甲队偷袭，则乙队队员背对甲队方向站立，甲队队长派出 3 名队员准备偷袭。

游戏开始，甲队 3 名偷袭者走到乙队队员身后，乘其不备，轻轻用手拍其中任意 3 名队员的背部，然后迅速跑回本队大本营。乙队被拍的队员，则要立即转身去追甲队的偷袭者。如能在其到达大本营前将其追上，就将该名“俘虏”带回乙队，令其站进圆圈。如果乙队队员追不上甲队的偷袭者，则乙队队员自己站入甲队的圆圈，被当作“俘虏”收容。游戏照此进行，直至甲队每人进行一次偷袭后，则两队交替。以“俘虏”数多的队为胜。

规则：对方来偷袭时，背向站立的一方队员不得左顾右盼，站立的位置也不可远离线后；双方的被俘人员，在一攻一守中不得参加偷袭活动；在偷袭中，如本方队长被俘虏时，则要及时另选一名队长代替指挥偷袭。

建议：此游戏每次偷袭的人数，可根据游戏人数的多少而当增减；此游戏可连续进行，但每次攻守回合之后，要及时交换“俘虏”以保证每人都有参加游戏的机会。

（4）前后靠。

目的：提高反应、躲闪及奔跑能力。

准备：空地地块。

方法：学生站成双层圆圈，左右间隔两臂之长。前后学生身体靠近，安排一个人为追者，另一个人站在圈外被追者。被追者可以利用圆圈上的双层人墙作障碍，与追者周旋，也可以沿圈外奔跑。当被追的人即将被摸到时，可从外圈进入内圈，并以自己背部紧贴任何一队学生的身前，临时组成 3 人重叠的一组。此时位于这 3 人重叠的人应该立即代替站在前面的人成为被追者。在被追者为被追上并已组成三层小组时，追者必须开始追最外层的另一个（即第 3 人），使圆圈上的队伍始终保持双人。

规则：被追人必须从圈外奔跑，不得穿过圆圈；贴人时必须以背部贴靠在别人身前。外层第 3 人逃开后，圆圈的 2 人共同后退半步保持圆形队伍。凡以手摸到被追者即为追上，此时追者与被追着互换，游戏重新开始。被追的人不得跑离圆圈队伍 3 米以外。

建议：教师应提醒学生要尽快地替换，避免 2 人追跑时间太长。

2. 躲闪练习

（1）静物躲闪。将木桩、沙袋等当成假想敌人，在其周围做各种躲闪练习。

（2）动物躲闪。配对练习，甲徒手或持器械做各种进攻动作，乙做闪躲练习。

3. 跳绳

（1）单人跳。

（2）多人跳。

（二）训练要求

1. 变换练习

训练中可以经常变换练习的方式、方向、节奏、速度及其他要求，如交替变换左右侧的实战姿势，控制距离的 2 人对滑步练习等，可以有效地发展运动员的灵敏性。

2. 渐进练习

训练中由简到繁、由易到难、循序渐进，逐步增加练习的内容，逐步提高练习的复杂程度，可有效地提高运动员的灵敏性，如打梨形球时，先做单手的慢速击打，在做双手交替的左右手快速击打等。

3. 加难练习

加大练习的难度，让练习者在更为复杂的环境、更为困难的条件下进行练习。这也是发展运动员灵敏性的有效方法。如甲方用拳法进攻，乙方靠近固定位置做躲闪；在擂台的一角，甲方进攻，乙方闪躲防守等。

做灵敏性练习时，一般可安排在训练课的开始部分，可以将此项练习当成运动员的准备活动来进行，而有些练习则放在基本部分中间，穿插在技术训练中进行。

素质训练时要从全面的原则出发，多进行薄弱素质的训练，达到全面协调发展的目的。

第三节 空手道专项素质训练

专项身体素质是空手道爱好者和运动员学习技术、掌握技术和运用技术的基础和保障，包括力量、柔韧、速度、耐力和灵敏性素质训练。空手道专项身体素质训练旨在于提高专项成绩有直接关系的专项运动素质，以保证运动员在比赛中运用专项的技术、战术，创造优异的运动成绩。组手运动员的体能要求全面，训练手段变化程度高。空手道组手运动员的耐力素质训练为长时间表现最佳技能及体能的能力，一般采取较长时间的专项对抗或专项练习 或采取超常时间的对抗训练。速度训练包括反应速度、动作速度、移动速度训练三类。组手运动员的力量、柔韧、协调、灵敏等素质集中作用于技术动作的完成效果。组手运动员的力量训练应着重力量速度与力量耐力的练习。组手运动高强度、高速度的技战术配合需要运动员具备关节肌肉高度的柔韧水平与优异的灵敏、协调能力，从而保证技术动作的顺利实施。

组手运动员的力量训练应突出爆发力训练，同时兼顾一定的最大力量与力量耐力负荷。根据项目技术特点，运动员运用技术时多处于不稳定状态，因此在训练中采用不稳定的训练手段、利用杠铃、哑铃等练习器械加强运动员该方面的能力。根据赛制的要求采用车轮战、双护具等的方法提高运动员的力量耐力。动作速度与移动速度训练是组手运动员速度训练中的重点。提高组手运动员的速度素质，关键在于解决运动员细小技术环节缺陷、减少多余动作两方面。速度训练手段也紧贴技术要求，同时与其他素质训练交叉训练。组手比赛应注意运动员糖酵解的能力，训练中应提高运动员心肺机能，提高有氧氧化能力。提高相应肌肉柔韧素质，可以采用静力性、动力性、弹性或 PNF 等训练方法，上述训练方法也应用在准备活动与放松活动中。通过各类跑动、跳跃、碎步、目标移动训练，提高运动员灵敏与协调能力。

空手道的专项素质训练主要是针对空手道技术、战术及参赛必需的力量、速度、耐力、灵敏和柔韧性进行训练。空手道专项素质的训练是一项长期的持久性练习。专项素质练习要和技术动作练习结合起来。加强出拳踢腿的速度、力度和准确性。在一定时期内除了全面提高以外。还要重点加强某一项的练习。

功力训练是空手道运动的一种独特的练习形式，它是融合力量、速度、耐力等身体素质为一体的综合性身体练习，主要是以提高学生的击打力量和抗击打能力为目的的一种专门训练手段。

一、主要训练方法

（一）增强打击力量

1. 打沙包。打沙包对提高学生的打击力量具有显著的作用，练习时可采用空手道技术中的各种动作击打。击打时注意着力点要准确，击打部位要准确，发力要充分，主要手段有：a. 各种拳法打沙包；b. 组合拳法打沙包；c. 各种腿法踢沙包；d. 组合腿法踢沙包；e. 拳腿组合技术打沙包。

2. 打木桩。打木桩是一种传统的训练方式，通过练习，不仅能够提高学生的击打力量，同时也能增强打击部位的抗击打能力。击打时要循序渐进，用力由轻到重、由大到小。

3. 打脚靶。打脚靶时，可用各种拳法、腿法及组合技术击打，练习时可结合步法进行。

4. 打墙靶。打墙靶也是为提高练习者击打力量而经常采用的一种方法，练习时，可将一块垫子固定在墙上，高度适宜，多以直线进攻动作击打。

5. 摔打假人。练习时可根据自己的体重级别选择适宜的假人，通过练习主要提高学生摔、打的能力。可利用空手道技术中的踢打技术结合各种摔法进行，提高学生的打击力量。

（二）增强抗击打能力

1. 靠臂练习。手臂是防守时使用最多的部位，因此提高上肢的抗击打能力尤为重要。主要练习形式有：a. 自我磕臂；b. 三靠臂（两人进行）。

2. 拍打功练习。拍打练习是通过自我或相互拍打，提高学生身体各部位的抗击打能力。主要是人体的要害及易伤的部位，从而提高这些部位的抗击打能力。

主要拍打功练习有：

（1）自我拍打：用拳拍击自己的胸、腹、肋等部位。

（2）两人相互击打（单）胸、腹、肋部。

（3）两人相互踢打胸、腹、肋背部。

3. 倒地功练习。在空手道实战及比赛中，经常出现倒地的现象，因此学生必须掌握合理地倒地技术，以增强倒地时抗震荡的能力及易受伤部位的承受能力。

主要的倒地技术动作方法有以下几种：a. 前倒摔、b. 侧倒摔、c. 后倒摔、d. 鱼跃前滚翻、e. 团身后滚翻、f. 扑虎、g. 抱背、h. 前翻摔、i. 盘腿摔、j. 抱背摔。

二、训练要求

第一，循序渐进。练习的强度、用力大小要逐渐增加。

第二，与实战相结合。动作要合理有效，不能脱离实战要求，一味猛打。

第二，加强要害部位与易受伤部位的练习。

第四，安排好整理运动。

第四节　空手道核心力量训练

一、核心力量训练

所谓“核心”是人体的中间环节，就是肩关节以下、髋关节以上包括骨盆在内的区域，是由腰、骨盆、髋关节形成的一个整体，包含29块肌肉。核心肌肉群起着稳定重心、传导力量等作用，是整体发力的主要环节，对上下肢的活动、用力起着承上启下的枢纽作用。强有力的核心肌肉群，对运动中的身体姿势、运动技能和专项技术动作起着稳定和支持作用。所以，凡是姿态优美挺拔、身体控制力和平衡力强的人，核心肌肉群肯定受过很好的训练。

二、空手道的核心力量训练

核心力量训练在空手道训练中起着至关重要的作用，广大运动训练工作者应充分认识其重要性并在实践中做科学合理的规划。核心力量训练计划的一个重要原则就是在运动中使许多的肌肉群协调的做功，而不是在完成像重力举动作时将某个关节孤立起来做功，稳定性训练的目的就是要动员躯干深层的小肌群参与运动核心力量训练不同于传统的力量训练，它使下背部与腹部的肌肉群在训练时同时做功，就如同使上下半身同时做功一样。在某种程度上来讲，所有的体育运动都必须与核心部位共同做功来完成，只有极少数的肌群是孤立的，相反，必须使全身成为一个整体。核心力量的训练就是要努力使整个机体协调起来，确保运动。它是其他运动能力，诸如速度灵敏协调等素质训练的基础，是体能训练中不可缺少的因素，同时也是提高各项运动素质的重要前提之一。对于空手道运动员来讲，核心力量训练的主要作用在于能够稳定运动员的脊柱骨盆，保持正确的身体姿态，提高身体的控制力和平衡提高运动时由核心向四肢及其他肌群的能量输出，预防动作中的损伤以及伤后恢复，从而有助于提高运动成绩。训练中教练员要根据空手道项目不同专项特征要求以及个体特点，结合各种运动能力的训练手段和方法去具体实践。

三、空手道核心力量训练的方法

（一）不借助任何器械的单人练习

此类练习方法适用于核心力量练习初始阶段，目的在于深刻体会核心肌群的用力和有效的控制身体，这种类型的练习得到了大多数专家的认可和肯定，普遍认为是最基础的核心力量练习的手段此类练习有很多，如仰卧挺髋（A）、仰桥（B）、单臂俯撑控腹（C）、腿臂交叉两头起（D）等。

（二）运用单一器械进行的练习

如瑞士球平衡球平衡板悬吊绳、力量练习器械等在这种练习方式中，运用最多的是在平衡球、平衡板和悬吊绳等不固定轨迹的训练器械上进行的力量练习，有效地动员躯干部深层肌肉参与运动，并在动作过程中控制躯体始终保持正确的运动姿态，从而摒弃了传统力量练习中借助外力来支撑躯体的弊端如双腿置于平衡球上的支撑练习动作方法：将两腿并拢置于瑞士球上，两手撑地，手臂与身体成90°夹角；脊柱保持正常位置，与地面平行；控制身体不改变任何夹角；保持均匀的呼吸，不要憋气。如果要进一步加强动作难度，可以采用单手支撑在瑞士球下放置半球式平衡球等手段。

（三）使用综合器械进行的练习

诸如单双足站立于平衡球上，做各种上肢持轻器械举推拉、下蹲、躯干扭转等多种形式的练习；坐于瑞士球上做各种形式的练习等这类练习方法增加了练习的难度，一般适用于核心肌群能力在中级以上水平的习练者，他们都经过了初期的徒手或单一器械的训练，能较好地控制身体，在动作过程中保持躯干处于正确的身体姿势。这种练习的关键是使身体处于一种不平衡或者是在不稳定的运动器械上进行训练。这种非平衡性力量训练是通过自身调整不稳定的身体状态，达到训练神经肌肉系统的平衡和控制能力以及本体感觉的一种练习方式。使用不稳定的装置进行力量训练不仅可以提高所训练肌群的力量水平和本体感受能力，还可以激活核心肌群的参与，并使其得到发展和提高。

（四）各种普拉提（Pilates）练习形式

这是一项融合肢体和心灵的运动，训练以意志力去控制身体动作。Pilates 训练的理念是均匀地强化各部位的肌群及中心轴的动力，在正确身体排列结构的要求下，用心体会每一块肌肉的延展收缩与控制，目的是加强人体核心肌群的力量，以提高身体稳定性及全身姿势的正确性。

（五）睁眼睛和闭眼睛状态下的各种站立练习

这种方式的练习主要是锻炼肌肉本体感受控制能力。人体在无参照物的情况下要想保持身体的平衡，主要依赖于肌肉的控制。例如，睁眼或闭眼的屈膝单腿站立或者蹲起动作练习，就能很好的锻炼核心肌群维持身体平衡的能力若要增加难度，可以采用让练习者跪立或站立于平衡球上做同样的动作等方式。

（六）在同伴协助下进行的练习形式

这种练习形式可以有效提高运动员动态条件下的核心控制能力。其动作方法：训练者（双）单腿站立，膝屈曲，髋屈曲，背部平直，保持躯干稳定不左右摇摆；训练者模仿做同伴动作的镜面动作。随着躯体控制能力的提高，可以增加训练难度，比如站立在平衡球上进行练习，动作加上上体的转动等。以上练习均按照小负荷多次数的训练原则，静力练习时间每组15～30秒，动力练习每组重复20次以上，随着运动员能力的提高，可采用加大难度或提高强度的方法，以适应训练需要，比如逐渐延长时间、增加练习次数或加大负荷重量，由徒手练习更换为有器械负荷的练习，负重量逐渐加大，动作形式逐渐复杂等。在训练中要严格控制身体姿势，并使呼吸配合动作，强调神经系统的参与，一定要体会到每一个动作的要点，做到身到心到，身心融合。

本章小结

本章论述了空手道的体能训练，包括基本素质练习、专项素质练习和核心力量练习以及体能训练的原则。体能训练的目的是提高身体竞技能力，其训练原则可以概括为：柔韧是基础、速度是根本、技术是灵魂、耐力是保证。空手道比赛，没有很好的体能作保证，技术和战术在赛场上就很难正常发挥。因此，体能训练在整个空手道训练中是占较大比重的。

思考题

1. 空手道体能训练的原则有哪些?
2. 请阐述空手道专项素质训练。
3. 空手道核心力量训练的方法有哪些?

竞赛篇

第九章　空手道运动竞赛

本章导读　本章主要从竞赛前期的制订竞赛计划、拟定竞赛规程、组织裁判员队伍等方面，介绍空手道运动的竞赛组织，阐述空手道比赛编排的步骤、方法，了解和运用空手道运动的竞赛编排和组织工作，学习和提高组织空手道比赛的实践操作能力，以便于更好地应用到实践比赛中。

第一节　空手道竞赛的组织

空手道竞赛是在一定规则约束下所开展的空手道各种比赛活动。通过比赛可以检验运动员技术与战术的优劣差距、切磋和交流技艺、丰富社会文化生活，同时也可以不断总结经验、完善竞赛制度、开发和扩大空手道市场。

竞赛组织是竞赛工作顺利完成的保证，竞赛组织工作的成功与否会直接影响到比赛能否顺利进行。因此，竞赛的组织显得尤为重要。空手道竞赛组织包括制订竞赛计划、拟定竞赛规程、建立竞赛组织机构、组织裁判队伍等。

一、制订竞赛计划

空手道竞赛计划的制订是以竞赛目的与任务来作为重要依据的。

（一）赛前的名称和目的

空手道比赛的名称和目的是根据比赛的性质、时间和规模来确定的，比赛的级别越高，时间越长或规模越大，其受关注程度越大。空手道是新引进的社会热门项目，有很多商机，需要竞赛组织者更好的把握与发掘。

（二）竞赛的规模和时间

空手道比赛的参加人数的多少直接影响到比赛规模和时间的长短。因此，赛前组织部门要对比赛的人数进行详尽统计，以便最后确定比赛的规模和比赛时间的长短。

（三）竞赛经费预算

比赛中需要各种各样的经费开支，赛前对经费的使用情况进行预算是执行经费开支的重要依据。各机构本着节约的精神对本部门的每一项开支进行预算，并制定经费开支计划和严格的管理制度。在预算过程中可以留出一定的费用，以保证竞赛的顺利进行。

二、拟定竞赛规程

竞赛规程是空手道竞赛工作的指导性文件，根据竞赛计划制定有关的具体政策、方法与规定。规程内容要周全，用语要精确，文字要简练，以便于理解与执行。竞赛的主办单位定出竞赛规程，并提前下发至各参赛单位，使他们能够根据规程来研究、调整训练计划，为参加比赛做好充分的物质与精神准备。

空手道竞赛规程的内容主要包括：竞赛的名称、目的、任务、时间、地点、举办单位或承办单位、竞赛的项目、组别、参加方法、竞赛办法、竞赛规则、录取名次与奖励、报名和报到、裁判员与仲裁委员会、注意事项或未尽事宜以及本规程解释权的归属单位等。以上各项可根据竞赛规程规模的大小等实际情况，可做一些增减。

三、建立竞赛组织机构

赛前拟定竞赛的组织机构是任何体育赛事组织工作的重要环节。空手道竞赛的组织机构与其他比赛的组织机构一样，一般采用“组织委员会”（又称组委会），组委会就是在主办单位的领导下由各方面的代表所组成，负责组织和领导竞赛的全面工作。

一般情况下组委会下设以下职能部门：办公室（秘书处）、竞赛处。其中秘书处包括：宣传组、后勤组、保卫组、医务组、计财组；竞赛处包括：仲裁组、裁判组、编排组、场地组等。其各部门的职能如下：

（一）秘书处

秘书处领导所属组的工作包括：制定和落实大会各项活动的安排；根据要求发放比赛方面的文件；负责广告宣传、报道和体育道德风尚奖的评选；负责参赛人员的交通、饮食、住宿等后勤保障；负责大会安全保卫；负责大会期间运动员创伤抢救，并落实药品器具、医院和值班医生等相关措施；负责比赛奖品、奖状及纪念品的发放；负责比赛经费的筹措、计划、财务管理等。

（二）竞赛处

竞赛处领导所属组的工作包括：编印大会秩序册和竞赛日程安排；组织裁判员学习竞赛规程和规则，落实裁判员分工安排；打印竞赛顺序表和比赛成绩，印发成绩册；检查裁判设备及人员落实的准备情况；落实竞赛场地设施的准备情况；落实参赛人员与工作人员场地休息是的准备情况；如有特殊情况，负责及时通知各参赛队的领队、教练员、裁判组和有关部门等。

四、组织裁判队伍

空手道竞赛的裁判员的选派一般由国家体育总局运动项目管理中心进行选拔和调派，不足部分和辅助裁判工作可由承办部门选派具有空手道执裁资格的人员补充。

担任空手道裁判工作的人员除了要具备空手道执裁资格或等级外，还应具备以下条件：

（一）具有良好的职业道德和作风

作为一名空手道裁判员，必须严格遵守相关部门制定的《裁判员守则》和《空手道裁判员管理规定》，要热爱空手道事业，关心空手道运动的发展，并以此为己任，做好裁判工作；在比赛中坚持公平、公正、公开的原则，不徇私情、不为名利、搞好团结；严格遵守赛会的纪律，兢兢业业，高质量地完成裁判任务。

（二）精通裁判业务，严格执行竞赛规则

裁判员必须以竞赛规则为准绳，每次评判都要有章可循，经得起仲裁检验。因此，作为空手道裁判都应该以《空手道竞赛规则》为标准，认真学习和钻研竞赛规则。在全面掌握规则的基础上，台上裁判员要熟记规则中有关犯规和判罚的每一条规定，并熟练运用裁判口令与手势，做到判断准确，口令清晰，声音洪亮，手势清楚，动作规范。

（三）身体健康，精力充沛

空手道运动既有对抗性交手的组手项目，争夺非常激烈，又有“型”套路组合的比赛。通常正式的比赛每天安排两至三个单元，还要连续几天比赛，持续工作时间较长，体能消耗大。因此，只有在身体健康、精神饱满、体力充沛的情况下，才能保证在工作时思想集中，头脑清醒，反应敏捷，判定准确。

五、空手道组手与型的竞赛组织

空手道比赛包括组手比赛和型比赛。

（一）组手比赛的组织

1. 组手比赛分为团体赛和个人赛。个人赛依年龄和体重来划分。每场比赛最终按体重级别来划分。每场比赛也指团体赛中每一对选手的个人比赛。

2. 个人赛中不得替换选手。

3. 不论个人或团体赛，比赛开始，在点名时未到达比赛场地者，将被判弃权（KIKEN），失去该级别的比赛资格。

4. 团体赛中，男子队由 7 名队员组成，其中五位选手出场比赛；女子队由 4 名队员组成，其中 3 位选手出场比赛，其余未参赛选手和教练将坐在指定的位置上。

5. 团体赛中，出场比赛的选手即为团体赛的参赛选手，不得更换。

6. 比赛前，各队代表应从全队男性 7 名或女性 4 名队员中，选出参赛者，而且将参赛次序填写在大会规定的表格上，上交官方记录台前。每一轮比赛前，参赛队员次序可以申报变更，但申报之后，直到比赛结束，不得做任何改变。

7. 任何队员或教练未提出书面报告即擅自更改出场选手或出场顺序时，该队将被取消参赛资格。

（二）型比赛的组织

1. 型比赛可分为团体赛和个人赛。团队由 3 人组成，且性别一致。个人赛由男子、女子个人赛组成。

2. 比赛实行败者淘汰制，允许复活赛。

3. 选手必须以指定型（SHITEI）及自由型（TOKUI）两种型参赛。所参赛的型，必须使用 WKF 所指定的流派：刚柔流、糸东流、松涛流及和道流为基础所训练的型，及它们的衍生流派的传授的型一致。

4. 指定型比赛中，选手不得变更型的内容。

5. 自由型比赛中，选手就可选择附录 8 所列内容表演。允许选手按自己流派所教授的动作进行变更。

6. 每一轮型的比赛，选手所选择的型要事先通知记分台的人员。

7. 每一场比赛选手必须使用不同的型。用过后就不得重复。

8. 选手在败部复活赛中可以依据第 7 条所列指定型或自由型表演。

9. 在团体型的半决赛、决赛中，两队必须在附录 8 中的自由型表中选取。而且另有 5 分钟的时间，以分解动作来表演该型的意义。计时员从选手型表演结束后鞠躬开始计时，到型的意义表演的最后一个鞠躬结束。在型的演练结束时不行鞠躬礼的，超过 5 分钟的团队将被取消资格。不允许在比赛中使用传统武器、附带器具或其他装饰等。

表 9－1－1　型数量和种类参赛选手或团体的数量

选手数或团队数	要求的型数	自由型数	指定型数
65～128	7	5	2
33～64	6	4	2
17～32	5	3	2
9～16	4	3	*
5～8	3	3	0
4	2	2	0

第二节　空手道竞赛的编排

一、编排的步骤

（一）熟悉竞赛规程

学习竞赛规程和竞赛规则，根据竞赛日程、日期、办法和参赛人数、级别、项目（组手和型）、竞赛办法、记分办法及相关规定，来确定编排的基本方案。

（二）审查和统计工作

主要是审查各单位的报名单，检查运动员是否符合比赛规定和要求，如有不清楚的情况，应及时与有关单位联系，及时解决。在审查的基础上，统计出各参赛队的比赛人数与各级别人数（男女分别统计），并在赛前进行最后的确认，做好抽签顺序和体重称量表。

（三）制定竞赛日程表

虽然空手道运动进入我国的时间不长，但参加空手道比赛的人数还是比较多的。因此，编排竞赛日程表首先要考虑参赛人数的多少，注意非竞赛场次的活动内容及时间不要列入表中，制定出按竞赛规程所规定的竞赛办法的比赛轮次表，并标明运动员序号及轮空位置。

（四）称体重和抽签

在大会统一安排下称量体重，并详细记录每位参赛运动员的实际体重，把不符合参赛资格的运动员用特别符号记录下来，并在总裁判长监督下进行现场抽签，先男子、后女子，按大小级别由小至大。抽签后应尽快将对阵表发至各参赛队。

（五）编排对阵及轮次表

空手道的对阵表及轮次编排有两种：一种是电脑程序将抽签结果自动编入而生成；一种是在没有电脑程序的情况下将抽签结果人工进行编排。现在一般情况下采用第一种方法。

（六）安排竞赛场次

根据参赛队的实际情况和竞赛日程，统筹安排竞赛的各场次出场参赛的队数，确定各级别在什么时间参赛，把编排确定的场数和参赛队数提前张贴，并印发给各参赛队。在比赛中，每场比赛结束后10分钟内，必须巩固下一场参赛运动员对阵表，以免延误比赛。

二、编排的方法

空手道比赛根据竞赛规程确定其比赛是单败淘汰制还是单（败）淘汰复活赛制。目前，全国空手道比赛，个人赛主要采用单败淘汰双复活制，团体赛实行单败淘汰单复活制。

（一）单淘汰赛制

运动员按照编排的比赛秩序进行比赛，胜者进入下轮比赛，败者被淘汰，整个比赛最后一场的胜者为冠军，负者为亚军，这就是单淘汰赛。

1. 单淘汰赛号码位置数的选择

将参赛选手的签号按蛇形排列分组法进行分组，每半区最强对最弱、次强对次弱，依次对应。若设种子选手，“抢号”位置的确定，可查轮空位置表。

常用的号码位置有：$2^3=8$　$2^4=16$　$2^5=32$

2. 单淘汰轮数和场次的计算

（1）计算轮数：单淘汰所用的号码位置（2 的乘方），其指数（自乘的次数）即为轮数，2 的 n 次方就是 n 轮。

（2）场次计算：场次 = 人数 − 1，总场数 = 参赛人数 − 参赛级别。

例如：16 人参加比赛，最后剩一名冠军，比赛场数为 16 − 1 = 15 场。

3. 单淘汰赛的优点和缺点

单淘汰的优点是比赛的场次和轮数少，其组织形式比较简单，容易理解，适用于大量运动员参加的比赛。其缺点是每一名运动员只有一次参赛机会，运动员得不到更多的比赛机会，有时不能最大限度地利用场地。

（二）单败单复活淘汰赛制

所有参赛的运动员或运动团队将根据抽签，分为 A、B 两个区域（4 组：A1、A2、B1、B2）。通过预赛和半决赛，两个区保持全胜的运动员或运动团队进入最后的决赛，争冠亚军。所有负给冠亚军的运动员或运动团队进入复活赛，其他选手被淘汰。复活赛 A 区胜方与 B 区胜方，并列第三名，负方并列第五名，其他名次依次类推。

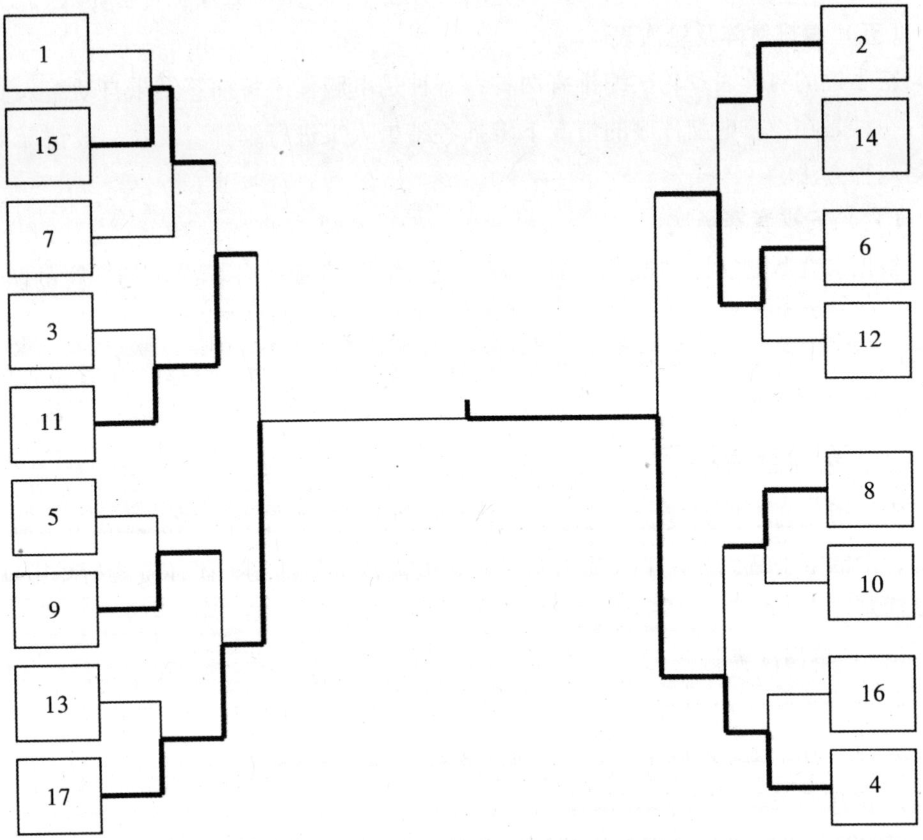

图 9－2－1　单复活赛淘汰赛对阵图

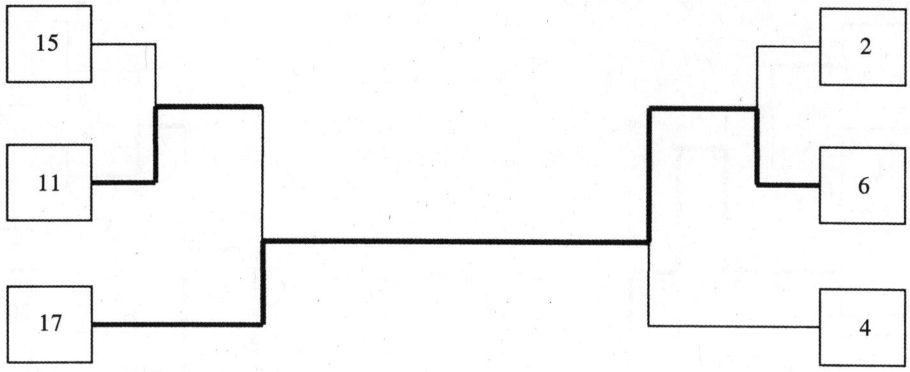

图 9－2－2　单复活赛对阵图

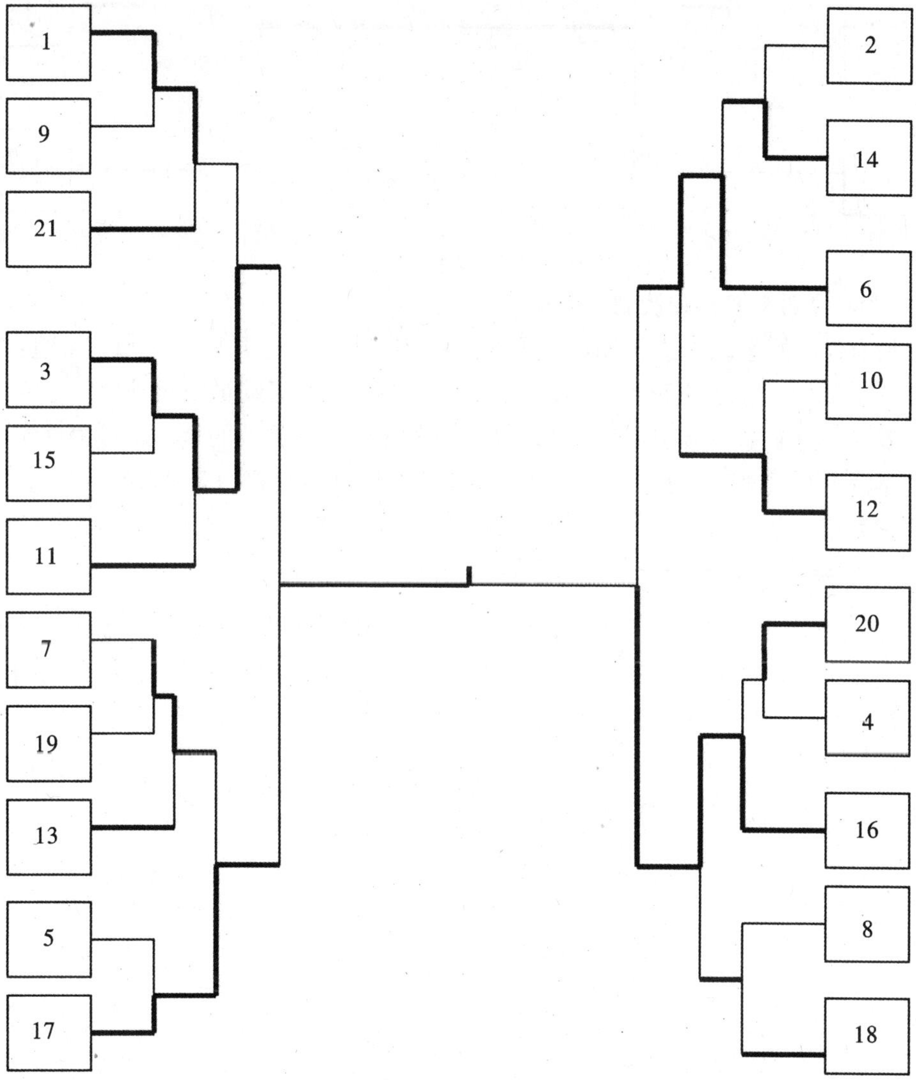

图 9－2－3　双复活赛淘汰赛对阵图

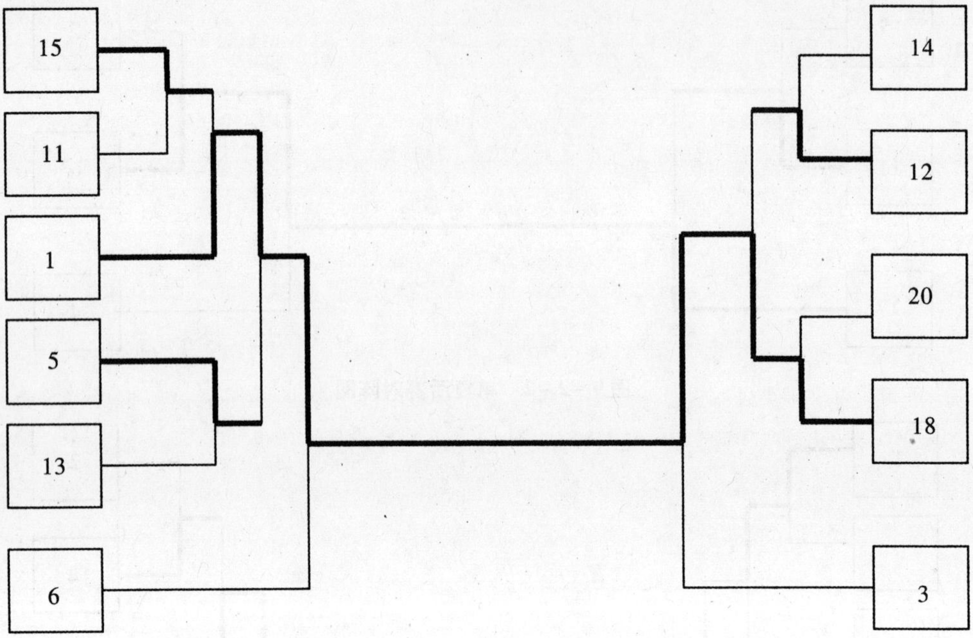

图 9－2－4　双复活赛对阵图

（三）单败双复活淘汰制

所有参赛的运动员或运动团队将根据抽签，分为 A、B 两个区域（4 组：A1、A2、B1、B2）。通过预赛和半决赛，两个区保持全胜的运动员或运动团队进入最后的决赛，争冠亚军。所有被 A1、A2、B1、B2 各组胜方击败的负方，将根据淘汰制参加本区的复活赛，决出 2 个胜方，分别对阵另一区复活赛的 2 个胜方，通过决赛，胜方并列第三名，负方并列第五名，其他名次以次类推。

三、编排的注意事项

空手道竞赛的编排是裁判工作中的一个重要环节，每一项细小的工作都必须在赛前完成，编排要做到周密细致，合理有序，在条件允许的情况下，尽可能缩短赛程，既保证运动员公平竞争，又能兼顾运动员与裁判员的劳逸结合。

本章小结

本章从空手道竞赛组织与竞赛编排两个方面来详细解析了整个空手道竞赛的流程，为空手道竞赛流程的具体操作及运动员参赛提供了提供指导和参考。

思考题

1. 简述空手道比赛的竞赛组织工作。
2. 空手道比赛裁判员应具备哪些条件？
3. 试编排15个人参加的个人比赛，比赛采用单败双复合淘汰制，制定对阵表。

第十章　空手道竞赛规则与裁判法

本章导读　本章主要从空手道竞赛的规则与裁判法等方面，介绍空手道运动的竞赛标准，学习和提高组织空手道比赛的实际操作能力，培养和提高空手道裁判专业知识水平和裁判员基本素质，更好的应用到实践执裁中。

第一节　空手道竞赛规则

一、组手规则

（一）组手比赛场地

1. 比赛场地必须平坦且无危险。

2. 比赛场地是边长为 8 米（由场地外缘量起）的正方形场地，上需铺有经 WKF 认可的垫子，场地四周应有 2 米净空的区域作为安全区。

3. 距离比赛场地中心点 2 米处，画一条 0.5 米长的线，作为主裁的位置。

4. 距离比赛场地中心点 1.5 米处，必须画上两条 1 米长的平行线与主裁线垂直，作为选手的位置（如图 10 -1 -1）。

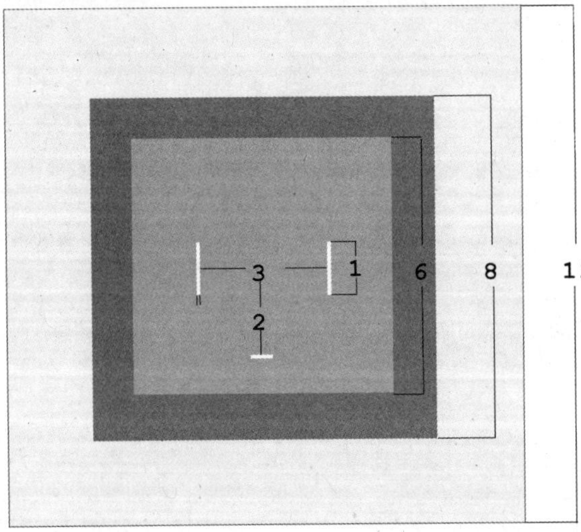

图 10 -1 -1　组手比赛场地

5. 边裁应分坐在场地四个角落的安全区内。主裁可以在整个场地内移动，包括边裁所在的安全区部分。每位边裁都将手执红、蓝旗各一面。

6. 赛事监督应坐在安全区外、主裁的左后方或右后方，并配备有红色旗子或信号标志与哨子。

7. 记分监察员应坐在官方记分台后，在计分员与计时员之间。

8. 教练员应坐在各自选手方面对官方记分台一边的安全区外。当比赛在台式场地上进行时，教练员应坐在台外（下）。

9. 一米的外界区应与场地其他铺垫区颜色不同。

附注：

Ⅰ. 比赛场地安全区外围 1 米内不得有广告招牌、广告墙及广告柱等。

Ⅱ. 铺设场地所使用的垫子与地板接触面须是防滑的，同时垫子表面的摩擦系数要低。使用的垫子厚度应比柔道比赛中所使用的薄，因为太厚会妨碍空手道选手的移动。主裁要确认垫子在比赛进行时不会分散，倘若散开，其间隙可能会构成危险并造成伤害。铺设场地的垫子必须被 WKF 所认可。

（二）正式服装

选手及教练的服装穿着，必须依照以下的规定。

任何裁判或选手若未按规定穿着，裁判委员会可取消其资格。

裁判

1. 主裁与边裁在参加比赛或讲习会期间，必须穿着由裁判委员会所指定的正式制服。

2. 正式制服的要求如下：

（1）单排两颗银色纽扣的深蓝色西装上衣。

（2）短袖白衬衫。

（3）正式领带，不戴领带夹。

（4）浅灰素色长裤且裤脚不翻边。

（5）素色的黑色或深蓝色袜子及在比赛场地使用的套入式黑色便鞋。

（6）女主裁或女边裁可以戴发夹。

选手

1. 选手须穿着纯白无条纹、无滚边和个人刺绣（绣的名字）的空手道道服。国家标志或该国国旗标志应佩戴在道服左胸，其大小不得超过 12 厘米 ×8 厘米，只有道服制造厂商可以将其商标置于空手道道服上。此外，由赛事组委会所提供的身份识别标识应佩戴于背部。选手必须一方系红色腰带，另一方系蓝色腰带。腰带宽度必须在 5 厘米左右，且在打结后腰带两端应留有不少于 15 厘米的长度。腰带必须是素色的红色和蓝色，上面除制造厂商的商标外，不允许有任何个人刺绣（绣的名字和国家、团体名）、广告或记号。

2. 尽管有上述规定，但理事会有权指定经过批准的赞助单位展示其特定的标志或商标。

3. 道服在系紧腰带后，其下摆长度至少须遮盖臀部，但不得长过大腿的四分之三。女性选手可以在道服里穿纯白色的T恤。

4. 道服的袖长不得长过手腕，且不可以短于小臂的一半。袖子不得卷起。

5. 道裤至少须覆盖小腿三分之二且长度不得超过踝骨关节，裤腿不得卷起。

6. 选手头发须保持干净且其长度不至于妨碍比赛顺利进行。禁止系头带，假如主裁认为选手的头发太长或不干净，则可取消该选手出赛的资格。禁止使用压发、金属发夹。运动员头发上不允许扎彩色丝带、珠串或其他装饰物，但是简单的橡皮筋或小型的发箍是允许的。

7. 选手的指甲必须修短而且不得佩戴任何金属饰品或可能伤害对手的物品。只有在主裁及大会医生的允许之下，才可使用金属齿列矫正器，但选手必须自己承担因此而产生的任何伤害。

8. 下列护具是必备的：

（1）经 WFK 认可的拳套，一方戴红色，一方戴蓝色。

（2）牙套（护齿）。

（3）WKF 认可的躯干护具（所有选手），女性还必须佩戴护胸。

（4）经 WKF 认可的护胫，一方戴红色，一方戴蓝色。

（5）经 WKF 认可的护足，一方戴红色，一方戴蓝色。

（6）在少年比赛中，选手除需佩戴以上所要求的护具外，还需佩戴 WKF 认可的面具。

不要求强制佩戴护裆，但如果佩戴必须是由 WKF 认可的款式。

9. 禁止戴眼镜，可戴软性隐形眼镜，但选手必须自行负责。

10. 禁止穿戴未经认可的服装或护具。

11. 所有的护具都必须经过 WKF 认证。

12. 赛事监督有责任在每一场比赛前检查选手是否穿戴着被 WKF 认定的服装和护具（在洲际、国际或国内的比赛中必须接受 WKF 认证的装备，不可拒绝。）

13. 如因受伤而需要使用绷带、护垫或辅助性护具，必须由大会医生建议，并取得主裁的许可。

教练

在比赛期间，教练必须始终穿着他们本国联盟的官方运动服，并展示他们的官方身份证明。

附注：

Ⅰ. 选手仅系戴一条腰带。红方（AKA）系红带，蓝方（AO）系蓝带。比赛时不系表示选手级位、段位的色带。

Ⅱ. 必须使用大小合适的牙套。

Ⅲ. 若选手出场比赛时穿着不当，他不会被立即取消参赛资格，而会被给予一分钟的时间进行补救。

Ⅳ. 如果裁判委员会同意，裁判员可脱去西装外套。

（三）组手比赛的组织

竞赛

1. 空手道比赛包括组手比赛和型比赛。组手比赛又可分为团体赛和个人赛。个人赛可以根据年龄和体重来分组。按照体重级别划分后，选手们将两人一组以回合的方式进行比赛。回合也可以用来描述团体赛中每一对选手之间的个人比赛。

2. 个人赛中不得替换选手。

3. 无论个人赛或团体赛，不按时进行检录者，将被判弃权，失去该级别的比赛资格。在团体赛中，如果某回合比赛一方选手未出赛，那么另一方选手将会被判获胜，该回合比分应记录为 8 比 0。

4. 团体赛的每一支男子队伍由 7 名队员组成，每一轮比赛允许其中五位选手出场比赛；每一支女子队伍由 4 名队员组成，每一轮比赛允许其中三位选手出场比赛。

5. 团体赛中，各队伍中的每位成员都可以上场比赛，不设固定候补。

6. 在每回合比赛前，各队代表应从全队男性 7 名或女性 4 名队员中，选出参赛队员，并将参赛队员名字和上场次序填写在大会规定的表格上，交到官方记录台。每一轮比赛前，参赛队员的名单和次序都可以申报变更，但申报之后，到该回合比赛结束前，不得再做任何改变。

7. 任何队员或教练在该轮比赛前未提出书面申报即擅自更改出场选手名单或出场顺序时，该队伍将被取消参赛资格。

8. 在团体赛中，当一方选手因犯规或失格而被判输掉某回合比赛时，这位选手在该回合所得的分数将会被清零，而对手会获得固定的 8 分，该回合比分将被会记录为 8 比 0。

附注：

Ⅰ. 比赛通过轮次来决定最终参加决赛的选手资格。在组手淘汰赛中，每一轮都会淘汰百分之五十的参赛选手（在计算时，第一轮轮空的选手或队伍将会被虚拟一个对手，虚拟对手计入参加总人/队数）。从文字上来说，比赛轮次同样可以适用于初赛淘汰赛或败部复活赛。在小组循环赛中，当小组中的所有选手都完成一场比赛后为一轮。

Ⅱ. 考虑到使用选手的名字会造成发音不准确和身份混淆的问题，赛会应当制定并使用选手编号标识。

Ⅲ. 在赛前列队时，只有上场参加该回合比赛选手需要站在队伍中，其余不上场的选手和教练将坐在指定的区域中。

Ⅳ. 在团体比赛中，每支男子队伍至少需要三名选手出场参赛，每支女子队伍至少两名选手出场参赛。如果团队出场的选手人数少于规定人数，将丧失比赛资格（弃权）。

Ⅴ. 出赛的顺序可由教练提交或由指定的选手代表提交。若由教练提交，则必须要清楚地展示其身份，否则不予受理。该名单必须包含国名或俱乐部名称、该场次所指定佩戴的带子颜色（红或蓝）、选手的出场顺序，和选手的名字及选手编号，并由教练或该队代表签名。

Ⅵ. 教练员必须将自己和参赛选手或参赛队伍的证件上交到官方记录台。教练员必须坐在指定的教练椅上，并不得用言行或行为来干扰比赛的顺利进行。

Ⅶ. 如果因比赛制表的失误，导致错误的选手上场比赛，不管比赛结果，该回合或场次的比赛将被认为无效的。为避免此类错误发生，在每场比赛后，胜方必须向记录台核对信息无误后，再行离去。

（四）裁判

1. 每场比赛的裁判小组包括一名主裁，四名边裁和一名赛事监督。

2. 在组手比赛中，主裁和边裁不可有与双方选手相同国籍者。

3. 为了便于比赛的运作，应指派几位计时员、宣告员、记录员和记分监察员。

附注：

Ⅰ. 组手比赛开始时，主裁站于比赛场地外缘，主裁左边站 1 号及 2 号边裁，主裁右边站 3 号及 4 号边裁。

Ⅱ. 选手和裁判小组站定并互相鞠躬后，主裁后退一步，边裁向内转身面对主裁，一起互相鞠躬后各自走到指定位置就位。

Ⅲ. 当裁判小组人员替换时，被替换的裁判小组（赛事监督除外）在此赛前的起始位置互相鞠躬，然后一起离开比赛场地。

Ⅳ. 当个别边裁进行替换时，新上场边裁走到被替换边裁面前，相互鞠躬后替换位置。

Ⅴ. 在团体赛中，如果整个裁判小组的成员都具备所需的裁判资历，主裁和边裁可以在每回合之间轮换位置。

（五）比赛时间

1. 成年男子组手比赛每回合的时间为 3 分钟（团体赛和个人赛相同），个人赛的奖牌赛每回合为 4 分钟；成年女子组手比赛每回合的时间为 2 分钟，个人赛的奖牌赛每回合为 3 分钟；21 岁以下级的男子比赛为每回合 3 分钟，女子比赛为每回合 2 分钟（奖牌赛不需增加时间）；青年和少年组手比赛每回合的时间为 2 分钟（奖牌赛不需增加时间）。

2. 每回合比赛的计时从主裁给出“开始”的信号开始，每次主裁喊“停止”时，应停止计时。

3. 计时员应以清晰可辨的锣声或铃声为信号表示“还有 10 秒”和“时间到”。“时间到”的信号标志着该回合比赛结束。

（六）得分

1. 得分可分为三种：

(1) IPPON Three points 一本(3分)
(2) WAZA-ARI Two points 有技(2分)
(3) YUKO One point 有效(1分)

2. 当一个技术动作作用于有效的得分部位且满足以下技术标准，就会被判定为得分：

(1) 良好的姿势
(2) 竞技的态度
(3) 强劲有力的技术应用
(4) 警戒的状态(残心)
(5) 好的时机把握
(6) 正确的距离

3. 可以判定为一本(3分)的技术：

(1) 上段踢技；
(2) 施展在被摔倒或已倒地的对手身上的任何有效的技术动作。

4. 可以判定为有技(2分)的技术：

中段踢技

5. 可以判定为有效(1分)的技术：

(1) 中段或上段的冲拳
(2) 上段或中段的击打技

6. 攻击仅限于下列部位：

(1) 头部
(2) 面部
(3) 颈部
(4) 腹部
(5) 胸部
(6) 背部
(7) 胸腹侧面

7. 在比赛结束的同时进行的有效攻击，可判定为得分。在主裁发出“暂停”或“比赛停止”的指令之后，即使做出的技术动作是有效的也不能得分，违反者甚至会因此受到处罚。

8. 如果双方选手皆在场外，任何技术动作，即使是有效的技术动作都不能判定为得分。但是，如果一方选手身处场内，在主裁喊停(YAME)之前做出了一记有效的技术动作，这个技术动作可以判定为得分。

附注：

如果要得分，一个技术动作必须作用于上述第六条中所定义的有效部位。这个技术动作必须根据所击打的部位而控制得当，且必须符合前面的第二条所叙述的六个得分标准。

术　语	技术标准
IPPON 一本 （3 分）的技术动作	1. 上段踢，上段的定义是面部、头部和颈部。 2. 任何一个有效的得分技术施加于被摔倒、自己滑倒或处于任何不能以双脚支撑自己平衡状况下的对手上。
WAZA - ARI 有技 （2 分）的技术动作	中段踢，中段的定义是腹部、胸部、背部和胸腹侧面。
YUKO 有效 （1 分）的技术动作	1. 任何冲拳的技术施加于 7 个有效得分部位中的任何一个部位。 2. 任何击打技术施加于 7 个有效得分部位中的任何一个部位。

Ⅰ. 出于安全因素考虑，以摔技摔倒对手时，抓抱腰以下的部分、使用摔技不抓住对手、使用危险的摔法或者支点在腰带以上的摔法，都是禁止的，违者将被处以警告或处罚。这不包括传统空手道中那些在施展时不需要抓住对手的扫腿技术，例如：出足扫、小内刈、蟹夹技/剪刀脚等。选手在完成摔技之后，主裁将给予攻击者 2 秒的时间来尝试施展得分的技术。

Ⅱ. 当一名选手被对手以合乎规则的技术摔倒、自己滑倒、跌倒，或处于任何不能以双脚支撑自己平衡的状况下被对手得分，这时的得分将被计为一本。

Ⅲ. 一个被认为是“良好的姿势”的技术是指在传统空手道理念的框架下，具有潜在攻击效果的技术动作。

Ⅳ. 竞技的态度是“良好的姿势”的必要组成部分。它是指在施展一个潜在杀伤性的技术时所表现出的明显的全神贯注且不怀恶意的态度。

Ⅴ. 强劲有力的技术应运用是指：攻击技术的力量及速度，和其展现的必胜意念。

Ⅵ. 警戒的状态（残心）。在评分时最容易被忽略的得分要素。它是指选手所持续的一种全神贯注，保持警戒心和觉察力，能感知对手潜在反击意图的状态。拥有残心的选手不会在攻击时把头转向别处，在完成技术动作后也能保持面对着他的对手。

Ⅶ. 好的时机把握是指：在技术能达到最佳攻击效果的时候进攻。

Ⅷ. 正确的距离与“好的时机把握”相似，它是指：当目标刚刚进入技术能达到最佳攻击效果的距离时进攻。所以如果一个进攻技术作用在一个迅速移开的对手上时，这个技术的潜在攻击效果会降低。

Ⅸ. 距离的掌控是指：把握一个完成技术的落点在目标上或接近目标的距离。一次冲拳或腿法的攻击技术被控制在从皮肤接触到距面部、头部或颈部 5 厘米的距离之间，这就是所谓的正确的距离。但是，如果合乎得分标准的上段技术进入距目标 5 厘米左右的距离时，对手没有试图格挡或躲闪，这也可以判定为得分。在青少年比赛中，以手攻击对手面部、头部或颈部的技术动作是完全不允许接触到的（包括面具），上段的踢技也只允许有轻微的触碰（皮肤接触），同时得分的有效距离也放宽到10厘米。

Ⅹ. 无意义的技术就是无意义的技术，无论它是击打在什么位置，或是怎样施展出来的。如果一个技术动作姿势不良、力量不足，它就不能被判定为得分。

Ⅺ. 击打在腰带以下的技术动作也可以得分，只要其落点在耻骨以上的位置。颈部和喉部也都属于可攻击的目标，但是喉部是禁止接触的，只有控制恰当且未触碰的技术攻击，才能得分。

Ⅻ. 击打在肩胛骨部位的技术动作可以得分。肩部所谓的非得分部位是指：上臂骨与肩胛骨的关节区、锁骨。

XIII. 时间到的铃声代表着该回合不再有得分的可能性，即使因主裁的疏忽而未能立即停止比赛。但是，时间结束并不意味着选手不会再受到处罚。从比赛结束到选手离场之间，裁判小组仍有处罚权。但在这之后，只有裁判委员会或纪律法制委员会可执行罚则。

XIV. 如果两方选手同时击中对方，那么评分标准中的“好的时机把握”顾名思义就没有满足，正确的判罚应该是没有得分。但是如果双方的技术动作完成在主裁叫停之前或时间结束的铃声响起之前，且双方各得到了两位边裁的支持，那么他们将各自得到自己应得的分数。

XV. 如果一方选手在裁判叫停前以连续技术进攻，且有多于一次的技术满足得分的要求，那么不管这套得分技术施展的顺序，裁判都应为该选手分值较高的技术判分。例如：如果在一记有效的拳法技术后，紧接了一记有效的踢法。那么，尽管拳法技术先得分，裁判还是应为该踢法判分，因为踢法技术的分值要高于拳法技术。

（七）判定胜负的标准

判定一方选手获胜可以根据他：率先取得8分的净胜分；在比赛时间结束时，取得的分数高于对手；也可因裁判的判定的结果，或因对手犯规、失格、弃权而获胜。

1. 个人赛中不允许出现平局。只有在团体赛中，当某一对选手在回合结束后，双方得分相同或都没有得分的情况下，主裁才会宣布平局。

2. 在个人赛中，当回合结束时，如果双方选手均未得分，或得分相同，比赛的结果将会由四位边裁和主裁通过投票的方式来决定，一人一票。判定某位选手获胜与否应根据以下的标准决定：

（1）选手表现出的态度、斗志和力量。

（2）所展示出的战术优势和技巧娴熟度。

（3）哪一位选手占据了场上的主动。

3. 在团体赛中，以获胜回合数多的一队为胜。如果双方获胜回合数相同，则取决于各队队员各回合得分的总和（不论胜负），总分高的一方为胜方。计分时，双方每回合最大分数差为8分。

4. 在团体赛中，如果双方获胜回合数及总分皆相同，就需要再进行一回合附加赛来决定胜负。各队伍可以选择该队伍中的任何一名队员作为代表参加该回合的比赛，无论他是否已在双方之前的回合赛中出赛。如果在附加赛时间结束时，双方还是不能以比分的优劣来产生胜方，则需通过判定来决定胜方，判定的流程与标准应与个人赛相同。附加赛胜负的判定结果也将决定团体赛的最终胜负。

5. 在团体赛中，当一方队伍率先取得了足够获得比赛胜利的回合数或分数时，即可宣布为胜方。不需要继续完成未进行的回合。

附注：

当某回合比赛结束后，需要通过判定来决定胜负时，主裁应后退至比赛区的外缘，宣布“判定”，紧跟着吹两声哨音。四位边裁将以裁判旗来表示他们的决定，主裁也应同时以手势来表示他的选择。然后主裁再吹一声哨音（边裁放下旗子），然后进场至主裁线宣布判定结果，然后以通常的方式宣告比赛胜方。

（八）禁止的行为

有两类禁止的行为，分别为第一类犯规和第二类犯规。

第一类犯规：

1. 进攻技术过度接触，即使是作用在有效的得分部位上和接触到喉部的技术动作。（注：喉部是连“碰触”都不允许的）

2. 攻击手臂、腿部、裆部、关节或脚背部位。

3. 以开掌技术攻击面部。

4. 危险的或被禁止的摔技。

第二类犯规：

1. 假装受伤或夸大伤情。

2. 非对手原因离开比赛场地/场外。

3. 不顾自己安危，作出可能让自己被对方击中而致伤的行为，或没有采取足够的自我保护措施/无防备。

4. 通过逃避比赛的方式让对手没有机会得分。

5. 消极，没有与对手交手的意图。

6. 搂抱、扭摔、推搡、抓扯对手，或与对手贴胸站靠，但没有试图施展摔技或其他相应的技术。

7. 施展无法控制的、有可能伤害到对手的和危险的、毫无节制的攻击技术。

8. 试图以头部、膝部或手肘攻击对手。

9. 与对手交谈，或挑逗对手，不服从主裁的命令，对裁判官员不礼貌，或其他有违礼节的行为。

附注：

Ⅰ. 空手道比赛是一种“运动”，因此一些非常危险的技术动作是被禁止的，同时所有被允许的技术在施展时也要有节制性。受过训练的成年选手，在一些肌肉保护相对较强的部位，如：腹部，可以承受较强的打击。但其他部位如：头部、面部、颈部、裆部及关节部位，却很容易受到伤害。因此，除是因对手自己的原因造成的以外，使用任何造成对手伤害的技术都会被处罚。选手在比赛过程所施展的所有技术动作必须具有良好的姿势，且是有节制的。若非如此，无论该选手施展的是什么技术动作，裁判都必须对其进行警告或处罚。在青、少年的比赛中，更必须要注意这点。

Ⅱ. 面部接触—成年组：在成年组的选手中，无伤害性、轻微的、有节制的轻微触碰面部、头部及颈部是被允许的（但是喉部不可以）。但如果主裁认为此类的触击太重，但不足以降低被攻击者获胜机会的原则下，会给予忠告。若同样的情况发生第二次，就可以判警告。第三次违犯可以判犯规注意。第四次再犯，即使还是不足以影响被攻击者获胜的机会，进攻方仍会被判犯规而被取消资格。

Ⅲ. 面部接触—青、少年组：在青、少年比赛中，任何手部的技术动作都不允许触及头部、面部、颈部（包括面具）。正如上述第Ⅱ条中提到的，除非是由对手的无防备造成的，任何接触，不论它有多么轻微都将会受到处罚。上段的踢技可以允许有轻微的触碰，并得分。但是如果该踢击超过了皮肤接触的范畴，就必须处以警告或处罚，除非是由对手的无防备造成的。

Ⅳ. 主裁必须经常观察受伤的选手。在作出判断前稍微等一会儿，例如：流鼻血一类因受伤而产生的症状有时间表现出来。仔细的观察还可发现某些选手是否为了战术上的利益，而想办法使伤势加重，例如：鼻部已受伤而用力擤鼻子，或使劲搓揉面部等动作。

Ⅴ. 如果选手在之前的比赛中已有受伤的经历，有可能会因轻度的触击而产生严重的症状，症状反应与接触程度不成正比。主裁在对这种看起来非常过激的接触进行判罚时，必须将这种情况考虑在内。例如：一个看起来很轻微的触击，很可能让一个在之前回合已经受伤的选手因伤上加伤，而无法继续比赛。因此，在比赛或回合开始前，场地管理必须检查选手们的医疗纪录卡，以确定选手们能够出赛。如果某位选手有过因伤接触治疗的经历，必须将情况通知主裁。

Ⅵ. 如果有选手对轻微的触击反应过度，企图由此诱导主裁来处罚他们的对手，例如：捂住脸部，脚步踉跄，或不必要的倒地，主裁必须立刻对他们进行处罚。

Ⅶ. 没有受伤而假装受伤，是一种非常严重的犯规行为。应判其失格。如：倒在地上乱滚，而医生又找不到证据支持与其反应相符的伤害。

Ⅷ. 夸大真实存在的伤情虽然没有装伤恶劣，但这种行为仍然不可以被接受。因此一旦出现夸大伤情的情况，裁判员至少应判处该选手一次犯规注意。如果出现更严重的夸大伤情的情况，例如：选手跌跌撞撞地走来走去、跌倒在地板上、站起来又跌倒等等，根据其犯规的严重程度，裁判可以直接取消其比赛资格。

Ⅸ. 因假装受伤而被判失格的选手，必须立刻被带出赛场并送往 WKF 的医药委员会接受检查。医药委员会将会在大会结束前作出报告，以供裁判委员会参考。假装受伤的选手可能会受到最为严厉的处罚，屡犯者可能会被终生禁赛。

Ⅹ. 喉部是人体中最脆弱的部位，除了是被伤害者本身的原因造成的以外，即使是最轻微的触击也要被警告或处罚。

Ⅺ. 摔技分为两类：第一类是传统空手道中的扫腿技术，例如：出足扫，小内刈等，这些技术施展时不需要先抓住对手就可以使其失去平衡或摔倒。第二类是在施展时需要抓住或握住对方的摔法。在比赛中施展第二类摔法时，摔技的轴点不得高于施展者的腰带位置，且必须始终抓住对手，以便对手安全着地。高度过肩摔技，例如：过肩摔、肩车等是被明文禁止的。被明文禁止还包括所谓的舍身技摔法，例如：背投、角返等。同时，规则也不允许抓抱对手腰部以下并抬起的抱摔，或下探拉拽对手的腿部。如果有选手被对手以摔技摔伤，边裁们将会决定是否需要进行处罚。

Ⅻ. 禁止以开掌的技术攻击面部，因为这类技术会危及对手的视力。

XⅢ. 当某位选手的脚或身体的任何部位接触到了比赛场地外的地面上，即为场外。唯一例外的是当该选手是被对手推出或摔出比赛场地的，这种情况则不算场外。注意，一旦有场外的情况出现，就必须立刻进行警告。场外的定义不是“反复出界”，而是“非对手原因造成的出界”。

XⅣ. 如果一方选手在施展一记有效的得分技术后，在主裁喊停“YAME”之前出界，裁判应给其有效的进攻技术判分，同时该选手不会因场外而受罚。但如果该选手的进攻技术没能成功，这次出界将会被判为场外。

XⅤ. 如果蓝方选手在红方选手进攻得分之后出界，那么比赛在红方得分后就应当立刻被叫停，蓝方选手的出界也就不算犯规。如果蓝方选手在即将踏出场外的瞬间或刚刚踏出场外后就被红方选手进攻得分（此时红方选手仍在场内），那么在裁判为红方选手判分的同时，也应对蓝方选手的场外进行处罚。

XⅥ. 逃避战斗是指：某一方选手试图以浪费时间的方式和行为防止对手有机会得分。理解这一点是非常重要的。如果一方选手持续地后退闪避而无有效的反击，做没有必要的抓、抱，或故意退出场外，不给对手攻击得分的机会，他就必须被警告或处罚。这种情况往往发生在回合快要结束时。如果发生在比赛结束前 10 秒以上，且该选手在该回合还没有第二类犯规的记录，则主裁应给予该选手忠告；但如果该选手在该回合已有一次或多次第二类犯规的记录，那么主裁就应该给予他警告或更进一级地处罚。如果逃避的情况发生在比赛结束前 10 秒以内，无论该选手在该回合是否已有过第二类犯规的警告处罚，主裁都应直接对它处以犯规注意的处罚；但如果该选手在该回合已经有过第二类犯规犯规注意的记录，那么主裁可以直接判该选手犯规，并宣布对手获胜。但是，主裁必须确认该选手的行为不是一种由于对手的粗鲁或危险的动作而采取的防御措施。如果是这样，主裁则应警告或处罚进攻一方。

XⅦ. 消极是指：出现一方或双方选手在较长的一段时间内都没有试图进行交手的情况。

XⅧ. 一种无防备例子是：某一选手做出一个全力进攻的动作，但完全忽视自身的安全。有一些选手以扑出去的方式去打一记很长的逆冲拳，因此没有能力去格挡对手的反击。这类开放式的进攻应被视为无防备的行为，不能得分。作为一种战术表演的动作来说，有一些选手在完成得分动作后，立刻转身做出一些夸张的示威性动作来表现自己已得分。他们放松了对自己的保护和对对手的警戒。这种转身动作目的是想吸引主裁注意他们的得分技术，但明显的也是一种无防备的行为。如果一方选手因无防备而被对手过度接触或因此受伤，主裁应给予该选手一次第二类犯规的警告或处罚，不必处罚他的对手。

XⅨ. 一支代表队中某位成员的任何无礼行为，都可以导致某个选手、整个团队或整个代表队失去大赛资格。

（九）警告和处罚

忠告：忠告用于相应类别的初次犯规且程度轻微的情况。

警告：警告用于相同类别第二次程度较轻的犯规或犯规程度还不到被判“犯规注意”的情况。

犯规注意：这是取消比赛资格前的一次警告，通常情况下施加于在该回合比赛中已被判过一次“警告”的选手身上，但也可以直接对犯规程度严重，但还不到被判“犯规”程度者施加。

犯规：这是取消比赛资格的处罚，用于非常严重的犯规或被施加者在该回合比赛中已被判处过一次“犯规注意”的情况。在团体赛中，犯规者的得分将会被清零，而对手将会得到固定的 8 分。

失格：是指丧失整个锦标赛、单项赛事或单场比赛的参赛资格。失格处罚的具体程度必须由裁判委员会决定。如果某位选手：不服从主裁命令；行为恶劣；作出有损空手道声望和荣誉的行为；作出其他被认为是有违大会规则和精神的行为，他将被处以失格的处罚。在团体赛中，犯规者的得分将会被清零，而对手将会得到固定的 8 分。

附注：

Ⅰ. 口头警告按程度来分有三个级别：忠告、警告、犯规注意。

口头警告是对选手作出正式处罚前，对其违反竞赛规则的行为进行提醒。

Ⅱ. 处罚按程度来分有两个级别：犯规和失格。两种处罚都使被处罚者失去竞赛资格。其中，犯规，违反者将失去该回合比赛资格；而失格，违反者将失去整个锦标赛的参赛资格，甚至会遭到附加一段时间的禁赛。

Ⅲ. 第一类犯规与第二类犯规不可相互累积。

Ⅳ. 如果有犯规的情况出现，可直接给予违反者口头警告。口头警告以后，如果有继续违反该类别规则的情况出现，必须加重警告或处罚程度。例如：当对一方选手过度接触的犯规行为进行口头警告后，如果该选手再次出现过度接触的情况，则不可能只对其进行相同程度的口头警告。

Ⅴ. 一般情况下，当一方选手获胜的机会因对手的犯规而轻微降低的时候（根据裁判的判断），裁判应对犯规方处以警告的处罚。

Ⅵ. 犯规注意可直接给予，或是在犯规方已有过一次相同类别的警告记录后再次犯规时给予。当一方选手获胜的机会因对手的犯规而严重降低的时候（根据裁判的判断），裁判应对犯规方处以犯规注意的处罚。

Ⅶ. 犯规一般是对累积犯规行为的处罚，但当某一选手犯规情节严重时，也可直接判罚。当一方选手获胜的机会因对手的犯规几乎降低为零的时候（根据裁判的判断），裁判应对犯规方处以犯规的处罚。

Ⅷ. 任何选手因造成对手受伤而被判犯规，且裁判及场地管理均认定此选手的行为粗鲁、且具有危险性，或缺乏参加 WKF 比赛所必须的控制能力时，应及时向裁判委员会报告，裁判委员会将会决定是否禁止该选手完成余下的赛程和/或参加之后的其他比赛。

Ⅸ. 失格不需要任何口头警告就可直接判罚。这不一定是由于选手本人的行为，如果其教练或该代表队的任何非参赛人员的行为有损空手道威望和荣誉，或主裁认为该选手的行为恶劣，不管是否对对手的身体造成了伤害，对其正确的判决将是失格，而非犯规。

Ⅹ. 判定失格时需公开宣告。

（十）比赛中受伤情况和意外事件

1. 当有选手在比赛检录时不到场或某一选手没有能力继续参赛、放弃比赛或因主裁的命令而退赛时，裁判应判处该选手弃权。放弃比赛的原因可能包括非对手行为而产生的伤害。

2. 如果两名选手同时受伤或旧伤复发，且由大会医生宣布无法继续比赛时，则以当时累积分数较高方获胜。在个人赛中，如果双方比分相同，则由裁判以判定的方式决定胜负。在团体赛时，主裁将宣布双方平手。如果这种情况发生在团体赛的附加赛时，则以判定来决定胜负。

3. 经由大会医生确定为受伤且不适合继续参赛的选手，不得继续参加该次大会该项目的比赛。

4. 某位选手因对手犯规而受伤，且对手因此被取消资格而获胜，如无大会医生的许可，该选手不得继续参加该项目的比赛。如果该选手已受伤，且继续参赛，他可以再次因对手犯规被取消资格而获胜，但此选手必须立刻从该次锦标赛的组手比赛中退赛，不得继续参加。

5. 当有选手受伤时，主裁应立即叫停比赛召唤大会医生。医生只有权对伤情进行诊断和处理。

6. 在比赛过程中受伤且需要治疗的选手只会被给予 3 分钟的时间接受治疗，如果治疗无法在给予的时间内完成，主裁则需要决定是否要宣布此选手不适合继续比赛（见第十三条，第9段d）或再延长一点治疗时间。

7. 任何选手跌倒、被摔倒或被击倒，在10秒钟内无法自己以双脚站立时，就被定义为不适合继续参加比赛，他将自动丧失参加该次锦标赛所有组手项目的资格。当出现有选手跌倒、被摔倒或被击倒而不能立刻站起来的情况时，主裁必须以吹哨和举手示意计时员开始10秒钟的倒数计时，然后按照上述第5点的规定召唤大会医生。当主裁举起手臂时，计时员停止计时。一旦出现有选手被10秒计时的情况，大会医生都应对该选手进行检查。在10秒规则所规定的情况下，大会医生可以在场地中对选手做检查。

附注：

Ⅰ. 当医生认定某选手不适合继续出赛时，相应的信息必须登记在该选手的纪录卡上。其不适合比赛的程度必须记录清楚，以便其他裁判小组成员了解。

Ⅱ. 若某一选手因对手多次轻微的第一类犯规被取消资格而获胜，可能该选手伤势并不严重，但如果他再次以相同理由而获胜时，即使该选手的身体状况仍可以继续参赛，他也必须退出比赛。

Ⅲ. 当某一位选手受伤且需要治疗时，主裁应举手并以语言呼叫大会医生。

Ⅳ. 如果身体状况允许，受伤的选手应被引导到场地外接受大会医生的检查和治疗。

Ⅴ. 医生必须针对受伤选手的伤情提供适当的安全建议。

Ⅵ. 当执行“10秒规则”时，计时的工作将由特定担任此项任务的计时员担任。在第7秒时需要有声音警示，然后是10秒计时结束的铃声。只有在主裁给出信号时，计时员才开始计时，当选手完全站立起来，主裁举起手臂示意时，计时员停止计时。

Ⅶ. 在不同情况下，裁判可以根据一方选手的犯规、弃权或失格来决定胜方。

Ⅷ. 在团体赛中，如果某一队员被判弃权或因“犯规”或“失格”被取消资格，不管该回合已得分数为多少，最后都将被清零，对手可获得固定的8分。

（十一）正式申诉

1. 任何人都不能向裁判小组成员的判决提出异议。

2. 若裁判过程中有出现违反比赛规则的情况，只有该国协会的会长或正式的代表可提出申诉。

3. 申诉应以书面报告的形式，在产生争议的比赛结束后立即上交。（唯一例外的情况是，当异议的原因为行政运作上的失误时，则应立即通知场地管理处理）。

4. 申诉书必须上交给申诉评审委员会的代表。申诉评审委员会将根据申诉的理由，并结合相关事实，拟订报告，并酌情做出处理。

5. 任何有关比赛规则应用的申诉，都必须按照WKF理事会所规定的程序进行。申诉必须是以书面形式提出，并由该参赛队伍或选手的官方代表签名后上交。

6. 申诉方在向申诉评审委员会的代表提交申诉时，还必须同时缴纳由 WKF 理事会所规定的申诉保证金。

申诉评审委员会的组成

7. 申诉评审委员会是由裁判委员会指派的三位资深裁判代表组成，三位委员必须来自不同的国家协会。裁判委员会同时会另外指派三名候补委员并按 1 ~ 3 号编号。当三位正式委员之中有人与申诉事件相关方，包括与之相关的裁判小组成员，具有相同国籍、血缘关系或姻亲关系时，候补委员将自动取代需要避嫌的原有委员。

8. 申诉评审委员会的审查程序：

收到申诉的申诉评审委员会有责任召集评审委员并上交申诉保证金给财务长。一旦评审委员召集完毕，委员会就应立刻开始必要的问询与调查，以对申诉内容进行求证。三名申诉评审委员中的每一个人都必须对该申诉的真实性作出自己的裁决，不允许有弃权的情况发生。

9. 申诉驳回：

如果一个申诉经调查发现是不成立的，申诉评审委员会可指定一名委员口头告知申诉方，其申诉已被驳回。在上交申诉保证金和申诉文件给财务长前，应在申诉文件原件上标注“驳回”，并由三位委员在文件上签名。财务长会将该申诉文件转交给秘书长备案。

10. 接受申诉：

如果申诉有效，申诉评审委员会将联系大会组委会和裁判委员会，讨论可采取的措施，对已发生的情况进行补救，措施包括：

（1）撤销违反比赛规则的判决。

（2）取消有问题的比赛和受其影响的场次的比赛结果。

（3）受到影响的场次重新进行比赛。

（4）向裁判委员提交建议函，对相关裁判员进行相应的处罚。

申诉委员会有责任在尽量不影响大会进行的前提下，作出合理的裁决并采取相关措施。但为了保证结果公平，在万不得已的情况下，可以重新进行淘汰赛。

申诉评审委员会可指定一名委员口头告知申诉方，其申诉已被接受。在上交申诉保证金和申诉文件给财务长前，应在申诉文件原件上标注“接受”，并由三位委员在文件上签名。财务长会将申诉保证金退还给申诉方，并转交申诉文件给秘书长备案。

11. 事件报告：

在依照上述方式处理申诉事情之后，申诉评审委员会需要拟写一份简单的申诉事件处理报告，描述他们的调查结果，和阐明他们接受或驳回申诉的理由。委员会的三位委员均须在报告书上签名，之后将报告上交秘书长。

12. 权力与限制：

申诉委员会的决议为最终决定，只有执行委员会可以否定申诉评审委员会的裁决。申诉评审委员没有处罚权。他们的作用是对申诉作出判断，督促裁判委员会和大会组委会采取必要的补救措施，对发现的所有违反比赛规则的裁判程序进行修正。

附注：

Ⅰ. 申诉书上必须提供选手的姓名、该场比赛的执裁裁判名单和准确且详细的申诉内容。关于整体判罚标准，内容含糊的申诉将不会被接受。申诉方有提供相关证据的责任。

Ⅱ. 申诉将由申斥评审委员进行审查。审查过程中，委员会将会研究申诉方所提交的证据。同时可能会研究比赛录像并询问相关人员，以便对申诉内容的有效性做出客观的判断。

Ⅲ. 如果申诉评审委员会认定该申诉有效，将会采取相应的措施进行补救。同时引以为戒，防止将来在比赛中发生类似的情况。而申诉保证金将会由财务长退回。

Ⅳ. 如果申诉评审委员会认定该申诉无效，该申诉将会被驳回，申诉保证金将由WKF没收。

Ⅴ. 即使有正式申诉的情况出现，也须保证后面的比赛不会因此而被延迟。赛事监督有责任确保比赛按照竞赛规则继续进行。

Ⅵ. 在比赛进行过程中，如果有行政运作上的错误发生，教练可以直接通知场地管理，由场地管理提醒主裁。

（十二）权责

裁判委员会的权力和职责如下：

1. 与每一次大赛的赛事组委会协商沟通，确认比赛场地的安排、所有装备和必需设施的准备与发放、比赛的运作与管理及安全措施等，以保证大赛的准备工作能够正确完成。

2. 指派场地管理（裁判主任）至各自负责的区域，及根据各场控长的报告采取相应措施。

3. 监督并协调所有裁判人员的工作。

4. 根据需要指派候补工作人员。

5. 对在比赛中发生的，规则中没有明文规定的技术性问题做出最后判决。

场地管理（场控长）的权力和职责如下：

1. 对所有在其负责的场地内进行的比赛的主裁和边裁，进行委派、指定和监督。

2. 对在其负责区域内执裁的主裁和边裁的工作进行监督，并确认指定的裁判员和工作人员有能力完成赋予给他们的职责。

3. 当赛事监督发现场上有违背比赛规则的信号时，要求主裁暂停比赛。

4. 每日准备书面报告，对其管辖的每一位裁判员及工作人员的工作情况进行总结和建议，并上交裁判委员会。

主裁的权力如下：

1. 主裁主导着整个比赛的进程，包括负责宣布比赛的开始、暂停及结束。

2. 根据边裁的判决，宣判得分。

3. 当主裁认为有人得分、犯规或为确保场上选手自身安全时，暂停比赛进行。

4. 当主裁认为有理由让边裁重新考虑他们的警告或处罚的判决时，要求他们重新考虑。

5. 必要时向场地管理、裁判委员会或申诉评审委员会解释某个判决的依据。

6. 给予警告或进行处罚。

7. 根据边裁所提供的意见采取相应的行动。

8. 在团体赛需要时，宣布并开始附加赛。

9. 领导裁判小组进行投票，并宣告结果。

10. 解决平手的情况。

11. 宣告比赛获胜者方。

12. 主裁的权限不局限于比赛场地，还包括其所有相关区域。

13. 主裁负责所有口令的发出和所有判决的宣告。

边裁权力如下：

1. 用旗语表示得分、警告和处罚。

2. 对相关判决行使投票权。

边裁需仔细观察选手的动作。当遇到下列情况时，应以相应信号向主裁表示意见：

（1）当有选手得分时。

（2）当某位选手做出禁止的行为和技术时。

（3）当某位选手有受伤、生病或无法继续比赛的情况出现时。

（4）当双方或单方选手越出比赛场地时。

（5）当出现其他必须引起主裁注意的情况出现时。

赛事监督应协助场地管理监督比赛进行。当出现主裁和/或边裁的判决有违背竞赛规则的情况时，赛事监督应立即举起红旗并吹响口哨。场地管理应要求主裁暂停比赛并纠正相关错误。经赛事监督认可的比赛记录才可以作为正式大会纪录保留。在每一场次或每一回合的比赛开始前，赛事监督都应确认上场选手穿戴着被认可的装备。

记分监察员必须单独准备一份记录，对主裁的判分情况进行记载，同时监督计时员及记分员的工作情况。

附注：

Ⅰ. 当两位或更多位边裁皆给出同一旗语或示意某一选手得分，主裁应暂停比赛，并做出相应判决。如果主裁没有喊停，赛事监督应举起红旗，并吹响口哨。

Ⅱ. 当两位或更多位边裁皆给出同一旗语或示意同一位选手得分，主裁必须暂停比赛，并宣布边裁的裁决。

Ⅲ. 除有两位或更多位边裁给出同一旗语外，因其他任何原因，主裁想要叫停比赛，他应在喊出“YAME”口令的同时，并作出相应的手势。然后边裁们应向主裁以旗语表示自己的意见，当有两位或更多位边裁支持时，主裁就可以做出相应的裁决。

Ⅳ. 当双方选手同时有两位或更多位边裁做出得分、警告或处罚的旗语时，两方选手都应得到各自相应的得分、警告和处罚。

Ⅴ. 如果有多于一位边裁对某位选手做出的得分、警告或处罚的旗语，但判罚的高低不同，且没有某一等级的判决获得了多数边裁的支持时，最低级别的得分、警告或处罚的判决将会被采纳。

Ⅵ. 当某一等级对得分、警告或处罚的判决获得了多数边裁的支持时，将采取少数服从多数的原则，而不是采纳最低级别判决的原则。

Ⅶ. 在判定时，主裁、边裁各有一票。

Ⅷ. 赛事监督的角色是要确保比赛根据竞赛规则顺利进行。他不是另外一位边裁，也没有投票权，更没有任何权利参与比赛的裁决工作。如：选手是否得分或是否出现了场外等情况。他的责任只与比赛流程相关。

Ⅸ. 如果主裁没有听到“时间到”的铃声。计分监察员应吹响口哨提醒。

Ⅹ. 当需要在赛后对做出某一判决的原因进行解释时，裁判员可以与赛场监督、裁判委员会或申诉评审委员会沟通，除此之外，他们不必向任何人做出解释。

（十三）比赛开始、暂停或结束

1. 比赛运作时，主裁和边裁所使用的术语及姿势，应按照附录 1 和 2 的规定。

2. 在主裁和边裁应各自就位，两方选手相互行礼之后，主裁应宣布“SHOBU HAJIME”，比赛即开始。

3. 主裁应以“YAME”口令暂停比赛。如果有必要，主裁可以命令选手各回到原位。

4. 在主裁回到原位后，边裁应以旗语向主裁表示自己的意见。在判决某方选手得分时，主裁应先宣布哪位选手（红方或蓝方）、攻击的位置，然后以规定的手势判以相应的得分。然后，以“TSUZUKETE HAJIME”的口令，宣布比赛继续进行。

5. 当一方选手在某一回合比赛中已领先 8 分，主裁应以“YAME”口令叫停比赛，再与双方选手一起回到各自起始位置。然后，主裁举起代表获胜一方的手臂，并宣告“AO（AKA）NO KACHI”。到此，回合比赛结束。

6. 当比赛时间结束时，双方以得分较高者为优胜。主裁应举起代表获胜一方的手臂，并宣告“AO（AKA）NO KACHI”。到此，回合比赛结束。

7. 如某一回合结束时，比赛未能决出胜负，那么裁判小组（主裁和四位边裁）将以判定的方式决定比赛结果。

8. 如发生下列情况，主裁可以喊“YAME”，并暂停比赛：

（1）当一位或两位选手都越出场外时。

（2）当主裁命令选手整理他的空手道服装或护具时。

（3）当某位选手违反规则时。

（4）当主裁认为一方或双方选手因受伤、生病或其他原因，而无法继续比赛时。根据大会医生的意见，主裁将会决定是否允许比赛继续进行。

（5）当一方选手抓住对手 2 秒钟内，没有立刻施展技术或摔法进攻时。

（6）当一方或双方选手跌倒或被摔倒后的 2 秒钟内，没有有效的技术攻击时。

（7）当双方选手相互抓抱，且在 2 秒钟内没有试图施展任何技术或摔法进攻时。

（8）当双方选手采用贴胸站靠的方式，且在 2 秒钟内没有试图施展任何技术或摔法进攻时。

（9）当双方运动员因摔倒或试图施展摔技而双方倒地后，开始扭打时。

（10）当两位或更多位裁判皆举旗示意同一位选手得分或犯规时。

（11）当主裁认为有得分或犯规时、或因安全原因需要比赛暂停时。

（12）当场地管理要求时。

附注：

Ⅰ. 当比赛将要开始时，主裁首先要求选手来到他们的起始线上就位。在此之前，如果有选手已提前进入比赛场地的，主裁必须要求该选手退出。两方选手必须以标准的鞠躬礼相互行礼，快速的点头是不够也是不礼貌的。如果双方都没有主动相互行礼的迹象，主裁可以以附录 2 中的手势要求选手互相行礼。

Ⅱ. 当比赛重新开始时，主裁必须检查双方选手是否已站立在指定线上并处于平静的状态。如果有选手仍在上下跳动或处于烦躁不安的状态，主裁必须要求其静止下来，比赛才可继续进行。主裁必须在最短时间内使比赛再次开始。

Ⅲ. 在每回合比赛开始与结束时，双方选手均需相互行鞠躬礼。

（十四）修正

只有 WKF 的运动委员会在经过 WKF 的理事会许可后才可修改本规则。

二、型规则

（一）型的比赛场地

1. 比赛场地必须平坦且无危险。

2. 比赛场地必须足够大，以允许选手能够毫无阻碍地完成整套型的演练。

附注：

Ⅰ. 为了型的演练能够正常的完成，比赛场地的表面必须平整稳固。一般情况下，铺有垫子的组手比赛场地就合适。

（二）正式服装

1. 选手和裁判必须依照组手比赛规则中第二条的规定来穿着正式服装。

2. 任何人员不遵守本条规则，都会被取消资格。

附注：

Ⅰ. 不得在演练型的过程中脱掉空手道上衣。

Ⅱ. 如果某位选手出场比赛时穿着不当，他将会给予一分钟的时间去补救。

（三）裁判小组

1. 每场比赛的裁判小组的五位成员将由裁判委员会或场地管理指派。

2. 场上裁判不可有与双方任何一位选手相同国籍者。

3. 此外，还需指派计时员、记分员和宣告员。

附注：

Ⅰ. 主裁面向选手坐在中间。另外其四名裁判坐在比赛场地的四个角落。

Ⅱ. 每个裁判都将手执红蓝旗各一。如果使用电子记分板，则手持输入终端。

（四）判定标准

1. 型的演练必须表现出各方面的能力，必须把型中所包含的传统理念清晰地表现出来。在评判某一位选手或某一支队伍的演练时，裁判必须观察下列事项：

（1）对型的含意做出真实的演示。

（2）了解所使用的技术应用（分解）。

（3）良好的时机、节奏、速度、平衡及劲道。

（4）以正确且适当的呼吸法辅助发力。

（5）正确的目标集中力（着眼）及意志集中力。

（6）正确的步法及合适的腿部张力。脚步须平稳地贴在地面上。

（7）适当的腹部张力（腹），而且移动时，腰髋部不可上下晃动。

（8）所演练流派的基本动作正确（基本）。

（9）裁判在对所演练的型进行评判时，还需注意考虑其他要点，如选手所展示的型的难度。

（10）在团体型的比赛时，还需注意不以外加的信号来达到动作的一致性。

2. 如某位选手变更指定型的内容，他将会被取消比赛资格。

3. 如果某位选手在演练指定型或自由型时发生停顿，或所演练的型与其所宣告或通报给记分台的型名不同，他将会被取消比赛资格。

4. 如果某位选手演练了一套不在规定型列表内的型或重复演练了一套演练过了的型，他将会被取消比赛资格。

附注：

Ⅰ. 型并非舞蹈或戏剧表演。它必须遵守传统的价值及理念。从实战的角度来讲，它必须具有真实性，同时从技术上也要表现出意志的集中力、力量和潜在的打击力度。在展示出力量、速度的同时，还要展示出它的优雅、节奏和平衡感。

Ⅱ. 团体比赛中，在开始型的演练时，三位选手必须全部面向主裁。

Ⅲ. 在团体比赛中，队伍成员必须表现出型的演练所需的各方面的能力，同时保持动作的一致性。

Ⅳ. 发出开始和停止的口令，顿足，拍打胸部、手臂或空手道服，不适当的吐气等，这些都是外加的信号。当裁判进行判决时，必须考虑在内。

Ⅴ. 确认通报给记分台的型是否适合于该轮比赛是教练或选手的责任。

（五）比赛的运作

1. 在每一回合比赛开始前，双方选手点名确认无误后，一方系红带，一方系蓝带，面向主裁并排站在赛场地边缘。在向裁判小组行鞠躬礼之后，蓝方选手将先退出比赛场地。红方选手在移动至指定起始位置，并清楚的宣告他将要演练的型名后，开始演练。在演练完毕之后，红方选手将退出比赛场地，等候蓝方选手的演练。在蓝方选手的演练完成之后，双方应回到比赛场地边缘等待裁判小组的判决结果。

2. 如果选手演练的型未依照规则，或有其他违反规则的情况出现，主裁可召集其他裁判，以达成一致的判决。

3. 如果某位选手被判取消比赛资格，主裁应以旗子做出交叉再分开的动作（与组手比赛中“无效 TORIMASEN”信号的做法相同）。

4. 在两位选手均完成型的演练后，双方应一起并排站在比赛场地边缘。然后主裁将要求判定，在主裁两声哨响后，场上裁判将进行投票。

5. 判决结果将使红方或蓝方获胜。判决结果不允许为平手。得票数最多的一方选手将会由宣告员宣布为胜方。

6. 双方选手将相互行鞠躬礼，再向裁判小组行礼，最后离场。

附注：

Ⅰ. 型比赛的起始点在比赛场地边缘内。

Ⅱ. 如果比赛采用裁判旗，主裁将会先宣布进行判定，然后吹两声口哨。场上裁判将同时将旗子举起。在给出足够统计票数的时间后（约 5 秒），主裁再鸣哨一次，裁判员将旗子一起放下。

Ⅲ. 如果某位选手检录时不到或比赛弃权，他的对手将自动取得该轮比赛的胜利，不需要再上场演练已通报的型。

第二节　空手道竞赛裁判法

一、组手比赛

（一）比赛场地

组手比赛的场地是 64 平方米的正方形比赛专用垫，边线外有 2 米长的安全区。距离场地中心点 2 米处设置长为 0. 5 米的主裁判线，红蓝选手双方居中心 1. 5 米处设置 1 米长的选手线。比赛开始前双方保持在选手线的警戒区域内。

（二）服装和护具

要求参赛者身着整齐干净、纯白无标记的空手道服。腰带系紧后，上衣长度不超过大腿的四分之三，最短须遮盖臀部，袖长在腕关节与前臂中部之间，裤长须覆盖小腿的三分之二而不超过踝关节。衣袖和裤脚都不卷起，女性可在上衣内穿纯白色T恤，道服左胸上可有国家标志和国旗（大小不超过12厘米×8厘米），道服原制作厂商、大会组委指定的标志、商标可放置在道服上。

参赛者要求使用必备安全护具，包括拳套、护齿、胫骨护垫、足部护具（女性佩戴护胸，少年组佩戴头盔、护胸）；护裆等可选择使用。禁止使用任何易使得自己和对手受伤的饰品和不符合规定的衣物和护具（如发卡、耳环、护腕、绷带等）。

（三）裁判员

组手比赛的裁判组由1位场上主审裁判员、4位副审裁判员、1位监察员及若干计时员、报分员、记录员和记录监察员等组成（组手比赛主裁和边裁人员不可与选手有相同国籍）。

国际比赛中常用的评分制度是“两旗”制。场上主审裁判员在场上活动区域内与选手保持适当距离进行三点式运动，主裁负责运用专业的口令命令和手势判罚来控制整个比赛，包括判罚、给分、宣告比赛结果以及处理一些场内发生的问题。

场上裁判员常用专业术语、手势如下：

SHOBU HAJIME：比赛开始。主审裁判员站在开始线处，发令后，后退一步。

YAME：停，用于比赛中断或终止。主裁前移一步，然后两手向下做下切的动作。

TSUZUKETE HAJIME：比赛继续开始。主裁站在开始线上，撤步前屈立，喊继续的同时两手掌心朝外指向两名运动员，喊开始时，手掌心转向相对，同时后撤一步。

SHUGO：召集场下裁判。比赛结束，主裁双手掌心向上朝向场下裁判向上弯曲手掌给以召集上场手势。

MOTO NOICHI：回归开始位置。主审裁判员命令参赛者返回开始位置。

HANTEI：判定。主裁要求场下裁判员裁决，主裁哨声响起，同时主裁抬起手臂表决，场下裁判通过旗语投票，共同达成最后判决。

SAISHIAI：一分钟决定比赛。主裁重新宣布比赛命令“SHOBUHAJIME”。

TORIMASEN：双方都不得分。主裁手臂交叉，然后掌心向下做下切的手势。

AKA（AO）IPPON：红（蓝）方得一分。主裁向得分方水平向下倾斜45°伸出手臂，掌心向前。

AKA（AO）NIHON：红（蓝）方得两分。主裁向得分方水平伸出手臂，掌心向前。

AKA（AO）SANBON：红（蓝）方得三分。主裁向得分方水平向上倾斜45°伸出手臂，掌心向前。

HIKIWAKE：平局。裁判员交叉双臂于胸前，然后向两侧伸开，掌心向前。

AKA（AO）NO KACHI：红（蓝）方获得胜。裁判员向获胜方斜上45°举臂，掌心向前。

（四）竞赛过程

组手比赛过程包括：开始比赛、暂停比赛、意外事故、加赛、结束比赛。

1. 开始比赛

在组手的开始或结束时，裁判员和运动员都要站成一排向观众鞠躬致意。在组手个人赛中，参赛者上场时要互相鞠躬。即比赛开始前，双方选手要站在各自的端线后，被选定为Aka（红方）的运动员扎红色腰带，站在场上裁判员的右边；被选定为Ao（蓝方）的选手扎蓝色腰带，站在场上裁判员的左边。然后场上裁判员宣布选手上场。选手入场，站在各自的起始线上，同时其他裁判员也各就各位，当场上主裁判宣布“SHOBUHAJIME”，比赛即开始。

2. 暂停比赛

在组手比赛中，如发生下列情况，主裁判要喊“YAME”，暂停比赛：

（1）出现得分或受罚时；

（2）出现弃权（KIKEN）时；

（3）选手犯规时；

（4）出现一方或双方都出端线时；

（5）当一方抓住对方，但没有立刻（2 秒）完成一个有效的技术时；

（6）当一方或双方摔倒，随后又无有效技术出现时；

（7）出现选手受伤，需要及时治疗或出现问题时；

（8）当比赛出现混乱时；

（9）当场控长要求时；

（10）比赛结束时。

3. 比赛中的受伤或意外事故

在比赛中受伤和发生意外事故是不可避免的，无论选手如何遵守规则，意外事故总是会发生，因此规则中规定了当出现受伤或意外事故时，场上裁判员应如何裁决，一旦比赛出现了意外情况，使比赛无法继续进行时，需要通过以下条例来判定胜负：

（1）一方弃权，或因主裁的命令而退场，或因受伤（与对手无关）而放弃比赛者，此时将判定对手获胜。

（2）如果两名选手同时受伤或旧伤复发时，由大会医师宣布无法继续比赛，则以当时累积分数较高者获胜。

（3）在个人赛中如果比分相同，则以投票“判定”（HANTE）决定胜负。此种情况如果发生在团体赛时，主裁将宣布平手（HIKIWAKA）。如果发生在团体赛的加赛时，则以投票“判定”决定胜负。

（4）经由大会医师宣布受伤而不适合参加比赛的选手，不得再参加所有的组手比赛。

（5）受伤选手因伤而获胜，如无大会医师的许可，不得再赛。若该受伤选手，第二场比赛又因同样理由而再度获胜时，此选手就不得再参加此项赛程。

（6）受伤的选手只有 3 分钟的时间接受治疗，如果治疗无法在 3 分钟内完成，则主裁要决定是否要判此选手不适合继续比赛或者决定是否需要再延长一点治疗时间。

4. 倒地 10 秒的规定

任何选手倒地，无论是被摔倒或是击倒，在 10 秒钟内不能完全自主用双腿站立的，将被认定为不适合继续参加比赛，并自动丧失本次赛事的参赛权。

在这里提到了三种情况：倒地、被摔、被击倒，其中至少一种必须发生，否则就不适用于本规则。编写这条规则的原因有两个：第一，停止选手通过欺诈来获取胜利；第二，保障受伤运动员的安全。它存在的目的并不是为了以另一种形式来处罚已受伤或未受伤的运动员。

如果发生了三种情况中的一种，且 10 秒计时开始了，首先要记住的是，受伤选手需要医生的救助，千万不要等到 10 秒计时结束后再召唤医生。倒地选手并不需要回到自己的起始线上，他们只需要完全自主站立起来（身体完全站直），裁判即可做出停止 10 秒计时的信号。

5. 比赛结束

（1）到了比赛结束的时间。

（2）双方比分有 8 分之差（时间未到）。

结束比赛时，场上裁判员喊“YAME”，双方运动员回到起始线，等待场上裁判员核查分数。如果分出胜负，则场上裁判员要即刻宣布胜方是谁；如果是平分，则场上裁判员要会同场下裁判员进行判定，然后宣布谁获胜或者是否要加赛。

（五）得分判罚

1. 得分的基本内容

（1）得分部位：攻击有效得分部位主要有 7 个，分别是头部、面部、颈部、胸部、腹部、背部、胸腹侧面。有效得分要求击打必须有控制力，颈部以上部位要求轻微接触，点到为止。需注意的是，喉咙部位是禁击部位，若击打喉咙部位要受到处罚。

（2）得分方式：击打得分方式分为三种：一是上段踢（击打颈部以上部位），记三分；二是中段踢（腹部以上部位），记两分；三是上、中段拳的击打（以上七个部位），记一分。

2. 判罚的基本内容

（1）判罚的标准与类型

判罚的标准分为第一类犯规和第二类犯规。第一类犯规包括过度接触、攻击禁止部位、开掌技术、导致对方受伤、禁止的摔法等危险动作；第二类犯规包括消极逃避、无效的抓推扭抱、危险动作（为导致对方受伤）、头膝肘攻击、诈伤或夸大伤情、场外、无防备、不礼貌行为等。对于第一类犯规应用于违规程度较严重的情况，第二类犯规应用于有意图而未产生严重后果的不当技术或行为的情况。按照违规的轻重程度有对应的不同类型的判罚，包括忠告、警告（对方得一分）、违规注意（对方得两分）、违规（出局，对方胜出）、失格（选手失去比赛资格）。

（2）判罚的顺序与标准

组手比赛判罚的两个标准应分别判罚，不能累加，一般按违规的轻重程度进行判罚，对于严重违规的可采用跳级来加重判罚，甚至判处失格、违规。对于最后十秒拖延时间消极逃避的选手可加重判罚，起点可从警告开始。在选手双方有一方得分，另一方违规时，应先判得分，后判违规，同时违规，先判红方后判蓝方。在比赛过程中一方得分后立即犯规或犯规后得分，判犯规而不判得分。判定胜负时，有以下几种情况：一是领先取得八分的差距为获胜方；二是时间结束，获得高分者胜出；三是裁判判定获胜；四是因对方违规、失格、弃权而获胜。

（六）得分的标准

判定得分有六个标准，简称得分六要素，任何一个要求没有达到都将不得分。

1. 有良好的姿势（Good Form）

良好的姿势是指融于传统空手道理念的框架下，做出的有潜在杀伤效果的攻击姿势。

它包括以下基本内容：冲拳时不能屈腕、双肩下沉，脊柱伸直，不能过分舒展技术动作以及要确定自己的身体是否依然保持协调有力。

2. 有力的技术运用（Vigorous Application）

这是指那些被控制的，但在真正的打斗中对对手有着潜在的强大杀伤力的攻击技术。因此他必须控制对手，使自己处于一个得分的位置或抓住对手的漏洞。裁判员必须判定每个动作的意图才能给分，如果是无意中做出了有效的击打动作，是不能得分的，即使是连续击中对手也不能得分。

3. 运动精神（Sporting Attitude）

非恶意的，也就是一种竞技的心态，这是一项体育运动。

4. 正确的距离（Correct Distance）

正确的距离指在最佳的距离时出手，使技术能够达到最大的潜在杀伤效果。这个距离不仅包括自己使用的触击部位能够轻易地击中目标，而且还包括自己身体的重心是否与进攻融为一体。

5. 良好的时机（Good Timing）

意思就是说在技术能达到最佳效果的时候出手。适当的位置是指击打的角度能够击中对手。比如在对手向你冲过来的时候击中他远比他在向后移动时击中他要有杀伤力得多。

6. 残心（Zanshin）（警戒心）

选手在进攻的过程中和完成进攻后都不应该把头转向其他方向，力求始终面对对手，同时保持良好的注意力和警戒心。场上裁判应区分这种持续戒备的状态的选手和那些把身体转开，完全没有注意力和警戒心，在短时间内毫无战斗意识的选手。如果一个选手在完成技术后转身，而且没有做出良好的残心，那么他就没有满足得分的六个要素，不应该给他判分。比赛中，只有当裁判认定你的技术有效且中断比赛时，你才能确定自己处于绝对优势。

二、“型”的比赛

“型”比赛一般不是在垫子上进行，而是在木制的地板上进行（我国目前比赛由于时间、规模和场地关系，一般是在组手比赛垫子上进行）。空手道“型”的比赛看上去同竞技体操比赛很相似，参赛者都要表演各种动作的组合，但是它们之间是有区别的，空手道的“型”比赛不仅仅是为了给裁判员留个深刻的印象和取悦于观众，还要通过动作表演传递对“型”套路中每个动作的理解。“型”套路中的每个动作都有其特殊的攻防含义和战术目的，这也是空手道区别于其他表演项目的重要因素之一，“型”的演练必须把这些战术目的和攻防含义充分表现出来。

（一）“型”组别与时间

组别：“型”比赛一般分为个人赛和团体赛。团体赛是通过集体表演的形式进行，每队必有 3 个人参加，都是男性或都是女性。

男子组：个人型

团体型（3 人）

女子组：个人型

团体型（3 人）

时间：团体型的分解从半决赛开始，时间为 5 分钟。团体表演型结束敬礼时（向上起头）开始计时，于“分解”结束后敬礼时（向上起头）停止计时。

（二）指定型与得意型

空手道比赛允许参赛者演练任何风格的“型”，但是在国际比赛中只允许演练两种形式的“型”：一种是规定“型”，另一种以四种主要空手道流派风格的“型”为基础选编而成。这些套路由世界空手道联合会筛选后公布出来。

指定型（8 套）：十八、碎破、征三、镇东、征远镇、拔塞（大）、观空（大）、慈恩。

得意型：和道流（10 套）、刚柔流（10 套）、松涛馆流（21 套）、糸东流（43 套）。

（三）裁判员

1. “型”比赛的判定标准与评分标准

空手道的型并不是舞蹈或是戏剧，它必须表现出传统空手道的价值和理念。它也必须要具备真实的战斗意境，充分展示出集中的意志、力量，和技术中潜在的破坏力。它应表现出力量、杀伤性、速度，同时也要表现出优雅、节奏和平衡。

（1）“型”的判定标准：

a. 是否展现出该型的原有含义。

b. 是否充分了解该型的技术及其应用。

c. 是否抓住良好的时机、明确的节奏、速度和劲道。

d. 注意力和集中力是否集中。

e. 腹部的张力与腰部是否稳定。

f. 呼吸法是否配合劲道适当。

g. 是否使用正确的步法及合适的腿部张力。

h. 是否展现各流派正确的基本动作。

i. 演练该型的难易。

j. 是否有不必要动作及暗示引导。

（2）裁判员的评分是从 10 分起评，然后对选手在场上演练时所犯的错误一一进行扣分。扣分的标准如下：

a. 套路演练过程中有短暂的犹豫，扣 0.1 分。

b. 套路演练过程中有短暂而明显的停顿，扣 0.2 分。

c. 平衡不稳，有短暂的晃动，扣 0.1 ~ 0.3 分。

d. 平衡时有明显的晃动，但是又恢复了平衡，扣 0.2 ~ 0.4 分。

e. 完全失去平衡或摔倒，失去比赛资格。

f. 有明显的停顿，失去比赛资格。

（3）举旗时间：

在“HANTEI”时，主裁将控制该裁判组（5 名裁判员）的判罚旗帜举起不少于 5 秒钟后才能统一放下。

思考题

1. 介绍空手道竞赛规则的通则。

2. 简述“型”的判定标准有哪些。

附录1 空手道术语

日 语	汉 语	动 作
SHOBU HAJIME	开始比赛	宣布后，主裁后退一步。
ATOSHI BARAKU	剩下一点时间	当比赛时间还剩10秒钟时，计时员会给出声音信号，主裁将宣布“ATOSHI BARAKU”。
YAME	停	比赛中断或停止。在主裁喊出该口令时，应同时用手做出向下切的姿势。
MOTO NO ICHI	回归原位	选手和主裁回到各自的起始线。
TSUZUKETE	继续	继续进行比赛，用于非正式中断比赛的情况发生时。
TSUZUKETE HAJIME	继续 - 开始	主裁以弓步站立，在他喊到“继续”时，他伸出手臂，掌心向外朝向选手。在喊到“开始”时，将手掌转向快速向内合拢，同时向后退步。
SHUGO	召集裁判	当比赛结束时，或建议对选手处以失格处罚时，主裁召集边裁。
HANTEI	判定	在一场未分出胜负的比赛后，主裁要求边裁对胜负进行判定。在简短的一声哨音后，裁判通过旗语投票，主裁则以抬起他的手臂的方式进行投票。
HIKIWAKE	平手	平局时，主裁交叉手臂，然后伸展开，掌心向前。
TORIMASEN	没有得分或犯规的判罚	主裁交叉手臂，然后做出切下的手势，掌心向下。

日　语	汉　语	动　作
AKA（AO）NO KACHI	红（蓝）方获胜	主裁斜抬起代表获胜方的手臂。
AKA（AO）IPPON	红（蓝）方得三分	主裁将代表得分方的手臂向上45°伸直。
AKA（AO）WAZA－ARI	红（蓝）方得两分	主裁将代表得分方的手臂以肩膀高度伸直。
AKA（AO）YUKO	红（蓝）方得一分	主裁将代表得分方的手臂向下45°伸直。
CHUKOKU	口头警告	主裁示意第一类或第二类犯规。
KEIKOKU	口头警告	主裁示意第一类或第二类犯规，然后将食指向下45°指向犯规方。
HANSOKU－CHUI	取消资格前的警告	主裁示意第一类或第二类犯规，然后将食指水平指向犯规者。
HANSOKU	取消资格	主裁示意第一类或第二类犯规，然后将食指45°向上指向犯规方，并宣布另一方选手获胜。
JOGAI	非对手原因离开比赛场地	主裁将代表犯规方一方的食指伸出，向边裁示意该选手有离开比赛场的行为。
SHIKKAKU	取消比赛资格“强制退场”	主裁先将手指向上45°指向违规方，然后向后挥动，并同时宣布“AKA（AO）SHIKKAKU”，接着宣布另一方选手获胜。
KIKEN	弃权	主裁将手指向下45°指向弃权选手开始比赛的起始线。
MUBOBI	不顾自身安全	主裁触摸一下脸部，然后将掌缘朝前，来回移动，向边裁判示意选手不顾自身安全。

附录2　手势与旗语

（一）主裁的口令与手势

主裁的口令	手　　势
SHOMEN－NI－REI 向正面行礼 主裁手掌向前将手臂伸直。	
OTAGAI－NI－REI 相互行礼 主裁以手势示意选手相互行礼。	
SHOBU HAJIME 比赛开始 “比赛开始” 宣布之后，主裁后退一步。	
YAME 停 “停止” 中止比赛或是比赛结束。在主裁喊出口令的同时，用手做出向下切的动作。	
TSUZUKETE HAJIME 继续开始 “准备继续－开始” 主裁以弓步站立，手掌分别朝向双方选手并伸直手臂并宣布“TSUZUKETE”，在喊出“HAJIME”时，快速转手掌使其相对并合拢，同时向后退。	

YUKO 有效（一分） 主裁将代表得分一方的手臂向下 45°伸直。	
WAZA－ARI 有技（两分） 主裁将代表得分一方的手臂以肩膀高度伸直。	
IPPON 一本（三分） 主裁将代表得分一方的手臂向上 45°伸直。	
CANCEL LAST DECISION 取消上次的判决 当得分或处罚出现错判时，主裁转身面向选手，喊出“AKA”或“AO”，然后双臂交叉，手掌向下做出切的动作，手掌向下，示意上次的判决已取消。	
NO KACHI（Win）获胜 在比赛或回合赛结束时，主裁宣布“AKA（或 AO）NO KACHI”。并将代表获胜方的手臂向上 45°伸直。	
KIKEN 弃权 “放弃” 主裁以食指指向弃权选手的开始线，然后宣布对手获胜。	

SHIKKAKU 失格 “丧失资格，退出场地” 主裁首先以食指指向犯规者方，并向上45°伸出，然后再向外向后方挥动，同时喊出“AKA（AO）SHIKKAKU”！随后宣布对手获胜。	
HIKIWAKE 平手 “平手”（仅应用于团体赛中） 当比赛时间结束，双方得分相同，或者没有分时，主裁双臂交叉于胸前，然后分开伸直，手掌向前。	
CATEGORY 1 OFFENCE 第一类犯规 在用于CHUKOKU的时候，不需要再使用其他手势 主裁两手张开，以手腕边缘交叉在胸前高度。	
CATEGORY 2 OFFENCE 第二类犯规 在用于CHUKOKU的时候，不需要再使用其他手势 主裁弯曲手臂并以食指指向犯规者的面部。	
KEIKOKU 警告 “口头警告” 主裁示意第一类或第二类犯规，然后以食指45°朝下指向犯规者。	
HANSOKU CHUI 犯规注意 “取消资格前的警告” 主裁示意第一类或第二类犯规，然后以食指水平指向犯规方。	

HANSOKU 犯规 “取消资格” 主裁示意第一类或第二类犯规，然后以食指 45°向上指向犯规方，随后宣判对方获胜。	
PASSIVITY 消极 主裁双手握拳在胸前相互绕圈以示意有第二类犯规的行为出现。	
TORIMASEN 无效 “没有得分、警告或处罚” 主裁双臂交叉于胸前，然后手掌向下做出切的动作。	
TECHNIQUE BLOCKED OR OFF TARGET 技术被格挡或没有击中有效部位 主裁把一只张开的手掌放在另一只手臂上向边裁示意该技术被格挡住了，或没有击打在有效的得分部位上。	
TECHNIQUE MISSED 技术没有击中目标 主裁以握拳的手势横划过身体，向边裁示意该技术没有打中或只是擦过了得分部位。	
EXCESSIVE CONTACT 过度接触 主裁向边裁示意有过度接触或其他第一类犯规的行为出现。	

FEIGNING OR EXAGGERATING INJURY 假装或夸大受伤 主裁用双手扶住脸部以示意边裁有第二类犯规的行为出现。	
JOGAI 场外 “离开比赛场地” 主裁以食指指向犯规方的边界，向边裁示意有出界的行为出现。	
MUBOBI (Self Endangerment) 无防备（使自己陷入危险） 主裁先以手轻触自己的脸部，然后将掌缘朝前左右移动，示意边裁，该选手有使自己陷入危险的行为。	
AVOIDING COMBAT 逃避战斗 主裁以食指朝下做划圆形的动作，示意边裁有第二类犯规的行为出现。	
PUSHING, SEIZING OR STANDING CHEST TO CHEST WITHOUT ATTEMPTING A TECHNIQUE WITHIN 2 SECONDS 推搡、抓或以胸贴胸的方式站靠，且在两秒钟内不试图施展任何技术 主裁握住双拳并放在肩膀高度，或张开掌做出推的动作，以示意边裁有第二类犯规的行为出现。	

DANGEROUS AND UNCONTROLLED ATTACKS 危险性和没有控制的攻击 主裁以握拳的手在头一边的侧面通过，示意边裁有第二类犯规的行为出现。	
SIMULATED ATTACKS WITH THE HEAD KNEES OR ELBOWS 试图以头部、膝盖或手肘攻击 主裁以张开的手掌轻触额头、膝盖或手肘，以示意边裁有第二类犯规的行为出现。	
TALKING TO OR GOADING THE OPPONENT AND DISCOURTEOUS BEHAVIOUR 与对手交谈或挑衅对手，及其他不礼貌的行为 主裁将他的食指放在自己的嘴唇上，示意边裁有第二类犯规的行为出现。	
SHUGO 召集 “召集边裁” 主裁在比赛结束时或建议对某位选手进行“SHIKKAKU”处罚时，召集边裁。	

（二）边裁的旗语

	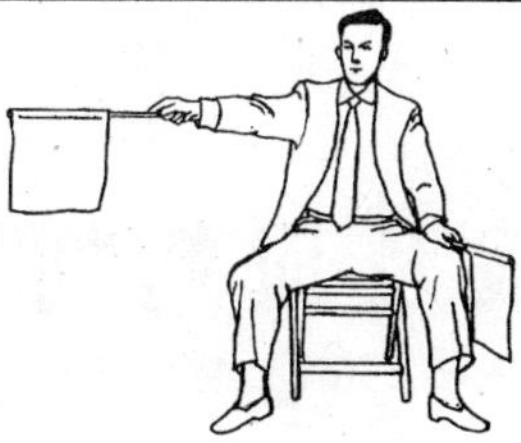	
YUKO 有效（一分）	WAZA-ARI 有技（两分）	IPPON 一本（三分）

FOUL 犯规 示意有犯规的情况出现。以代表犯规方的旗子挥动划圆，然后以旗语示意第一类或第二类犯规。	CATEGORY 1 OFFENCE 第一类犯规 手臂伸直，旗子交叉。	CATEGORY 2 OFFENCE 第二类犯规（1） 边裁弯曲手臂，以相应的旗子示意。

CATEGORY 2 OFFENCE 第二类犯规 边裁弯曲手臂，以相应的旗子示意。	JOGAI 场外 边裁以代表犯规方的旗子适当的轻拍在地上	KEIKOKU 警告

HANSOKU CHUI 犯规注意	HANSOKU 犯规	PASSIVITY 消极 以裁判旗在胸前互相绕圈

附录3　主裁及裁判判罚指南

本附录旨在辅助主裁和边裁理解规则或注解中可能没有明确阐明的内容。

（1）过度接触

当某位选手做出一个得分的技术后，紧接着做出另一个过度接触的技术，这时，裁判不应给该选手判分，而是对其进行第一类犯规的警告或处罚（除非是受伤方自己的过失）。

（2）过度接触和夸大

空手道是一种武道，对其选手的行为有很高的要求。如果选手只是受到了轻微的碰触，就用手揉脸、做出站立不稳或走路蹒跚的样子、弯下腰、取出或吐出护齿以及其他装作受伤很严重的样子，试图诱导主裁对其对手进行更高的处罚，这样的行为是不可接受的。这些是欺诈行为并且损害了空手道这项运动，应该立即被处罚。

当某位选手假装受到了对手的过度接触，而裁判认为对手的技术是有控制的，且符合得分的六个标准，将给其对手判分，同时对该选手因假装或夸大伤情，处以第二类犯规的警告或处罚（请随时注意，对那些屡次假装受伤者，可对其判处失格“SHIKAKKU”）。

有更难判断的情况：当选手受到强烈的打击后倒地，有时他会站起来（为了停止10秒计时）然后再次倒地。主裁和边裁必须注意，一个上段踢技是得3分的技术，同时有很多队伍和个人会因赢得奖牌而获得经济上的奖励，这些因素会强烈的诱惑选手做出不道德的行为。因此，裁判要有能力去辨别，并酌情处以相应的警告或处罚。

（3）无防备

当某位选手因自己的过失或疏忽而被打中或受伤时，将受到无防备的警告或处罚。无防备可以由于以下情况造成：转身背对他的对手；以一记长而低的逆冲拳进攻对手而不注意对手的上段反击；在主裁喊“停”前放弃防守或注意力不集中；对对手的攻击屡次格挡失败或拒绝格挡。第八条注解XVIII中明文规定：

如果一方选手（因无防备）被对手过度接触或因此受伤，主裁应给予该选手一次第二类犯规的警告或处罚，不必处罚他的对手。

如果某位选手由于自己的过失受到了击打，然后试图通过夸大伤情来误导裁判，他会因无防备而受到警告或处罚，同时也会因夸大而被加重处罚，因为这里出现了两个犯规的行为。

请注意，任何情况下都不可以为过度接触的技术判分。

（4）警戒心（残心）

残心是指选手在进攻完成后保持的一种全神贯注、对对手潜在的反击有着充分的观察和警戒心的状态。有些选手在完成技术后会把部分身体转离对手，但是始终保持观察着对手的动作，且做好了随时应对的准备。裁判员要有能力区别这种保持着警戒状态的选手与那些完全转身离开，如同比赛结束了一样放弃防备并失去注意力的选手。

（5）被（对手）抓住的中段踢技

当选手完成一记中段踢技后，腿部在回收前被对手抓住，裁判员是否可以给该次踢技判分?

如果施展踢技的选手保持着残心的状态，且该次踢技符合了得分的全部六个标准，没有理由不判分。理论上来讲，在真实的打斗中，一记全力的踢技被认为可以使对手完全失去战斗力，因此脚不会被捉住。适当的控制，目标的位置和是否符合得分的全部六个标准是决定任何技术能否得分的要素。

（6）摔技和受伤

由于在某些情况下允许选手抓住对手并使用摔技，因此所有教练员都有责任和义务确保他们的选手受到了正确的受身/使自己安全着地的技术的训练，并有能力施展。

如果某位选手试图使用摔的技术，其条件必须符合规则第六条和第八条附注中的规定。如果某位选手施展的摔技完全符合规则的规定，但由于对手无法做出正确的受身动作（安全着地的技术）而造成了对手的受伤。那么受伤的一方应该负责任，而施展摔技的一方将不会受到处罚。当一方选手被对手摔倒时，不做出安全着地的技术，而是以伸直的手臂或手肘着地，或抓抱住对手倒地使对手压在自己上面，这些都可以造成自己受伤。

当某位选手抓住对手的双腿使对手向后摔倒，或某位选手下蹲，在施展摔技前将对手整个身体抬起等，这都是可能发生危险的情况。在规则第八条附注XI中明文规定：“……必须始终抓住对手，以便对手安全着地。”因为上述摔法很难确保对手能够安全落地，所以这些摔技是被禁止的。

（7）在倒地的对手身上得分

当一方选手被摔倒或扫倒，且其身体部分（上身或躯干）在地面上时被对手击中，这时的得分应为“一本（IPPON）”。

如果一方选手在摔倒的过程中被对手击中，那么裁判员在判罚时应考虑他摔倒的方向，因为如果该选手摔倒的方向与对手击打的方向相同，该技术就应被认为是无效的，因此不能为该技术判分。

如果一方选手被对手一记有效的得分技术击中时，他的上半身没有在地上，那么裁判应根据规则第 6 条的规定来进行判分。所以，当一方选手在摔倒的过程中、坐在地上、跪在地上、站立时或跳在空中等，所有身体的躯干部分不在地上的情况时被对手击中得分，判分的标准都应为：

①上段的踢技，3 分（一本）；

②中段的踢技，2 分（有技）；

③拳法技术和击打技，1 分（有效）。

（8）表决程序

当主裁停止比赛时，他应喊出口令“YAME”，并同一时间作出相应的判罚。由于主裁是唯一一个能在整个场地内移动，直接接近选手和与大会医生交流的人，边裁在给出自己的最终判定的信号前，必须认真考虑主裁向他们传递的信息，因为给出信号后将没有机会再重新考虑。

当出现需要停止比赛的原因超过一个的情况下，主裁将依次处理每个情况。例如一个选手得分的同时被对方过度接触，或是一个选手在无防备的同时有夸大伤情的行为。

（9）场外

边裁们必须记住，当示意有场外的情况出现时，须以相应的旗子轻敲地面。当主裁叫停比赛并回到他的位置时，边裁们应以旗语示意有第二类犯规的行为出现。

（10）示意有犯规的行为

出现了第一类犯规的行为后，边裁们首先以相应颜色的旗子划圆形，然后伸出交叉的旗子。旗子交叉在左边，红旗在前，表明为红方犯规；旗子交叉在右边，蓝旗在前，表明为蓝方犯规。这样的话，可以让主裁清楚的分辨是哪方选手犯规。

附录4 记分

●－○	一本	三分
○－○	有技	两分
○	有效	一分
□	胜	胜方
X	败	败方
▲	平手	平手
C1W	第一类犯规－忠告	口头警告
C1K	第一类犯规－警告	口头警告
C1HC	第一类犯规－犯规注意	取消资格的警告
C1H	第一类犯规－犯规	取消资格
C2W	第二类犯规－口头警告	口头警告
C2K	第二类犯规－警告	口头警告
C2HC	第二类犯规－犯规注意	取消资格的警告
C2H	第二类犯规－犯规	取消资格
KK	弃权	放弃
S	失格	严重取消资格

附录5　组手比赛场地布局

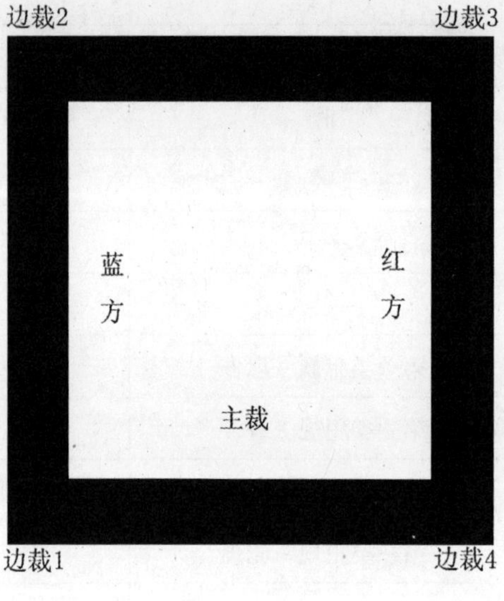

附录6　型比赛场地布局

附录 7　世界空手道联盟规定指定型列表

Go ju	刚柔流	Seipai	十八
		Saifa	碎破
Shoto	松涛流	Jion	慈恩
		Kanku Dai	观空大
Shito	糸东流	Bassai Dai	拔塞大
		Seienchin	征远镇
Wado	和道流	Seishan	征三
		Chinto	镇东

附录 8　世界空手道联盟规定主要型列表

刚柔流型

1. Sanchin	三战
2. Saifa	碎破
3. Seiyunchin	制引战
4. Shisochin	四向战
5. Sanseru	三十六
6. Seisan	十三
7. Seipai	十八
8. Kururunfa	久留顿破
9. Suparimpei	一百零八步
10. Tensho	转掌

和道流型

1. Kshanku	公相君
2. Naihanchi	内步进
3. Seishan	征三
4. Chinto	镇东
5. Passai	拔塞
6. Niseishi	二十四
7. Rohai	鹭牌
8. Wanshu	汪辑
9. Jion	慈恩
10. Jitte	十手

松涛流型

1. Bassai – Dai	拔塞大
2. Bassai – Sho	拔塞小
3. Kanku – Dai	观空大
4. Kanku – Sho	观空小
5. Tekki – Shodan	铁骑初段
6. Tekki – Nidan	铁骑二段
7. Tekki – Sandan	铁骑三段
8. Hangetsu	半月
9. Jitte	十手
10. Enpi	燕飞
11. Gankaku	岩鹤
12. Jion	慈恩
13. Sochin	壮镇
14. Ni jushiho sho	二十四步小
15. Go ju Shiho – Dai	五十四步大
16. Go ju Shiho – Sho	五十四步小
17. Chinte	珍手
18. Unsu	云手
19. Meikyo	明镜
20. Wankan	王冠
21. Jiin	慈阴

糸东流型

1. Jitte	十手	23. Naifanchin Nidan	内步进二段
2. Jion	慈恩	24. Naifanchin Nidan	内步进二段
3. Jiin	慈阴	25. Aoyagi（Seiryu）	青柳
4. Matsukaze	松风	26. Jyuroku	十六手
5. Wanshu	汪辑	27. Nipaipo	二十八步
6. Rohai	鹭牌	28. Sanchin	三战
7. Bassai Dai	拔塞大	29. Tensho	转掌
8. Bassai Sho	拔塞小	30. Seipai	十八
9. Tomari Bassai	泊手拔塞	31. Sanseiru	三十六
10. Matsumura Bassai	松村拔塞	32. Saifa	碎破
11. Kosokun Dai	公相君大	33. Shisochin	四向战
12. Kosokun Sho	公相君小	34. Kururunfa	久留顿破
13. Kosokun Shiho	公相君四方	35. Suparimpei	一百零八手
14. Chinto	镇东	36. Hakucho	白鸟
15. Chinte	珍手	37. Pachu	巴球
16. Seienchin	征远镇	38. Heiku	黑虎
17. Sochin	壮镇	39. Paiku	白虎
18. Niseishi	二十四	40. Annan	安南
19. Go jushiho	五十四步	41. Annanko	安南公
20. Unshu	云手	42. Papuren	八步连
21. Seisan	十三	43. Chatanyara Kushanku	北谷屋良公相君
22. Naifanchin Shodan	内步进初段		

参考文献

[1] 艾合买提托合提．浅谈体育课中的讲解与师范［J］．科技信息，2009.
[2] 郝延省．调控体育课运动负荷的探讨［J］．内蒙古民族大学学报，2008.
[3] 张振河．浅谈口令在体育教学中的运用［J］．科技平台，2006.
[4] 毛振明．体育教学论［M］．北京：高等教育出版社，2005.
[5] 龚正伟．体育教学论［M］．北京：北京体育大学出版社，2004.
[6] 汪素霞．口令的特点及在体育课中的运用［J］．上海体育学院学报，2001.
[7] 冯亚男．浅谈体育教学讲解与示范的运用［J］．重庆教学学院学报，2000.
[8] 刘卫军．跆拳道［M］．北京：北京体育大学出版社，2000.
[9] 陈宏，罗达勇．体育课中队列队形变换［J］．上海体育学院学报，1999.
[10] 贾平．中国空手道协会一级裁判员培训学习大纲［R］．长沙：湖南师范大学体育学院，2011.
[11] 孙文新．现代体能训练 核心力量训练方法［M］．北京：北京体育大学出版社，2010.
[12] 国家体育总局干部培训中心．高水平竞技运动体能训练研究［M］．北京：北京体育大学出版社，2009.
[13] 张英波．现代力量训练方法［M］．北京：北京体育大学出版社，2007.
[14] 田麦久．运动训练学［M］．北京：高等教育出版社，2006.
[15] 王智慧．竞技跆拳道［M］．北京：人民体育出版社，2001.
[16] 现代竞技运动训练理论与实践研究［M］．北京：北京体育大学出版社，2008.
[17] 王智慧．现代跆拳道运动教学与训练［M］．北京：北京体育大学出版社，2007.
[18] 田麦久，等．运动员基础训练指南［M］．北京：北京体育大学出版社，2006.
[19] 徐本力，等．运动训练学［M］．北京：人民体育出版社，1999.
[20] 许声宏．空手道［M］．北京：北京体育大学出版社，2010.
[21] 世界空手道联盟型（KATA）和组手（KUMITE）比赛规则，2012.
[22] 江声，丛明礼．空手道六周通［M］．北京：人民体育出版社，1993.
[23] 钟海明，马若愚．中华武道概论［M］．北京：中国民主法制出版社，2009.

［24］［日］新渡户稻造．武士道：日本民族精神的哲学阐释［M］．陈高华，译．北京：群言出版社，2006.
［25］朱建华．全接触空手道［M］．北京：北京体育大学出版社，2002.
［26］［日］山崎照朝．实战空手［M］．北京：北京体育大学出版社，1999.
［27］汤泽林．世界近代中期宗教史［M］．北京：中国国际广播出版社，1996.
［28］吴廷璆．日本史［M］．天津：南开大学出版社，1994.
［29］［日］金沢弘和．空手道六周通［M］．黄凌海，译．北京：人民体育出版社，1993.

图书在版编目（CIP）数据

空手道教学与训练／郭建平主编．—长沙：湖南师范大学出版社，2012.8
ISBN 978－7－5648－0847－1

Ⅰ.①空… Ⅱ.①郭… Ⅲ.①空手道—体育教学②空手道—运动训练
Ⅳ.①G886.5

中国版本图书馆 CIP 数据核字（2012）第 163949 号

空手道教学与训练

◇主　编：郭建平
◇副主编：封又民　李艳翎　金育强

◇组稿编辑：宋　瑛
◇责任编辑：宋　瑛
◇责任校对：胡亚兰
◇出版发行：湖南师范大学出版社
地址/长沙市岳麓山　邮编/410081
电话/0731.88853867　88872751　传真/0731.88872636
网址/http：//press.hunnu.edu.cn
◇经销：湖南省新华书店
◇印刷：长沙市宏发印刷厂
◇开本：787mm×1092 mm　1/16
◇印张：17
◇字数：350 千字
◇版次：2012 年 8 月第 1 版第 1 次印刷
◇书号：ISBN 978－7－5648－0847－1
◇定价：32.00 元